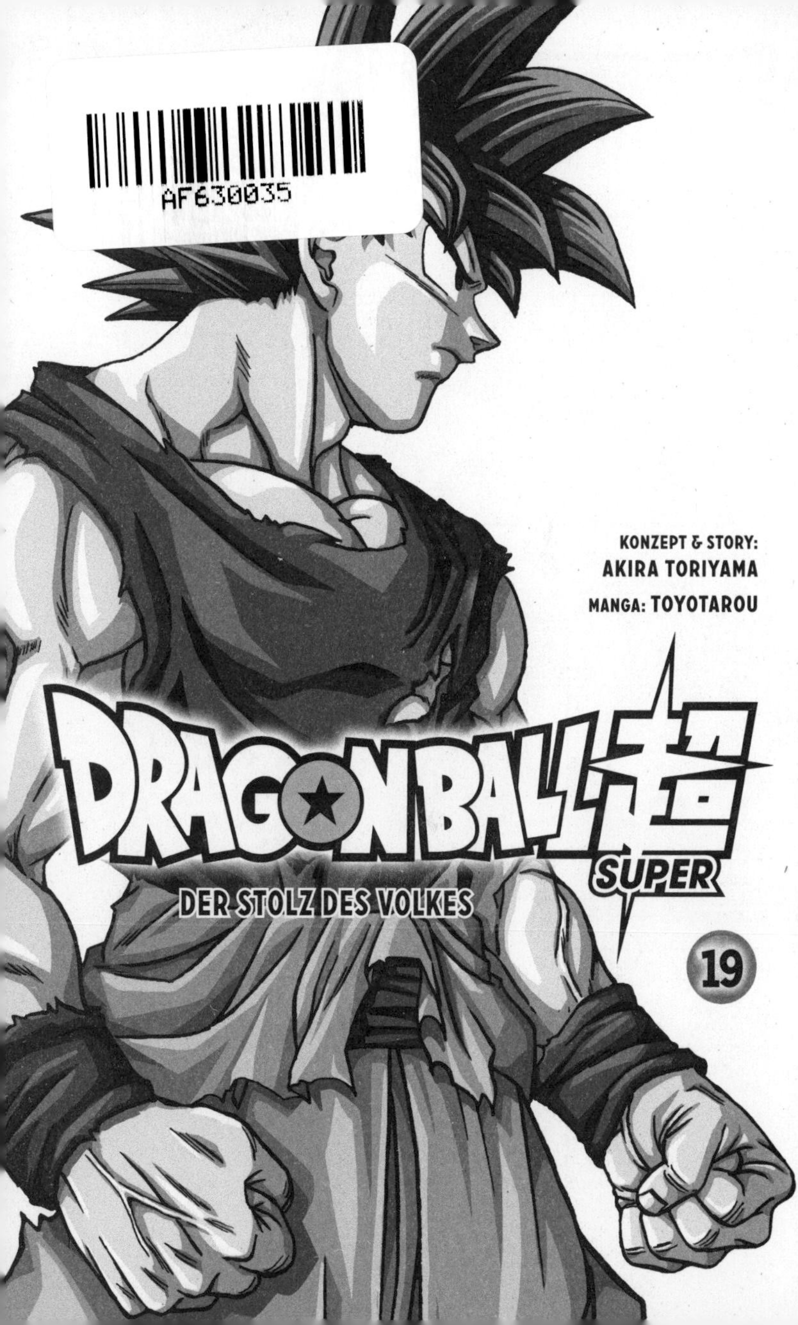

KONZEPT & STORY:
AKIRA TORIYAMA
MANGA: TOYOTAROU

DRAGON BALL 超 SUPER

DER STOLZ DES VOLKES

19

DIE CHARAKTERE

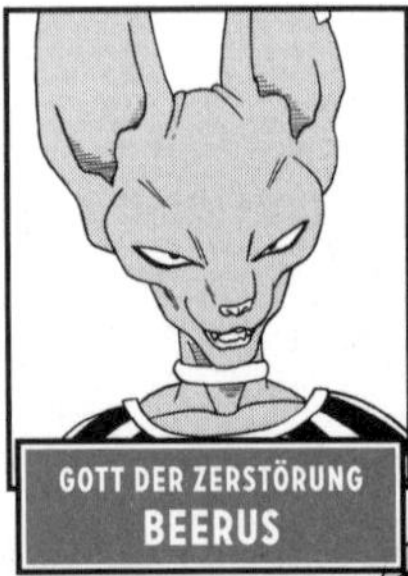

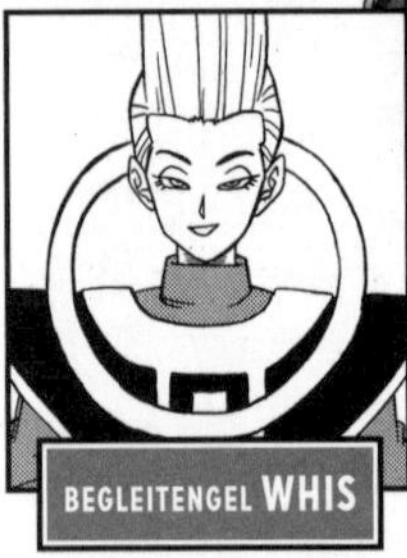

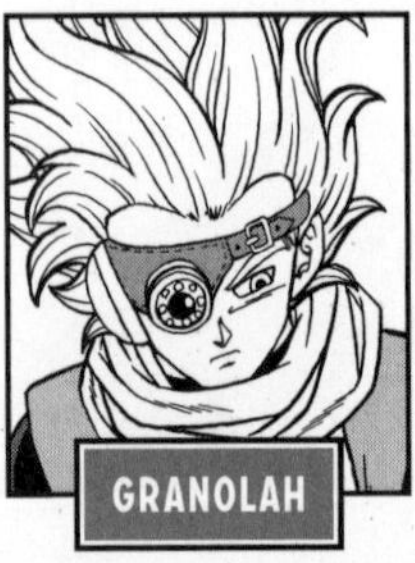

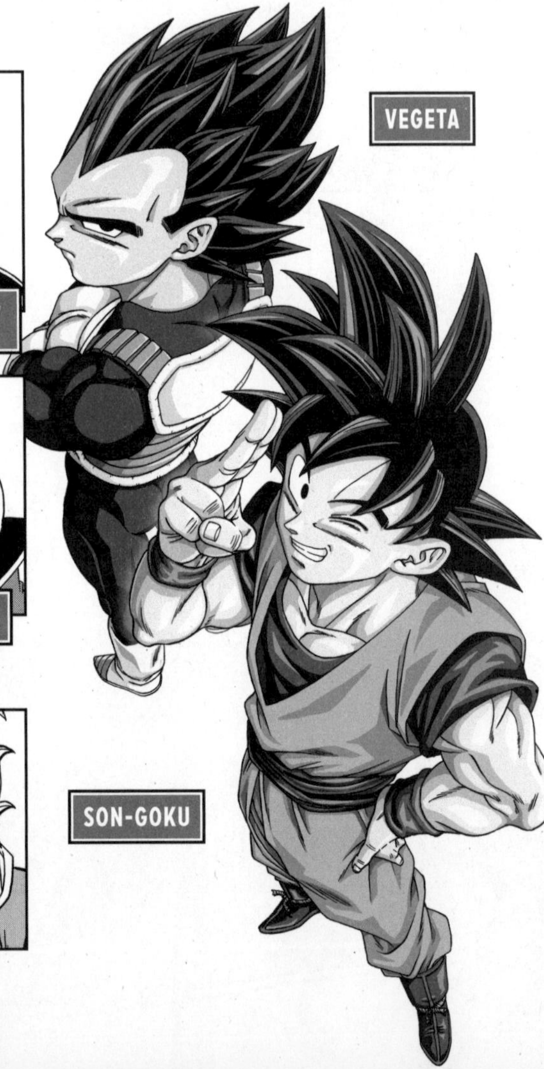

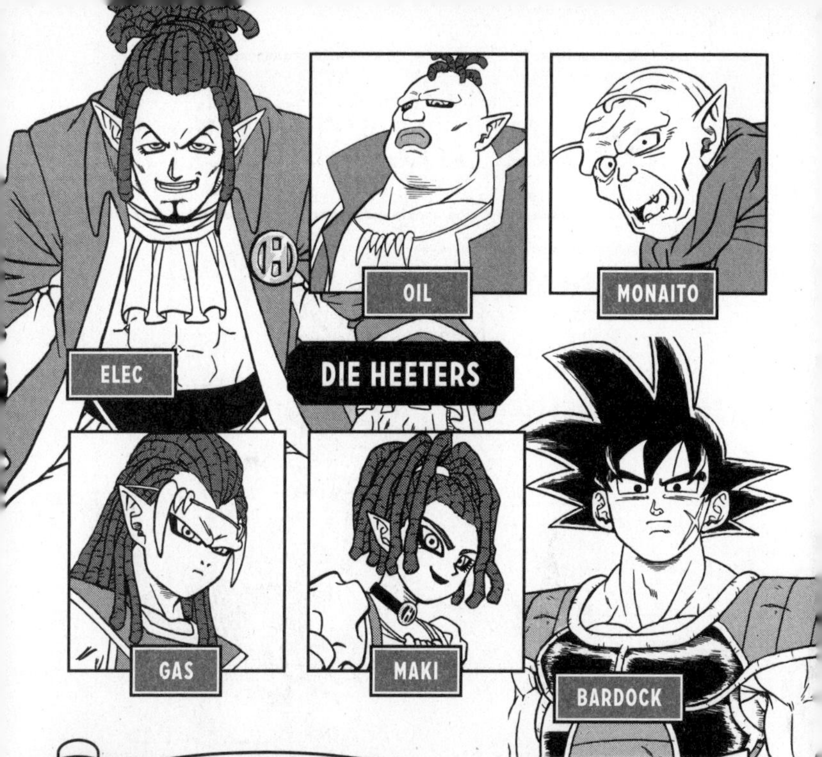

WAS BISHER GESCHAH…

Eines Tages begab sich Son-Goku auf die Suche nach den Dragon Balls. Denn hat man alle sieben zusammen, erscheint der Drache Shenlong und erfüllt einen Wunsch. Nachdem ihm dies einmal gelungen ist, trainiert er beim Herrn der Schildkröten, besiegt Majin Boo und bringt Frieden auf die Erde. Als Super-Saiyajin-Gott muss Goku erneut die Erde retten. Unter Beerus, dem Gott der Zerstörung, nimmt er schließlich sein Training wieder auf.
Doch dann kann Son-Goku den Ultra-Instinkt perfektionieren und Moro vernichten. Aber Son-Goku und Vegeta werden von den Heeters verraten und an Granolah ausgeliefert. Da tritt plötzlich Monaito auf den Plan, der davon erzählt, wie er und Granolah von Bardock gerettet wurden. Granolah, der nun weiß, dass die Heeters seine Feinde sind, nimmt es mit Gas auf. Dieser scheint von Granolahs heftigen Angriffen in die Enge getrieben zu werden, doch dann bringt Elec Gas dazu, seinen Trieb freizusetzen!!

DRAGON BALL SUPER 19

DER STOLZ DES VOLKES

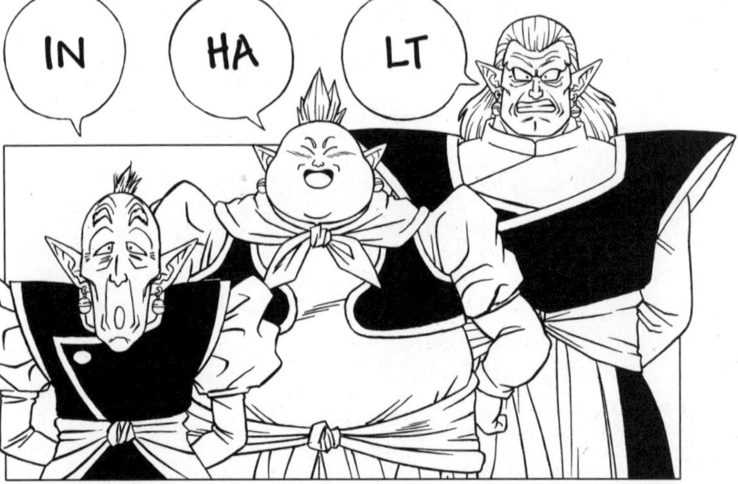

DRAGON BALL SUPER

KAPITEL 81: SON-GOKUS ZWICKMÜHLE

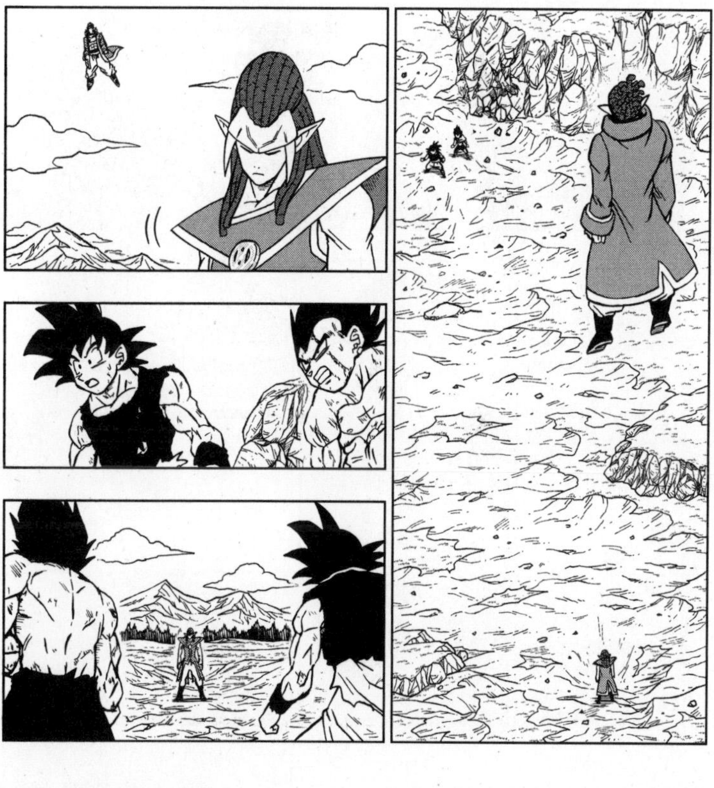

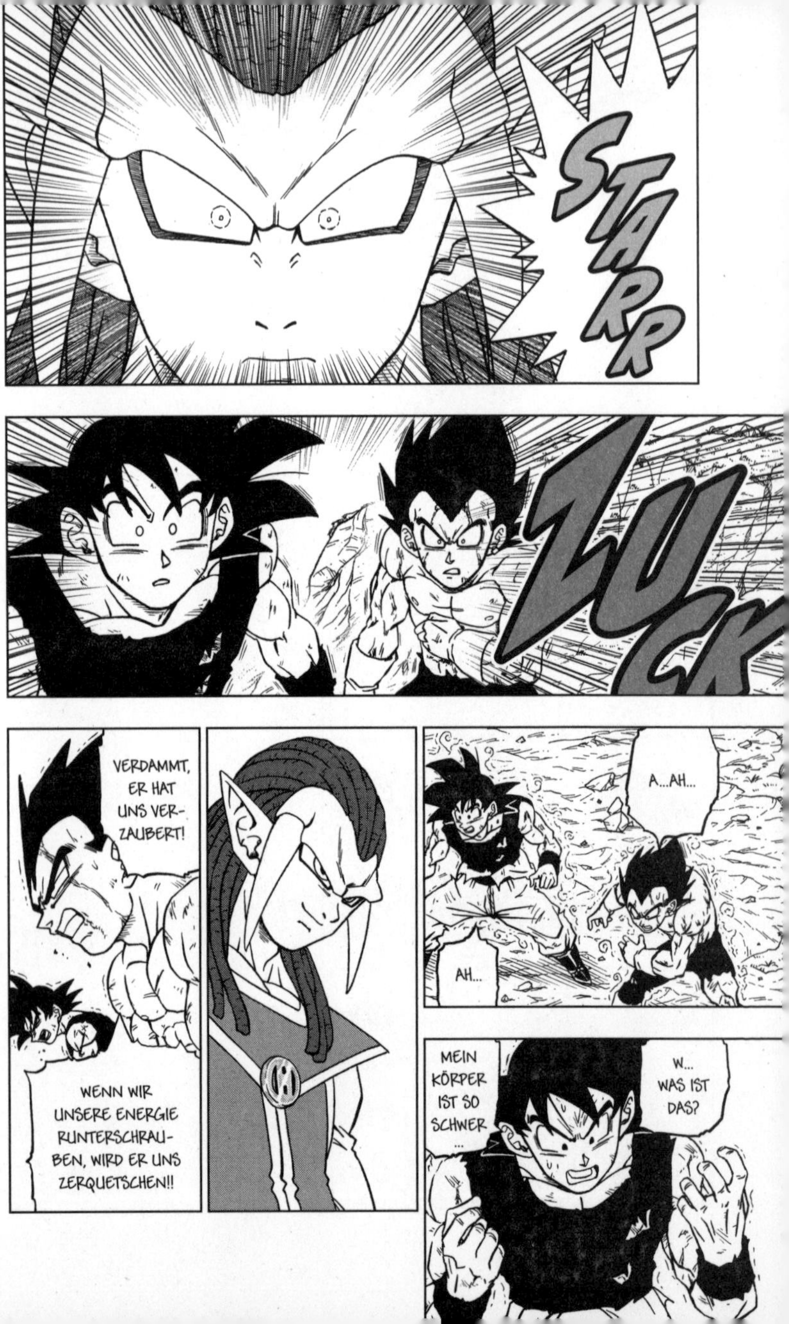
STARR
ZUCK
A...AH...
AH...
VERDAMMT, ER HAT UNS VERZAUBERT!
WENN WIR UNSERE ENERGIE RUNTERSCHRAUBEN, WIRD ER UNS ZERQUETSCHEN!!
W... WAS IST DAS?
MEIN KÖRPER IST SO SCHWER ...

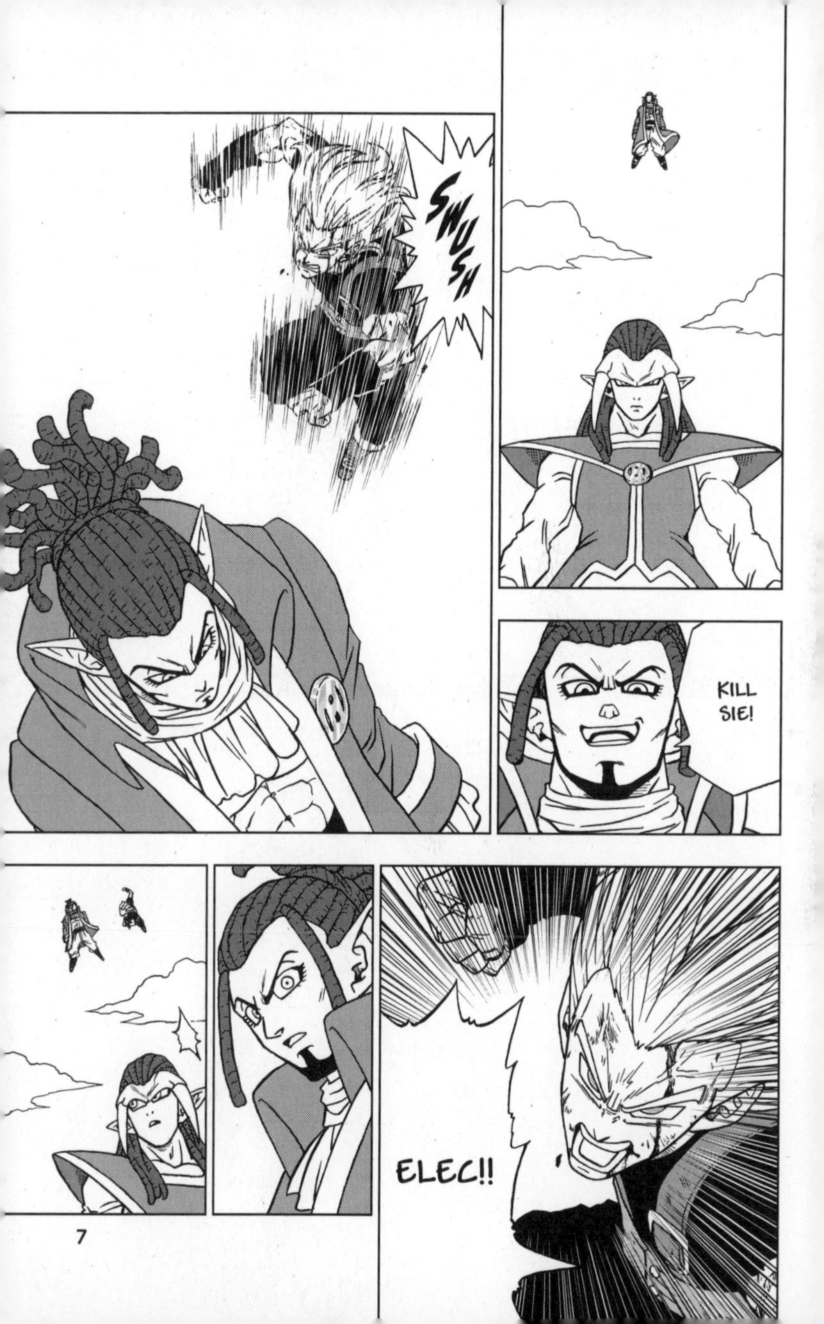
SWUSH
KILL
SIE!
ELEC!!

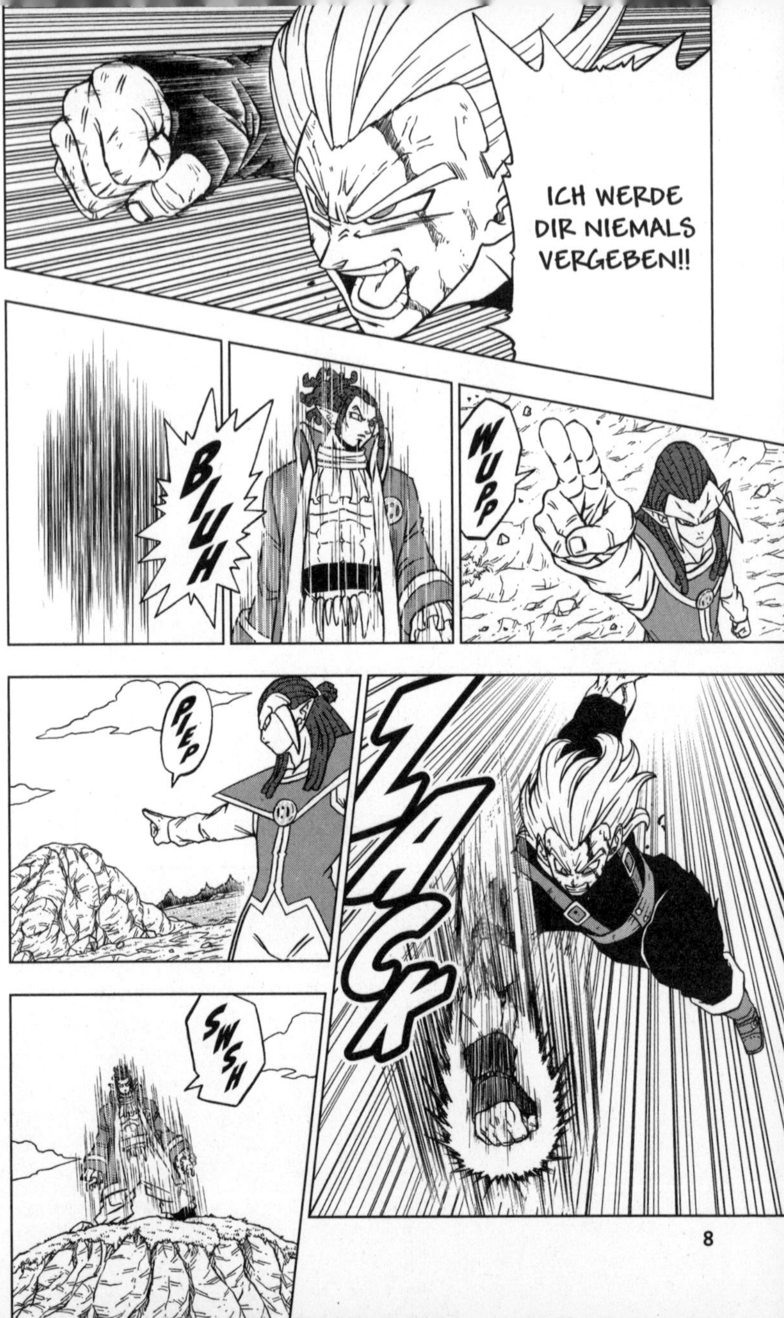
ICH WERDE DIR NIEMALS VERGEBEN!!
WUPP
BIUH
PIEP
SWSH

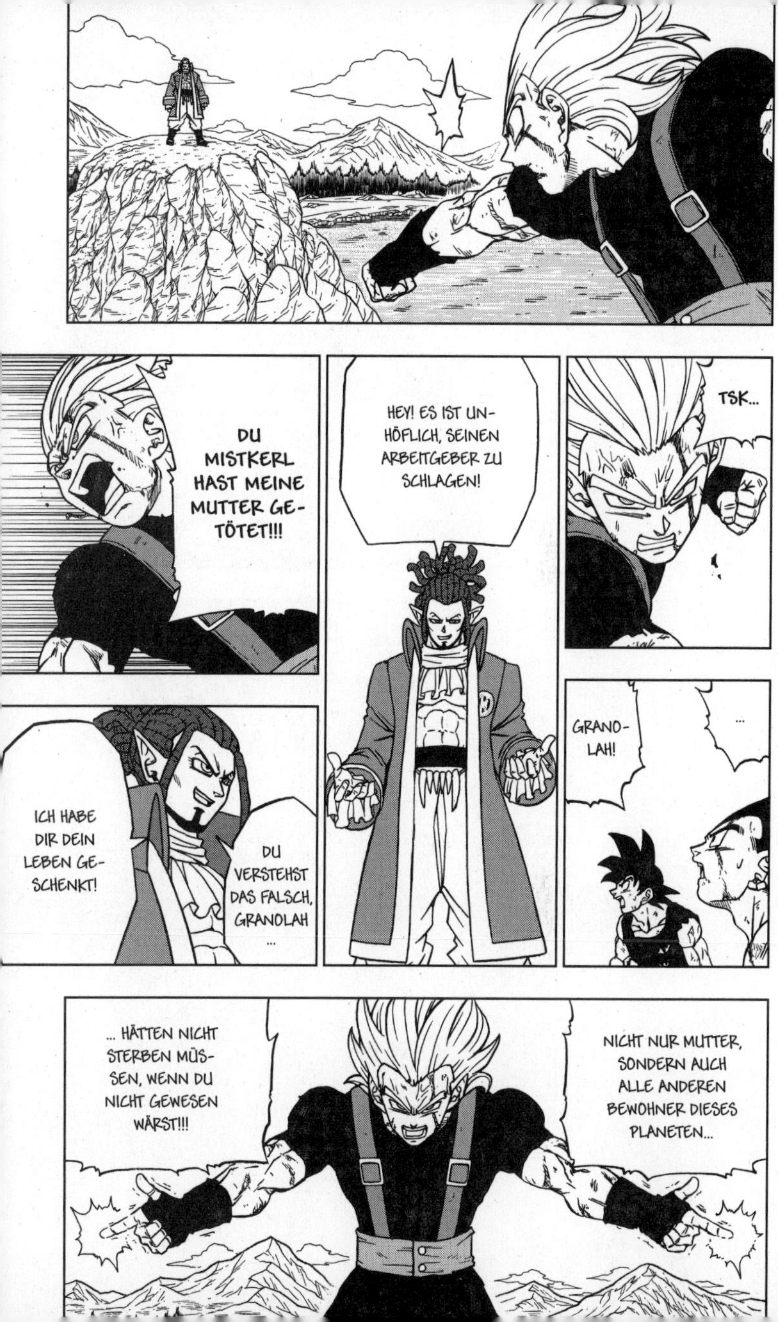

TSK...
HEY! ES IST UNHÖFLICH, SEINEN ARBEITGEBER ZU SCHLAGEN!
DU MISTKERL HAST MEINE MUTTER GETÖTET!!!
...
GRANOLAH!
DU VERSTEHST DAS FALSCH, GRANOLAH ...
ICH HABE DIR DEIN LEBEN GESCHENKT!
NICHT NUR MUTTER, SONDERN AUCH ALLE ANDEREN BEWOHNER DIESES PLANETEN...
... HÄTTEN NICHT STERBEN MÜSSEN, WENN DU NICHT GEWESEN WÄRST!!!

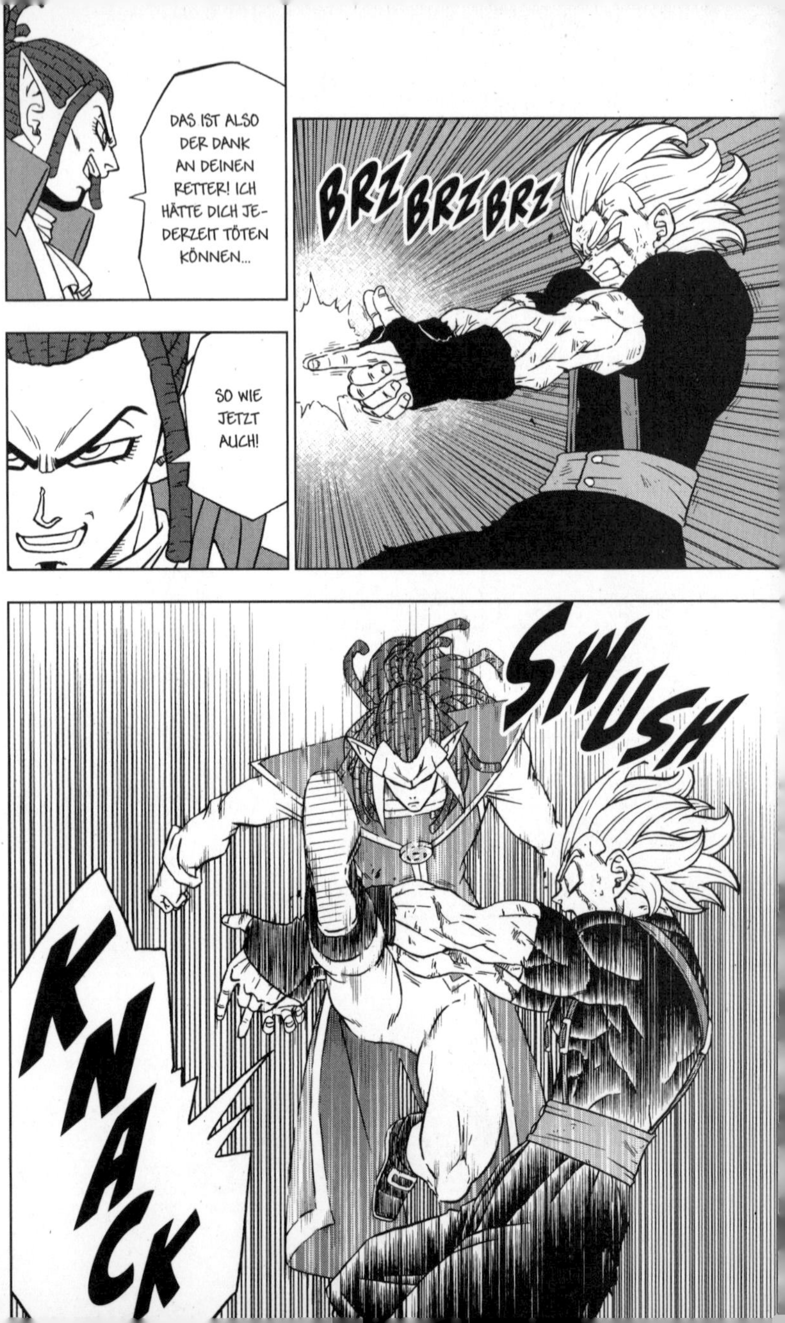
DAS IST ALSO DER DANK AN DEINEN RETTER! ICH HÄTTE DICH JE-DERZEIT TÖTEN KÖNNEN...
BRZ BRZ BRZ
SO WIE JETZT AUCH!
SWUSH
KNACK

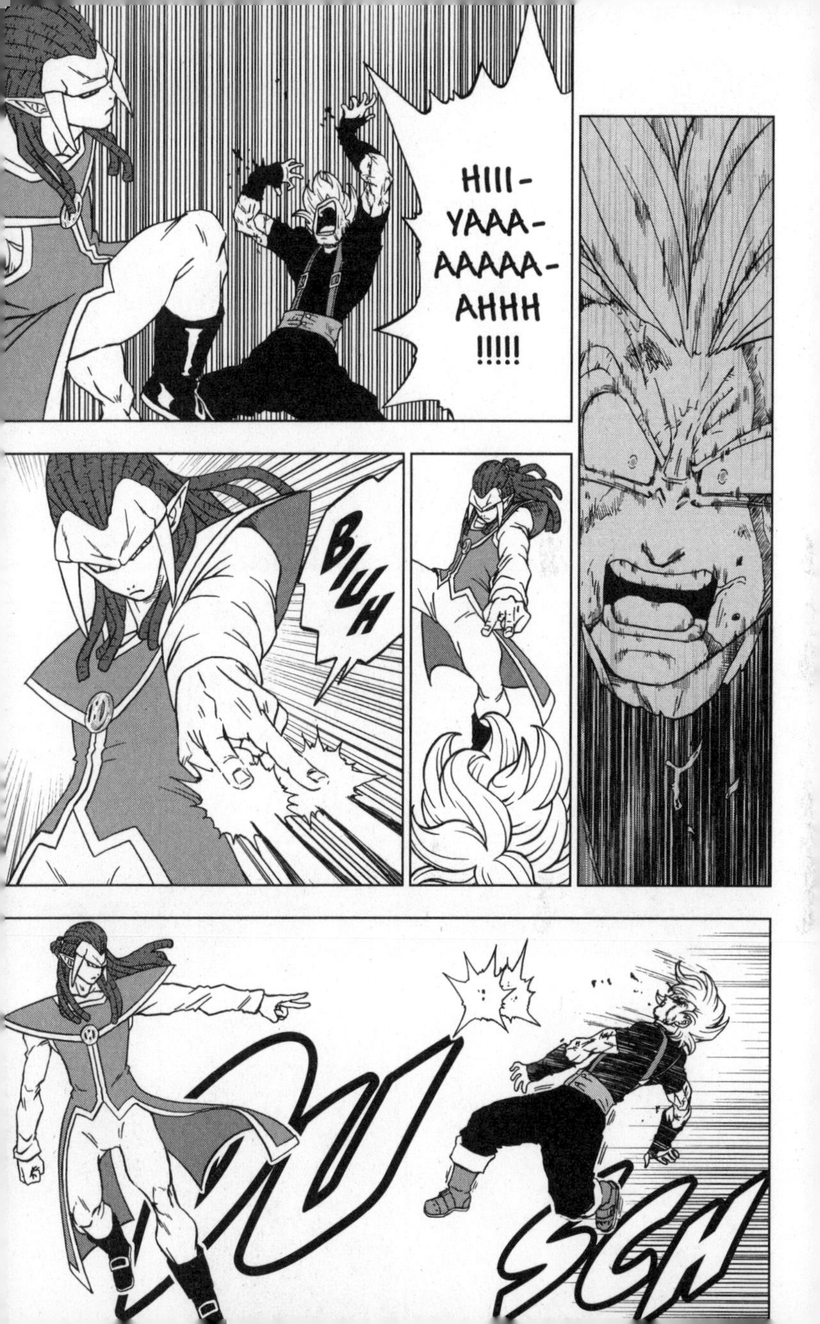
HIII-
YAAA-
AAAAA-
AHHH
!!!!!
BIUH
SCH

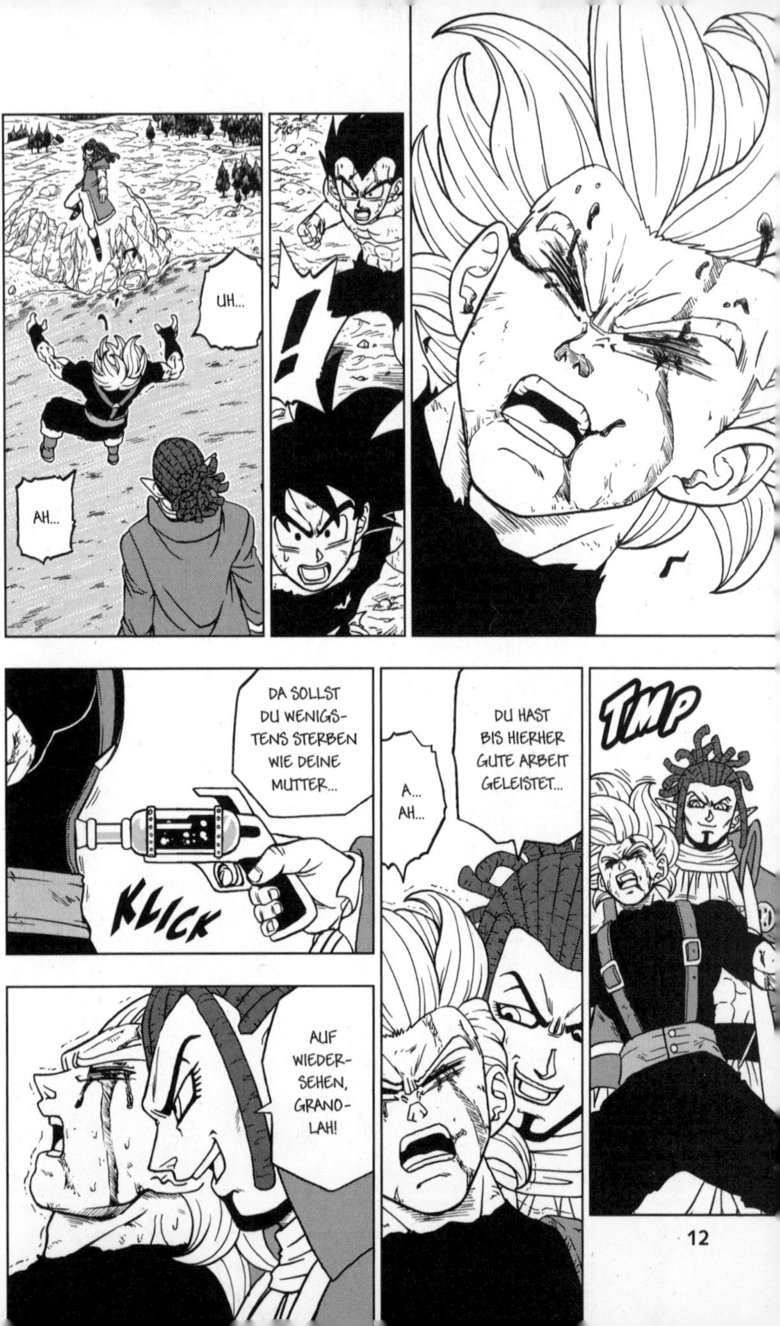
UH...
AH...
TMP
DU HAST BIS HIERHER GUTE ARBEIT GELEISTET...
A... AH...
DA SOLLST DU WENIGSTENS STERBEN WIE DEINE MUTTER...
KLICK
AUF WIEDERSEHEN, GRANOLAH!

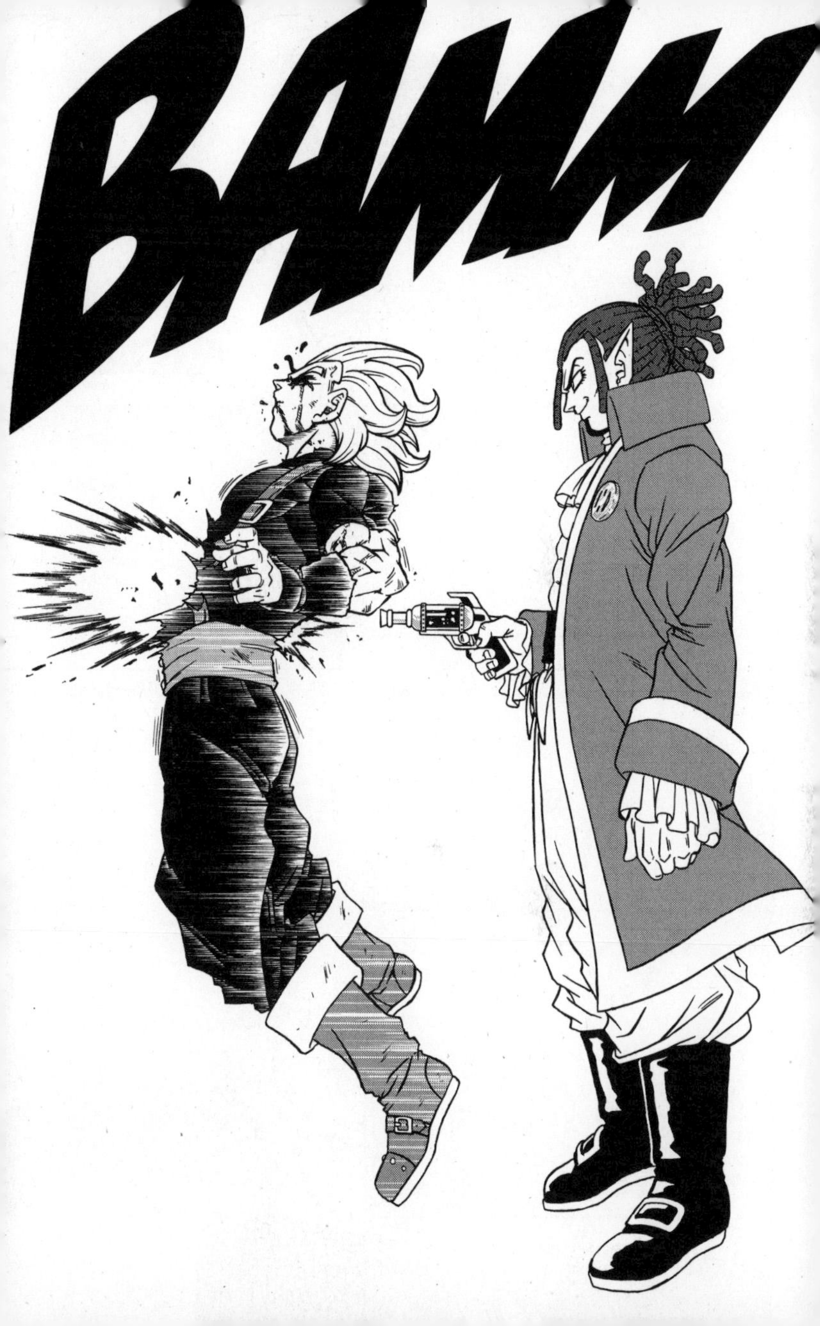
BAMM

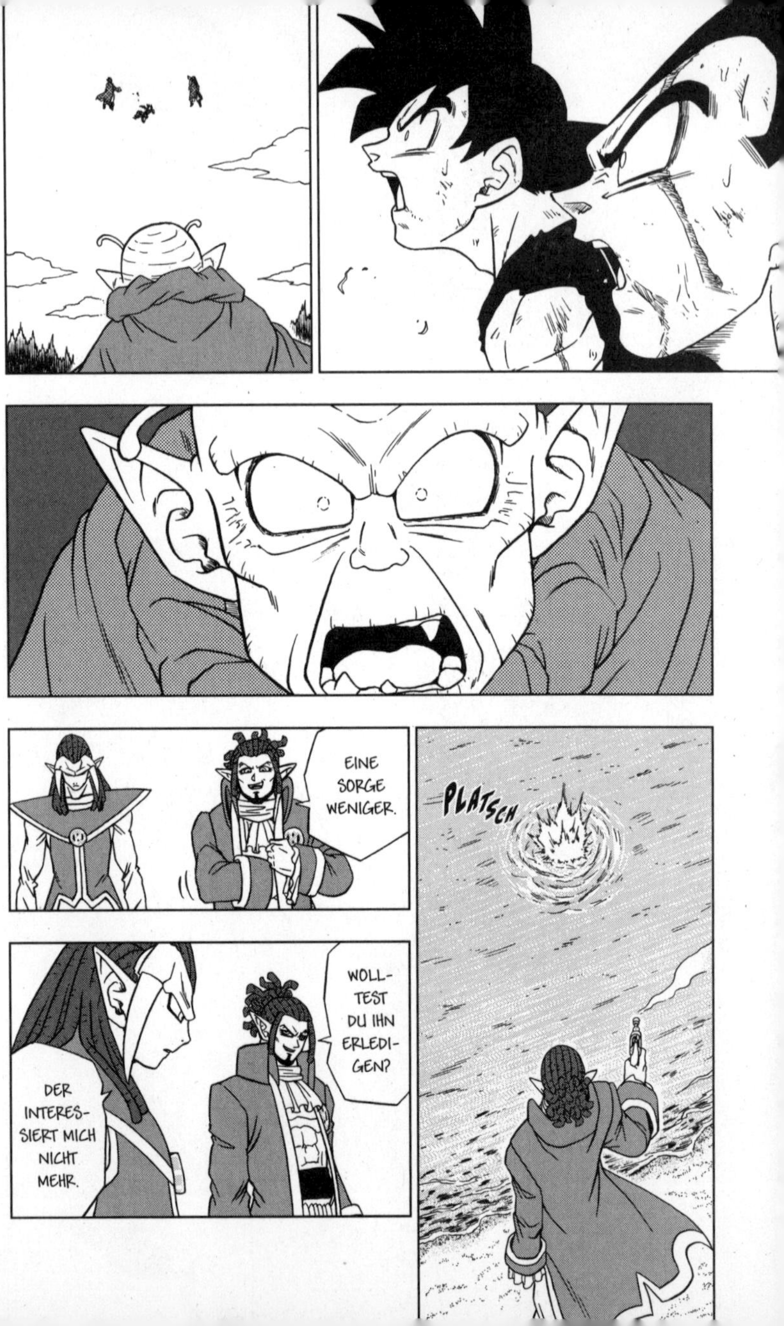
PLATSCH
EINE SORGE WENIGER.
WOLL-TEST DU IHN ERLEDI-GEN?
DER INTERES-SIERT MICH NICHT MEHR.

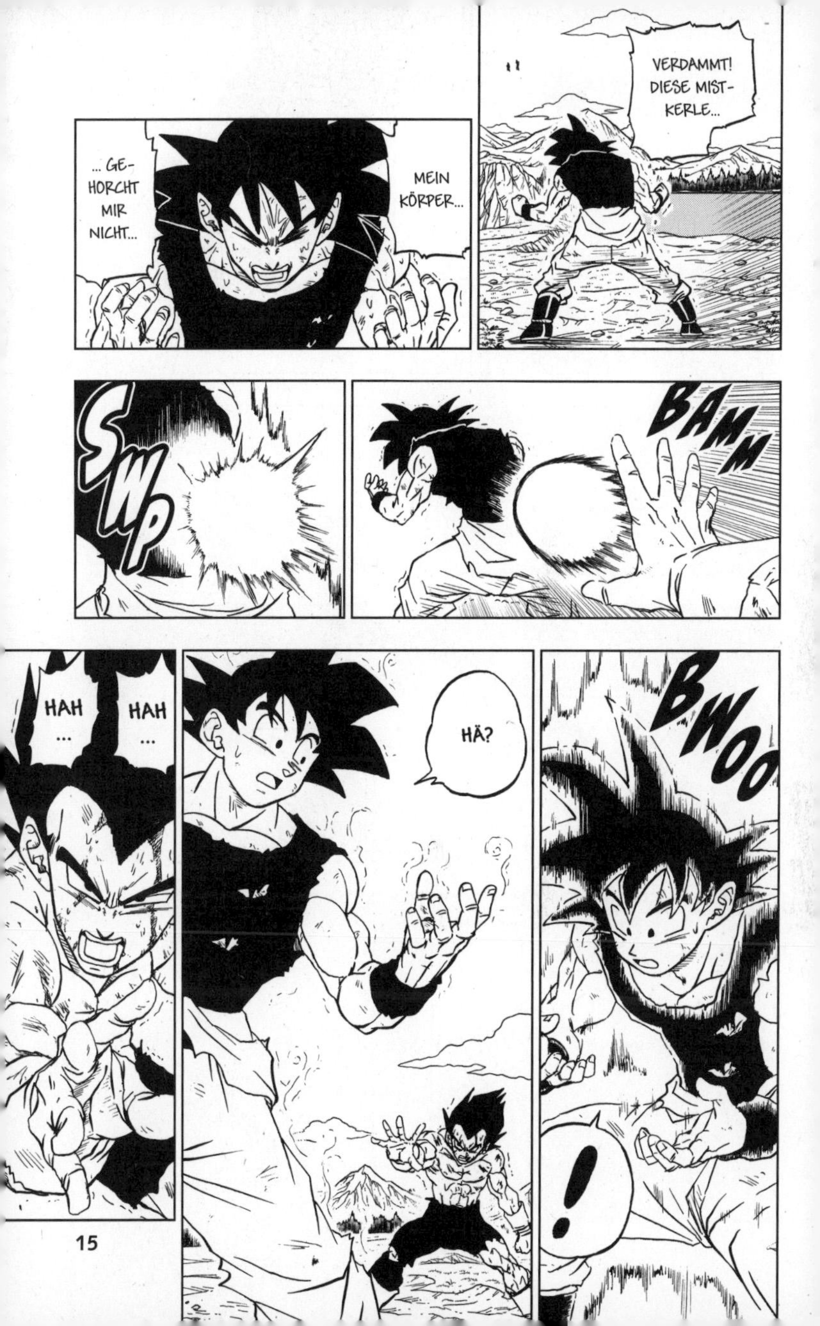
VERDAMMT! DIESE MIST-KERLE...
MEIN KÖRPER...
... GE-HORCHT MIR NICHT...
BAMM
SWP
BWOO
!
HÄ?
HAH ...
HAH ...

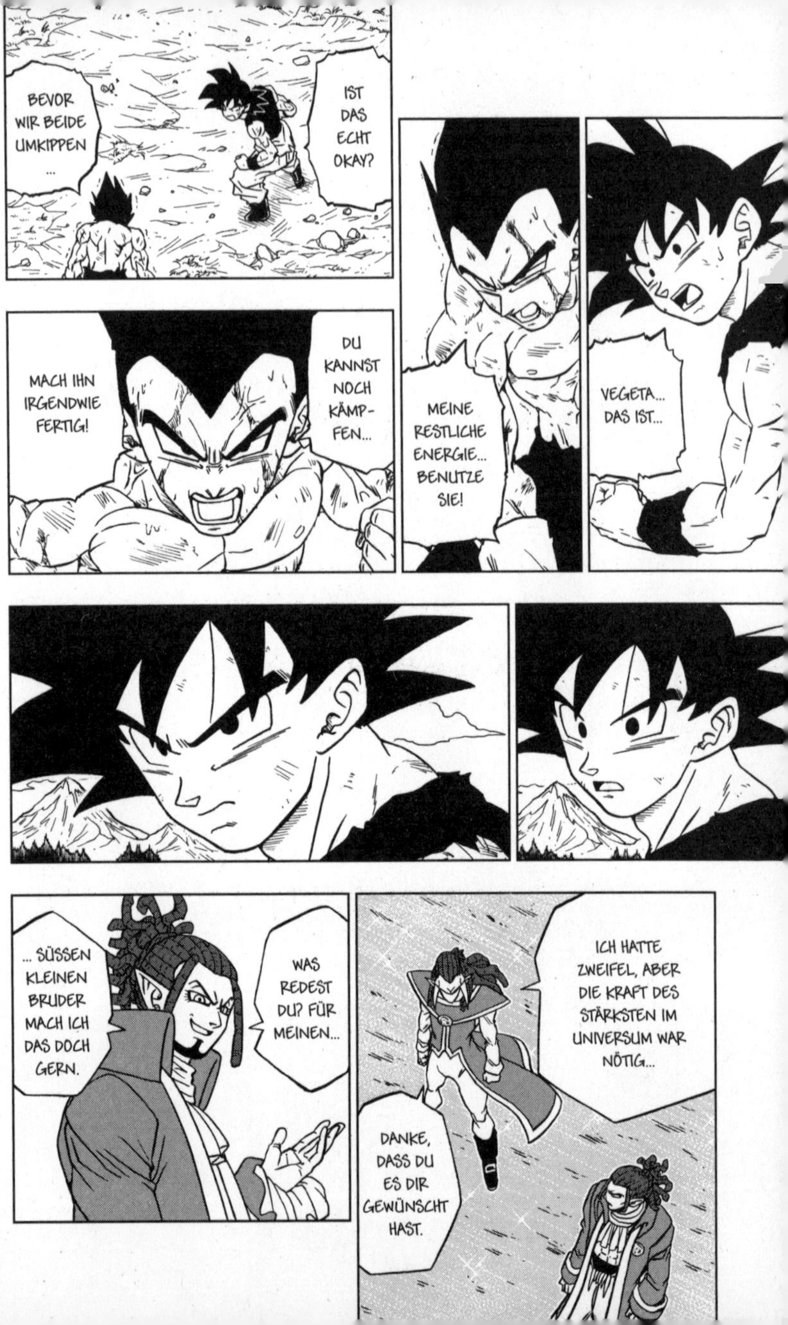
IST DAS ECHT OKAY?
BEVOR WIR BEIDE UMKIPPEN …
VEGETA… DAS IST…
MEINE RESTLICHE ENERGIE… BENUTZE SIE!
DU KANNST NOCH KÄMPFEN…
MACH IHN IRGENDWIE FERTIG!
ICH HATTE ZWEIFEL, ABER DIE KRAFT DES STÄRKSTEN IM UNIVERSUM WAR NÖTIG…
DANKE, DASS DU ES DIR GEWÜNSCHT HAST.
WAS REDEST DU? FÜR MEINEN…
… SÜSSEN KLEINEN BRUDER MACH ICH DAS DOCH GERN.

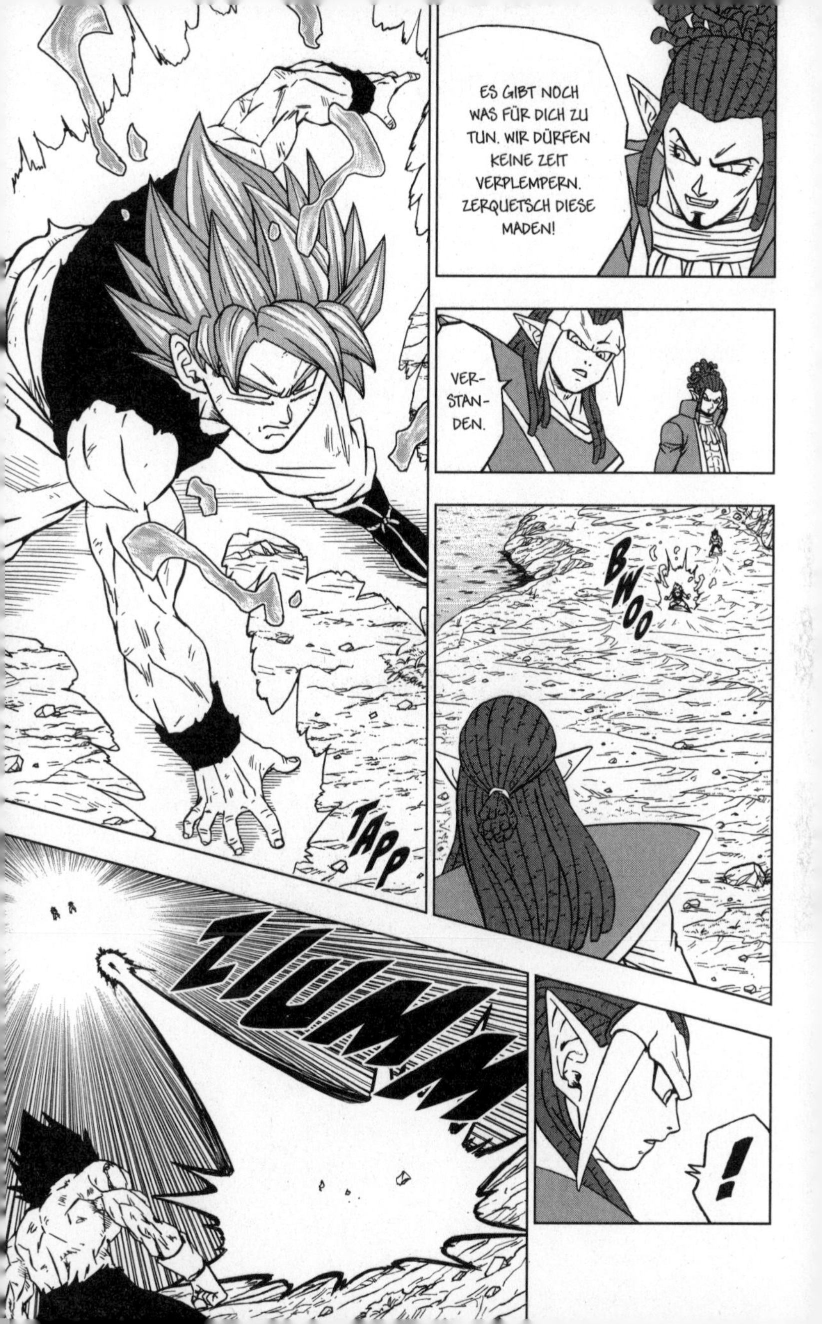
ES GIBT NOCH WAS FÜR DICH ZU TUN. WIR DÜRFEN KEINE ZEIT VERPLEMPERN. ZERQUETSCH DIESE MADEN!
VER-STAN-DEN.
BWOO
TAPP
!
WUMM

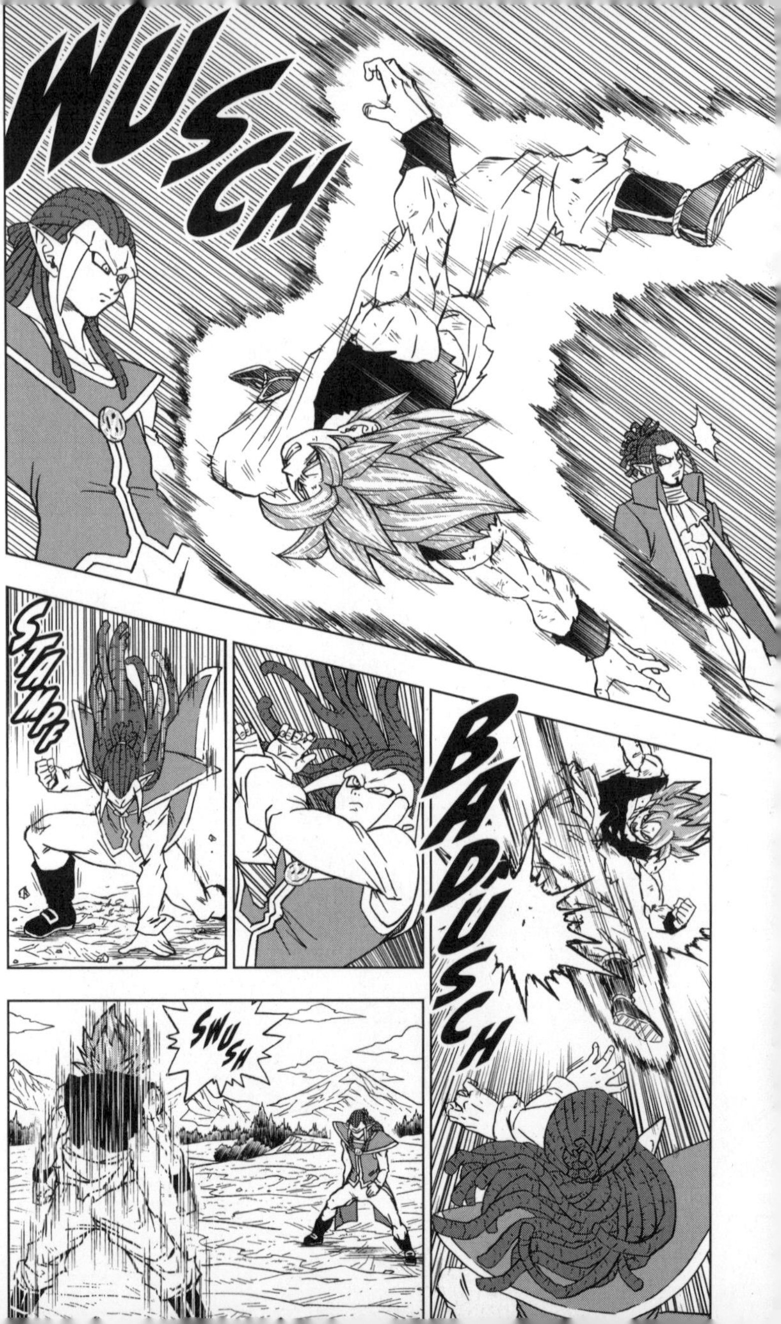
WUSCH
BADÜSCH
STAMPF
SWUSH

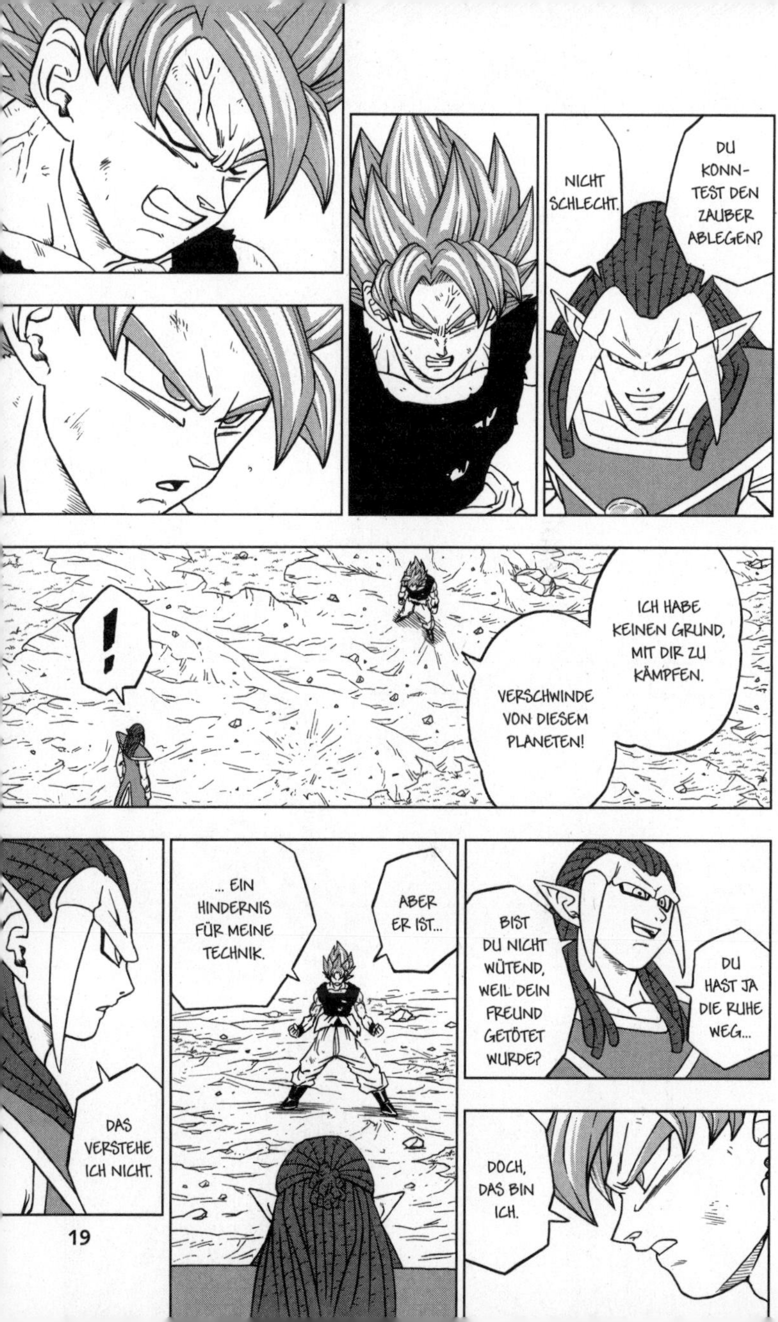
DU KONNTEST DEN ZAUBER ABLEGEN?
NICHT SCHLECHT.
ICH HABE KEINEN GRUND, MIT DIR ZU KÄMPFEN.
VERSCHWINDE VON DIESEM PLANETEN!
!
DU HAST JA DIE RUHE WEG...
BIST DU NICHT WÜTEND, WEIL DEIN FREUND GETÖTET WURDE?
DOCH, DAS BIN ICH.
ABER ER IST...
... EIN HINDERNIS FÜR MEINE TECHNIK.
DAS VERSTEHE ICH NICHT.

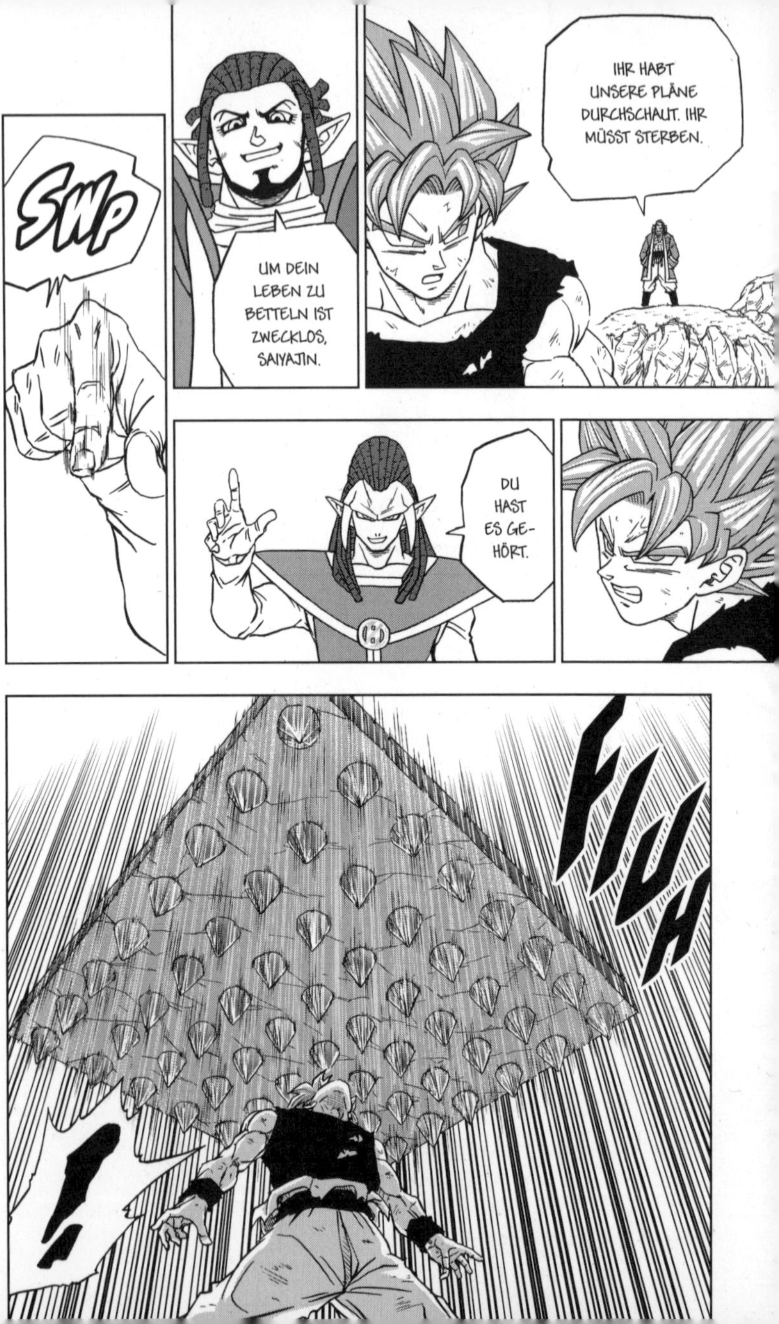
IHR HABT UNSERE PLÄNE DURCHSCHAUT. IHR MÜSST STERBEN.
UM DEIN LEBEN ZU BETTELN IST ZWECKLOS, SAIYAJIN.
DU HAST ES GEHÖRT.
SWP
!!

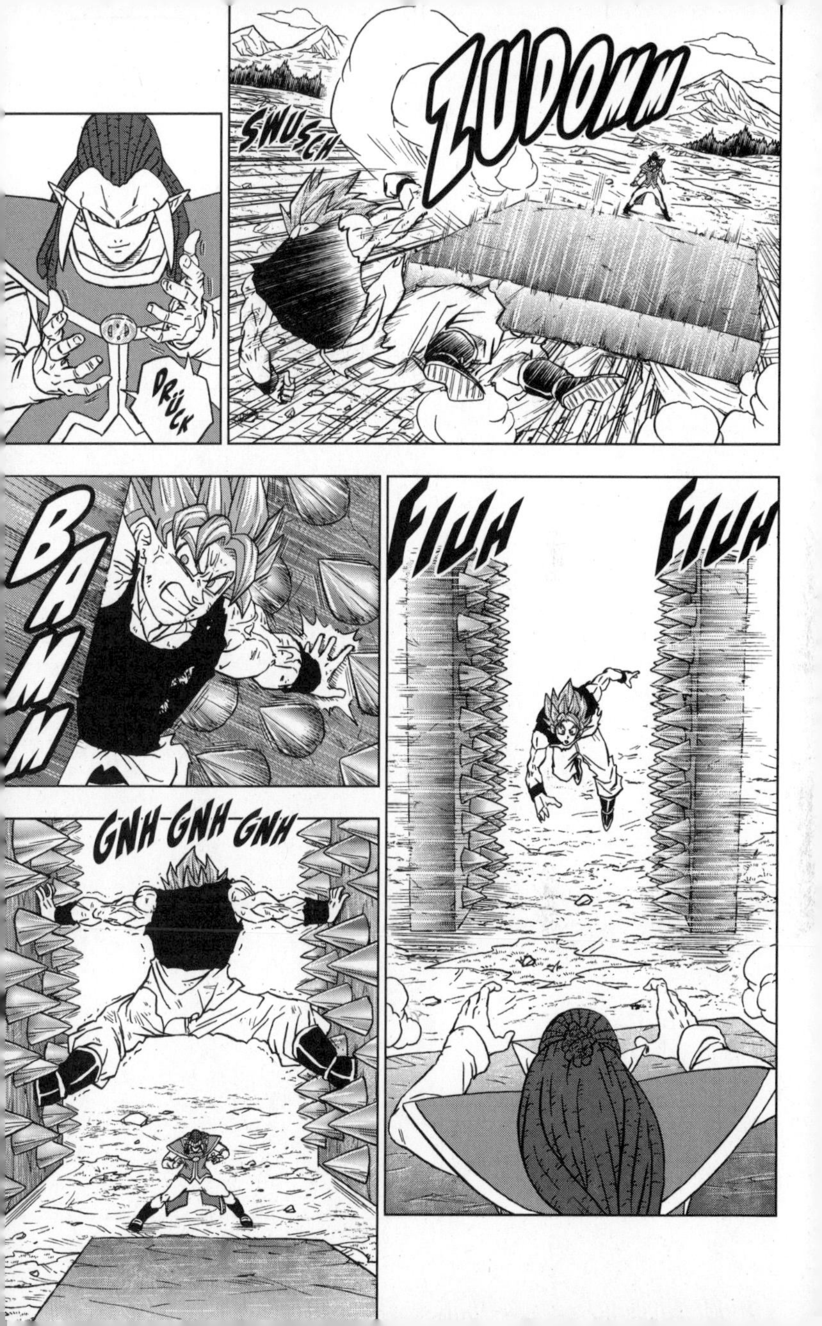
ZUDOMM
SWUSCH
DRÜCK
FIUH
FIUH
BAMMM
GNH GNH GNH

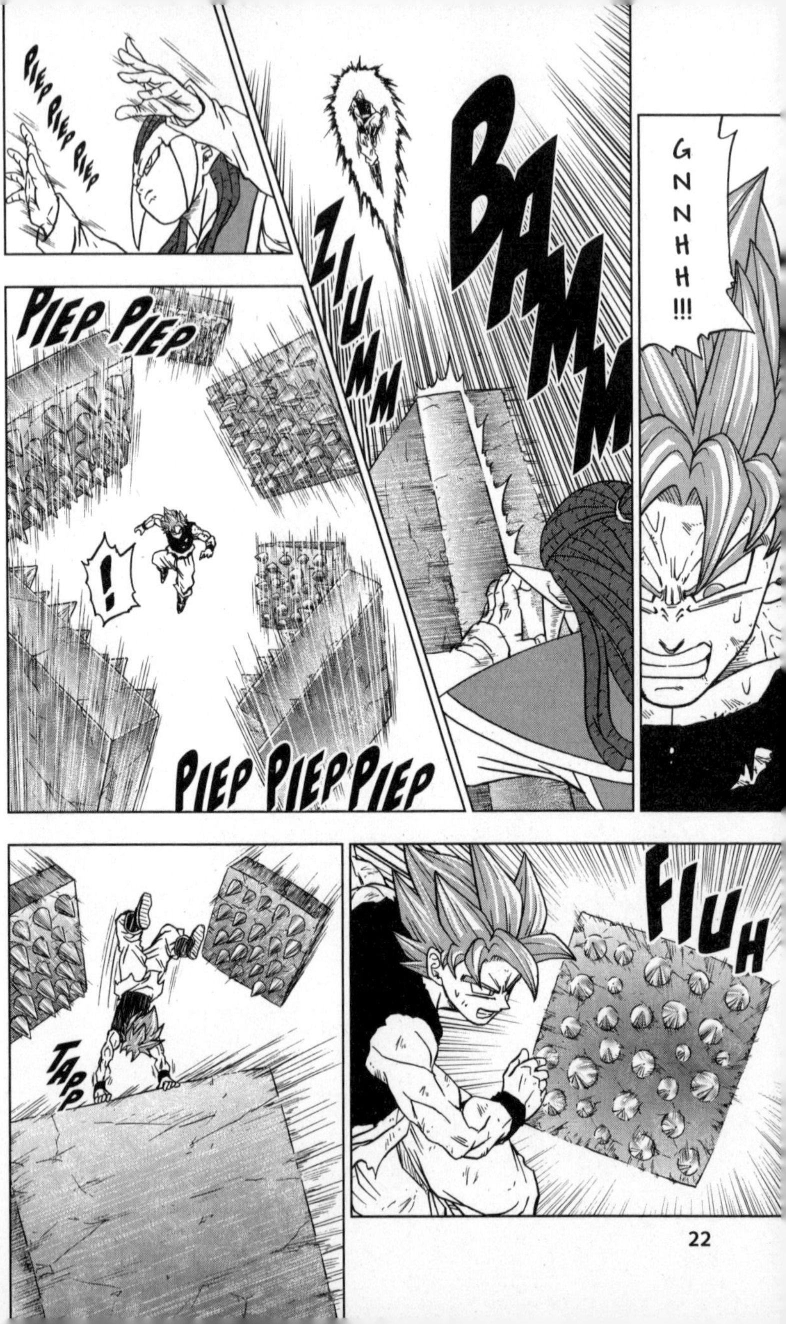
PIEP PIEP PIEP PIEP
GNNHH!!!
BAMM
ZIUMM
PIEP PIEP
!
PIEP PIEP PIEP
FIUH
TAPP

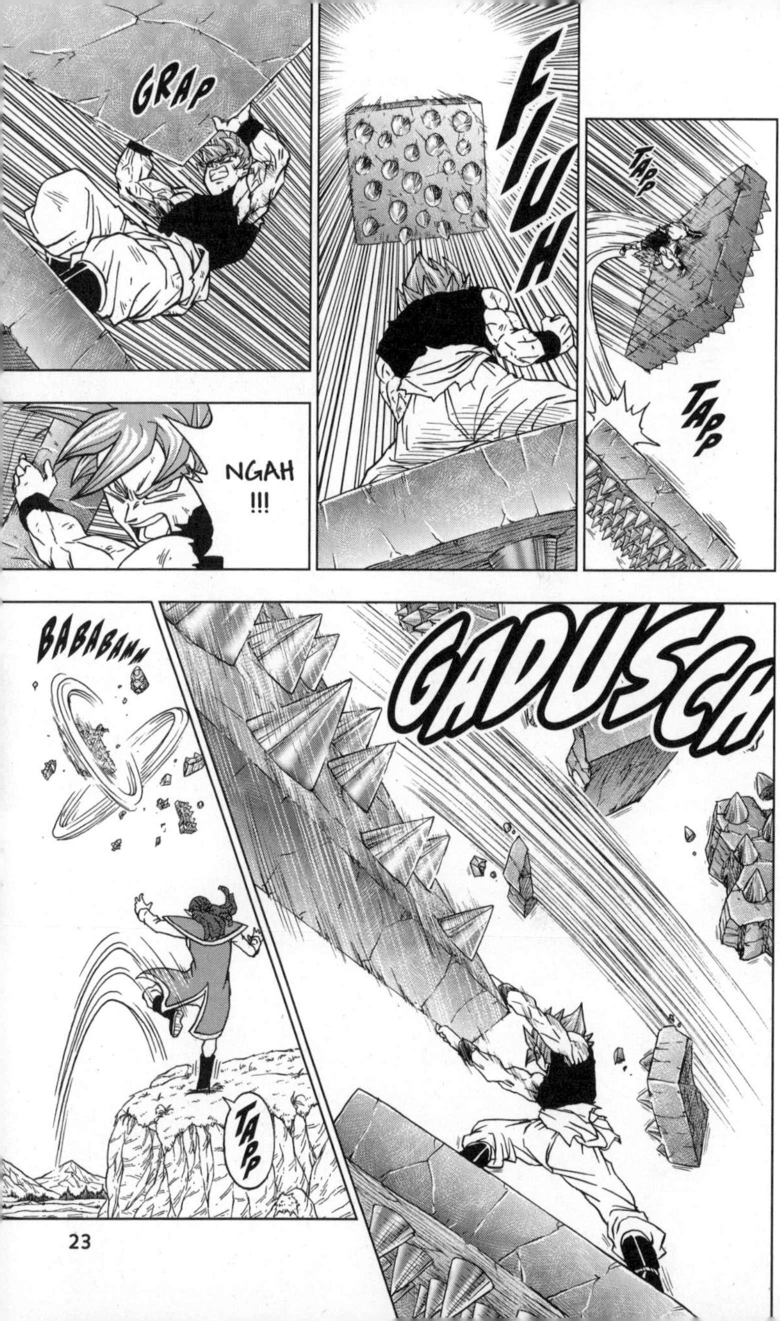
GRAP
NGAH
!!!
FIUUH
TAPP
TAPP
GADUSCH
BABABAMM
TAPP

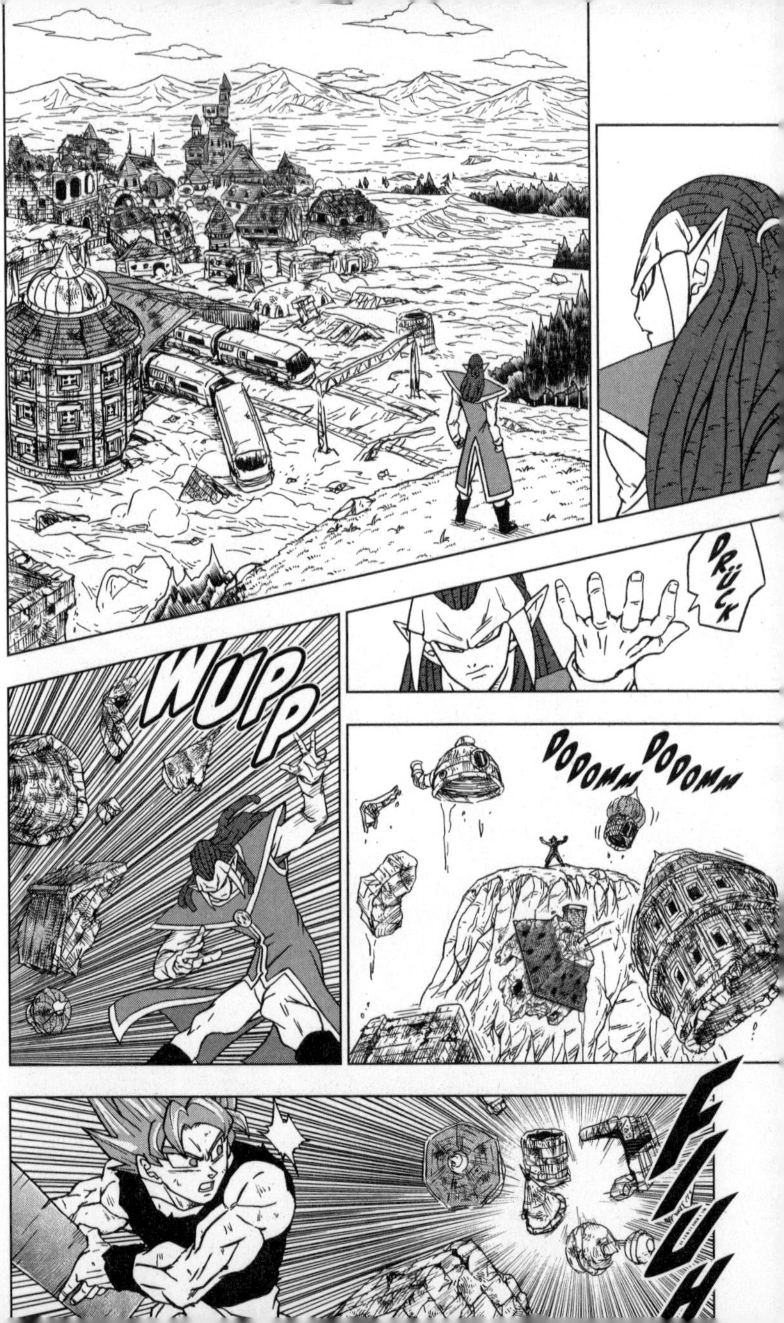
DRÜCK
WUPP
DODOMM
DODOMM
FIUH

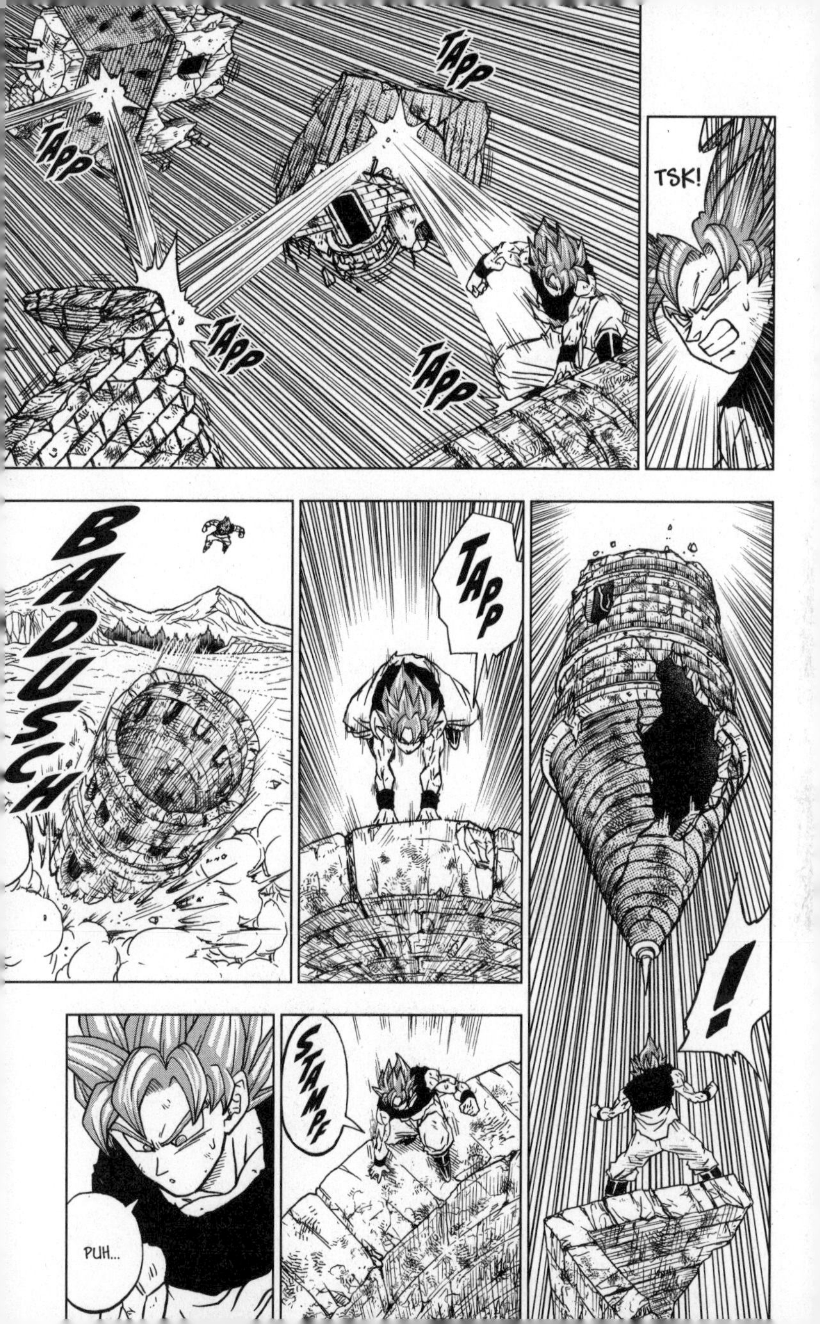
TSK!
TAPP
TAPP
TAPP
TAPP
!
TAPP
BADUSCH
STAMPF
PUH...

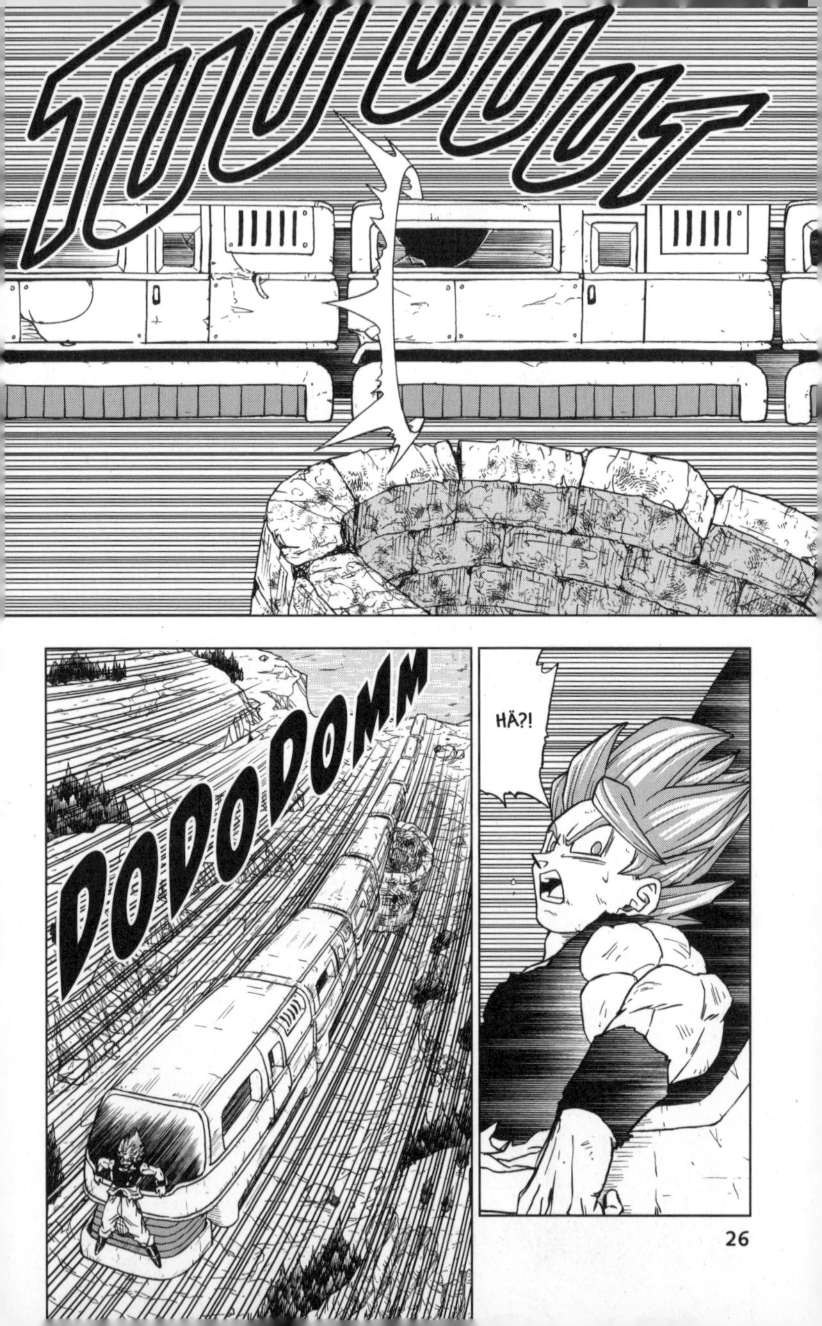
DODODOMM
HÄ?!

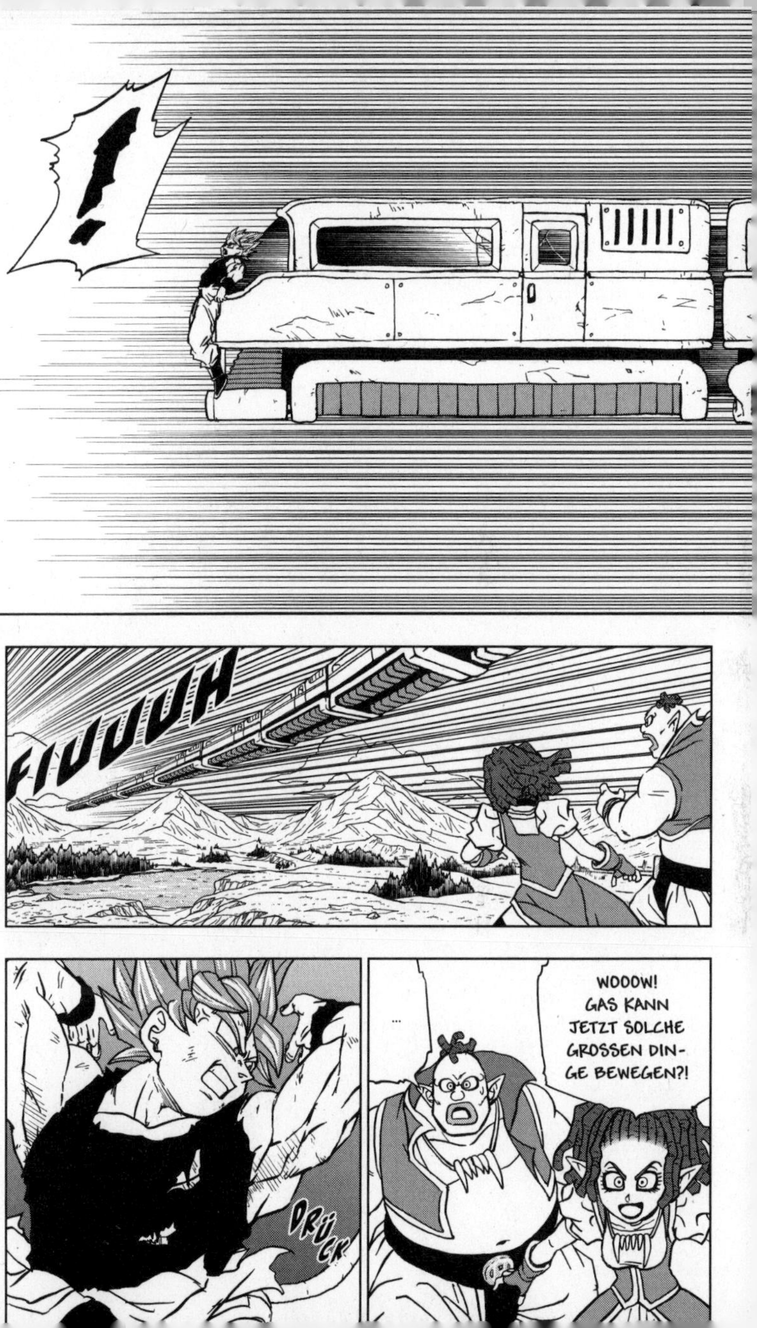
!
FIUUUUH
WOOOW! GAS KANN JETZT SOLCHE GROSSEN DINGE BEWEGEN?!
...
DRÜCK

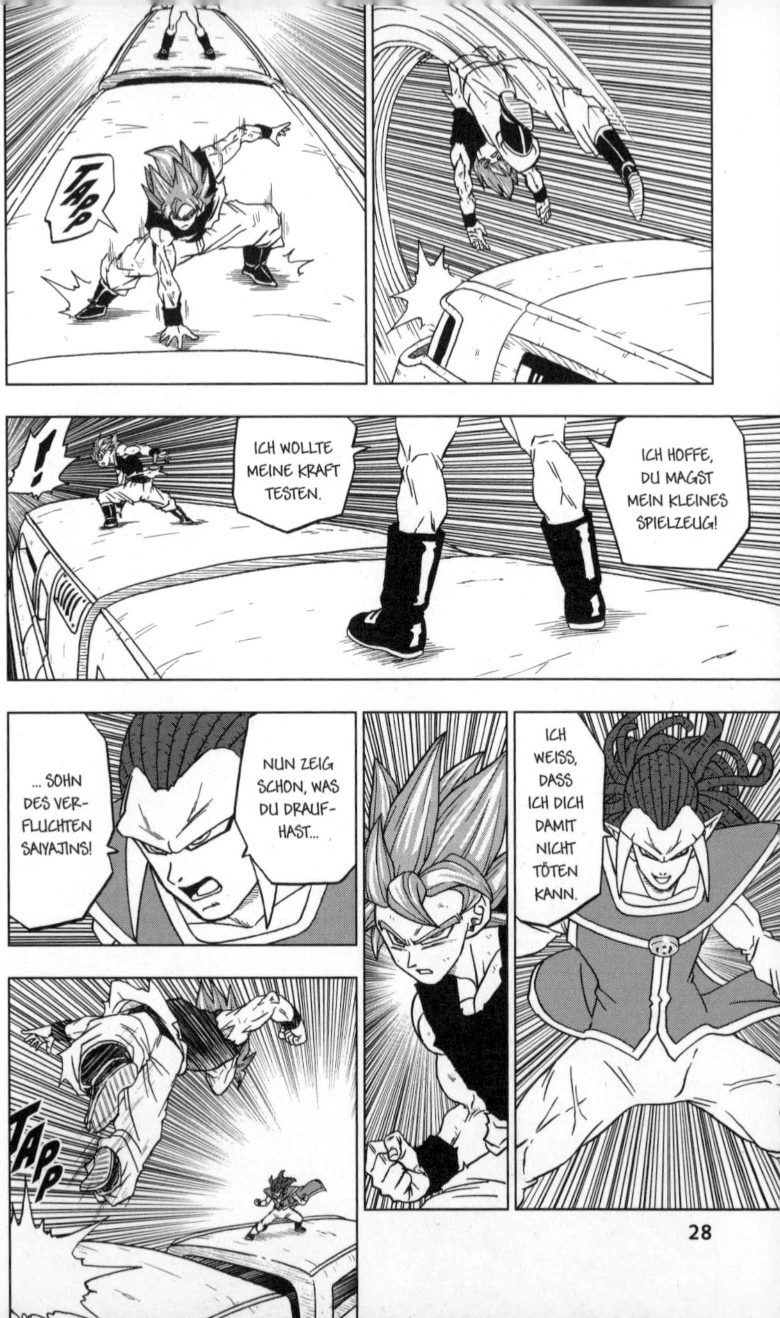
TAPP
ICH HOFFE, DU MAGST MEIN KLEINES SPIELZEUG!
ICH WOLLTE MEINE KRAFT TESTEN.
!
ICH WEISS, DASS ICH DICH DAMIT NICHT TÖTEN KANN.
NUN ZEIG SCHON, WAS DU DRAUF-HAST...
... SOHN DES VER-FLUCHTEN SAIYAJINS!
TAPP

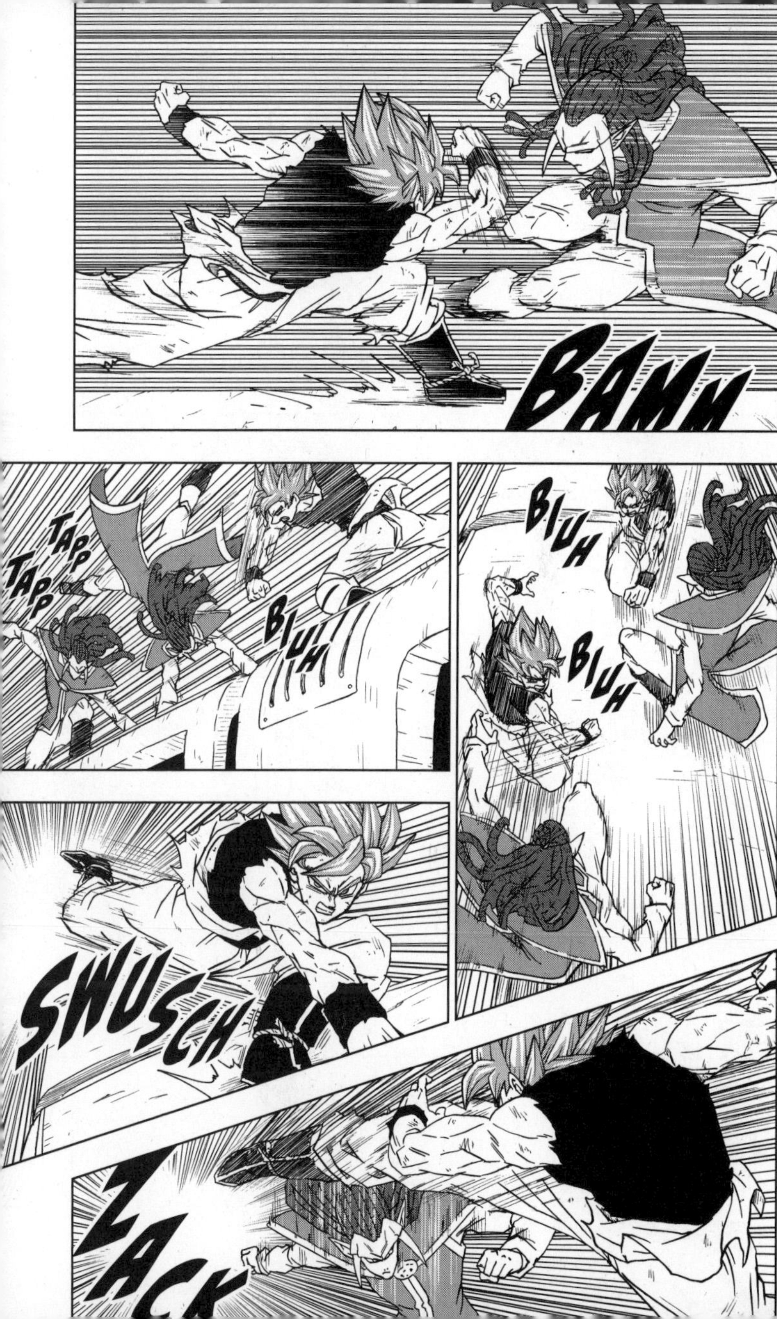
BAMM
BIUH
BIUH
TAPP
TAPP
BIUH
SWUSCH
ZACK

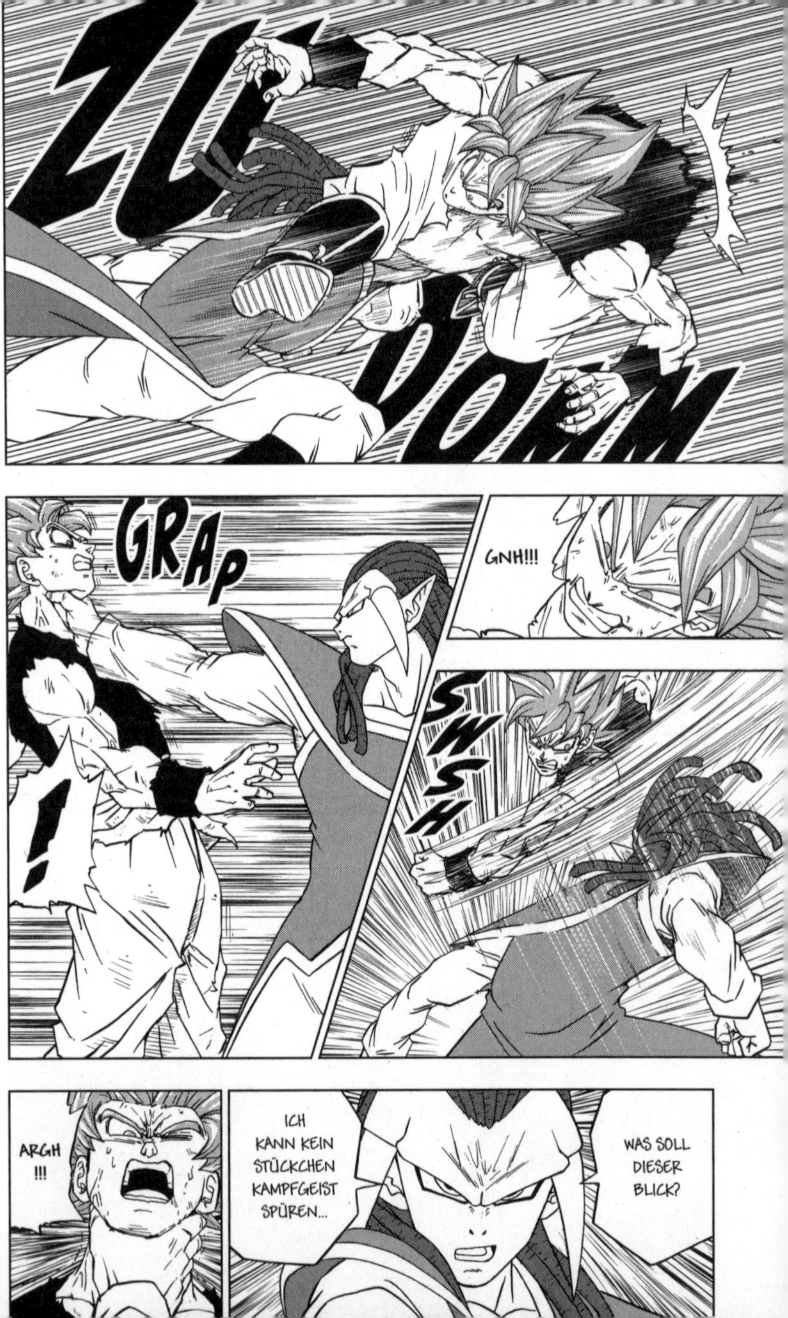
ZUU
DOMM
GRAP
GNH!!!
SWSH
ARGH !!!
ICH KANN KEIN STÜCKCHEN KAMPFGEIST SPÜREN...
WAS SOLL DIESER BLICK?

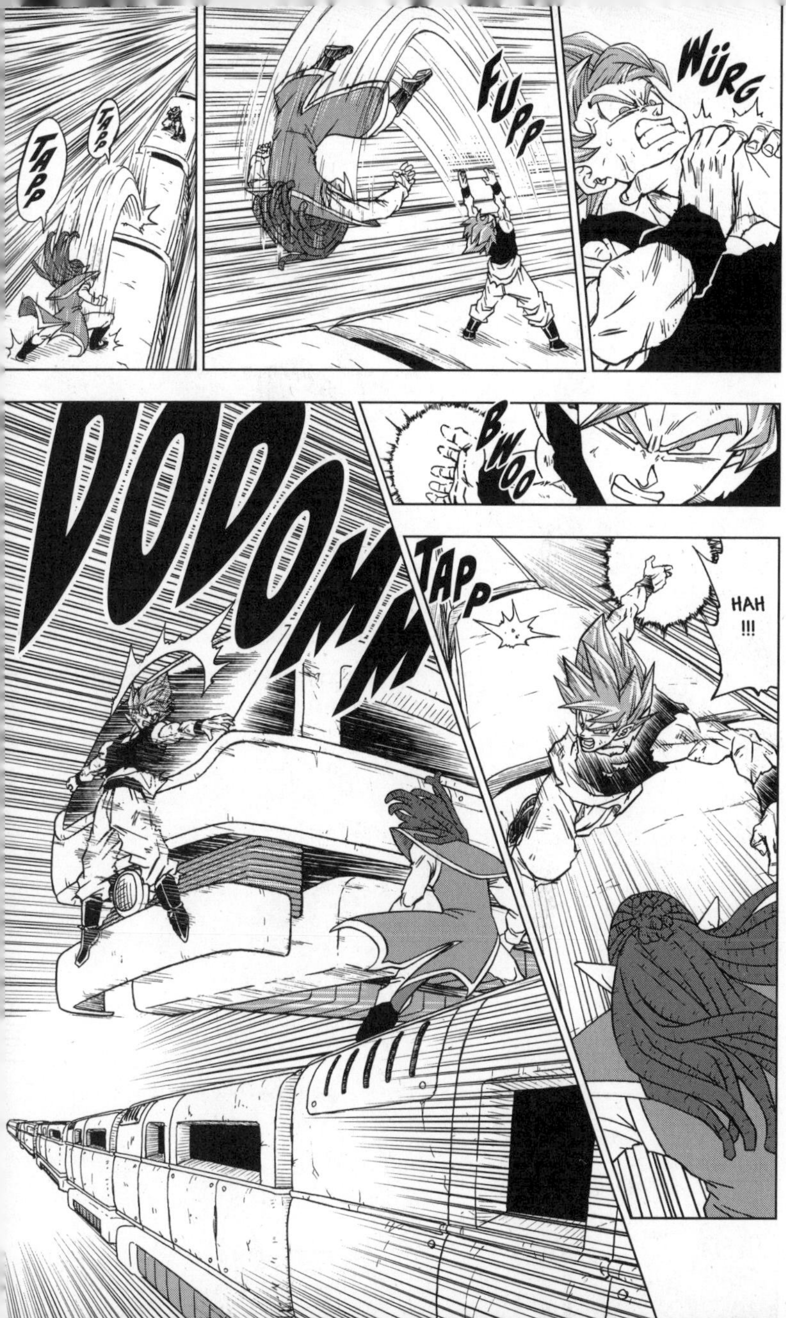
WÜRG
FUPP
TAPP
TAPP
BWOO
HAH !!!
TAPP
DODOMM

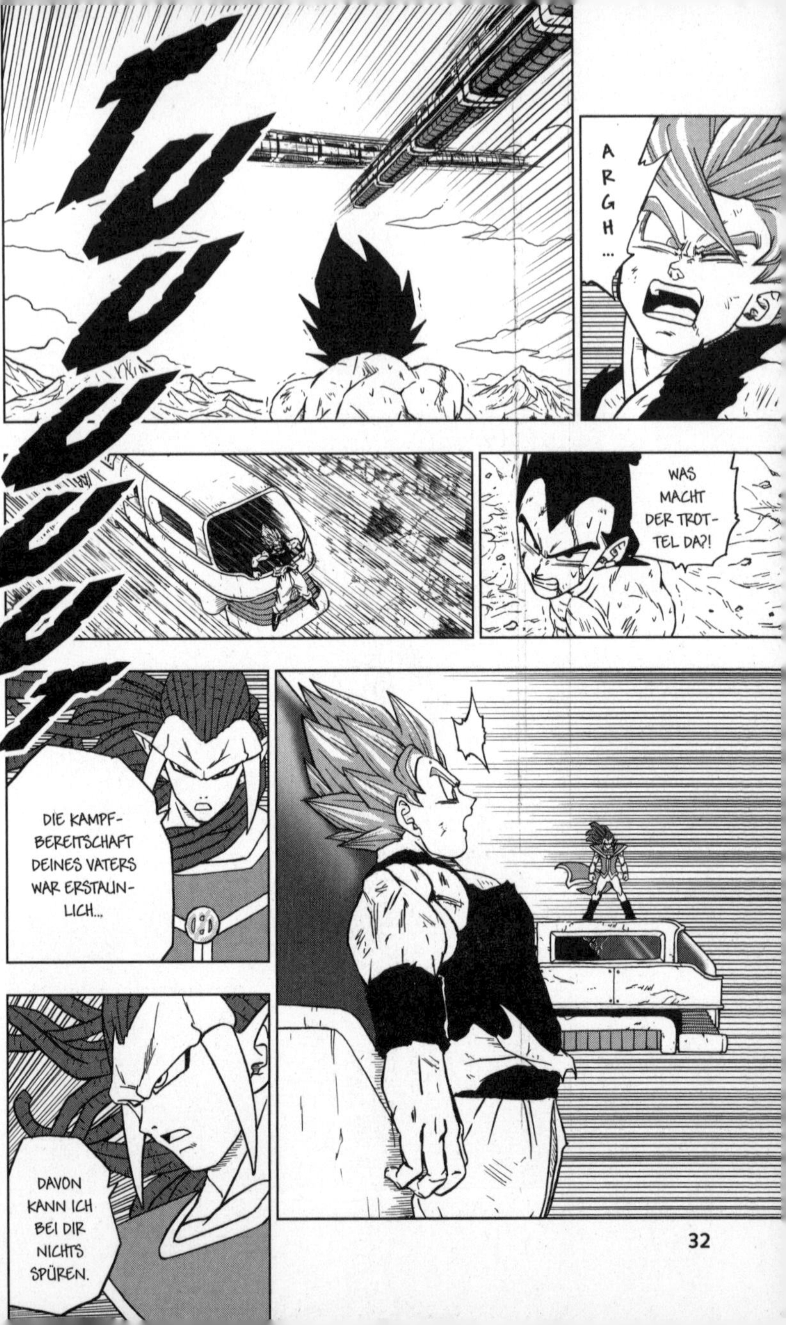
ARGH ...
WAS MACHT DER TROT-TEL DA?!
DIE KAMPF-BEREITSCHAFT DEINES VATERS WAR ERSTAUN-LICH...
DAVON KANN ICH BEI DIR NICHTS SPÜREN.

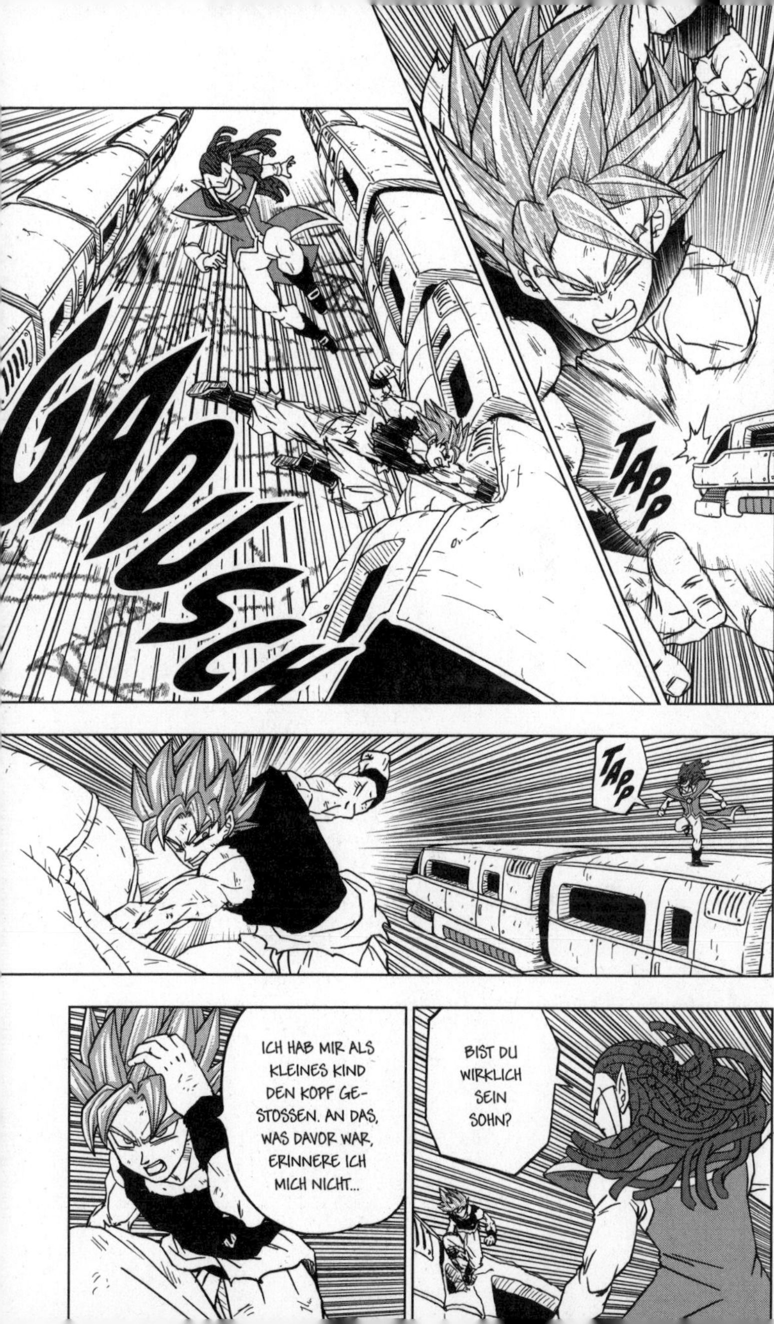
GADUSCH
TAPP
TAPP
ICH HAB MIR ALS KLEINES KIND DEN KOPF GE-STOSSEN. AN DAS, WAS DAVOR WAR, ERINNERE ICH MICH NICHT...
BIST DU WIRKLICH SEIN SOHN?

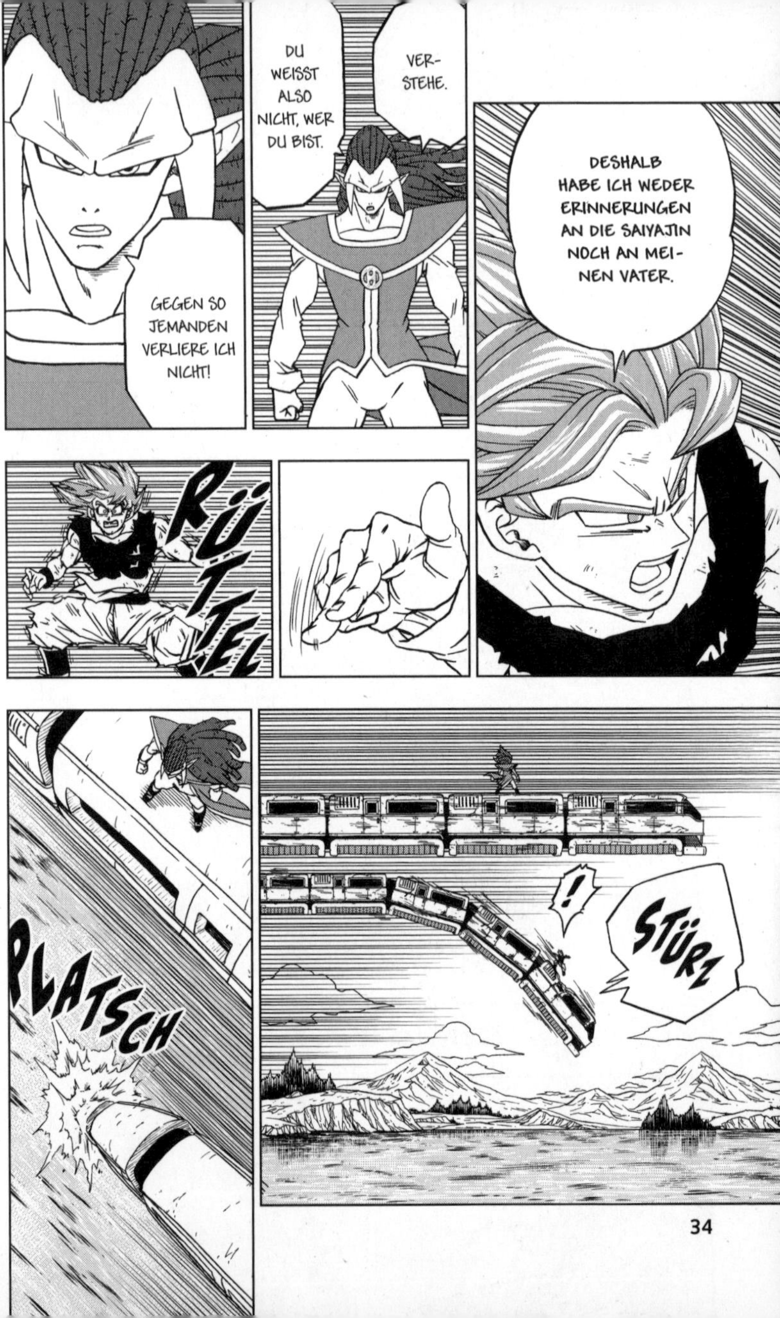
DESHALB HABE ICH WEDER ERINNERUNGEN AN DIE SAIYAJIN NOCH AN MEINEN VATER.
VER-STEHE.
DU WEISST ALSO NICHT, WER DU BIST.
GEGEN SO JEMANDEN VERLIERE ICH NICHT!
RÜTTEL
!
STÜRZ
PLATSCH

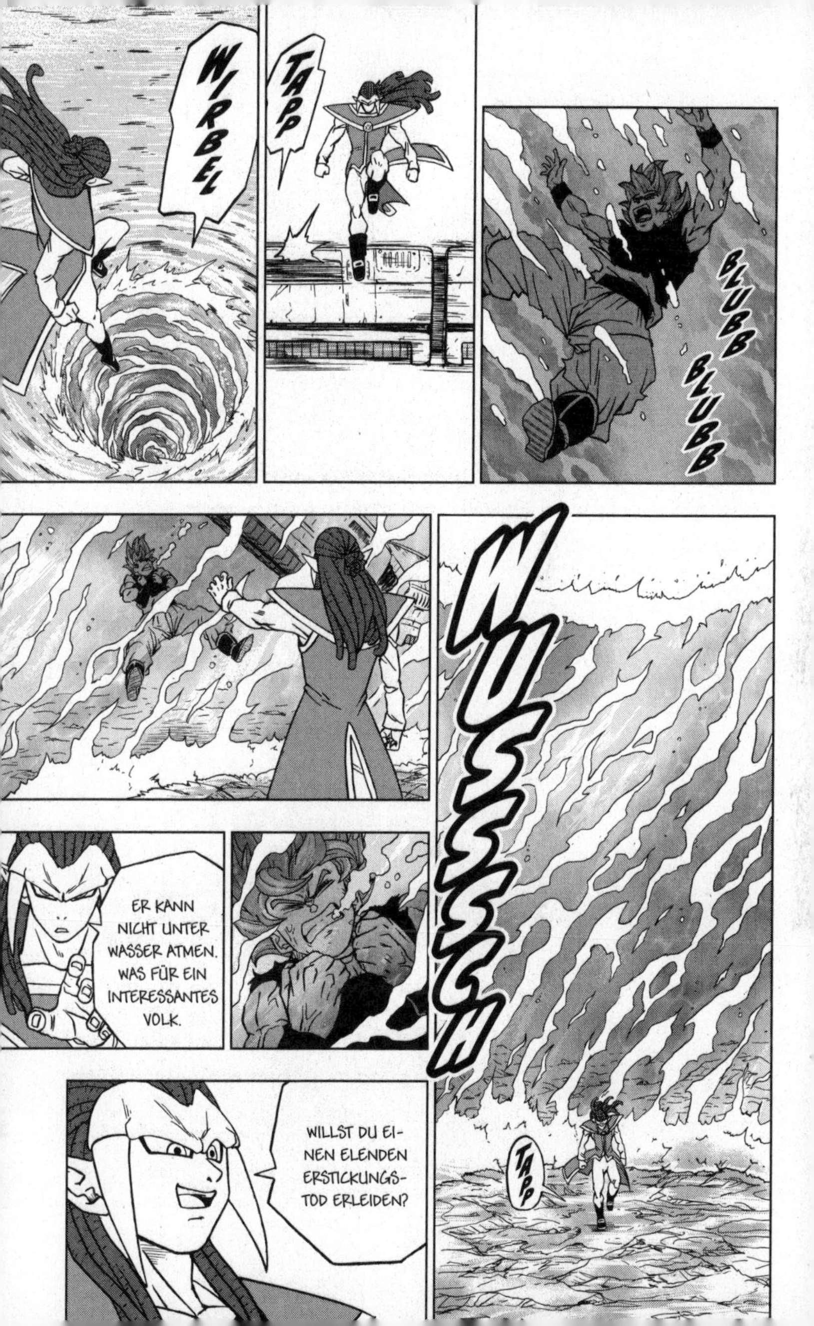
BLUBB
BLUBB
TAPP
WIRBEL
WUSCHSCH
ER KANN NICHT UNTER WASSER ATMEN. WAS FÜR EIN INTERESSANTES VOLK.
TAPP
WILLST DU EI-NEN ELENDEN ERSTICKUNGS-TOD ERLEIDEN?

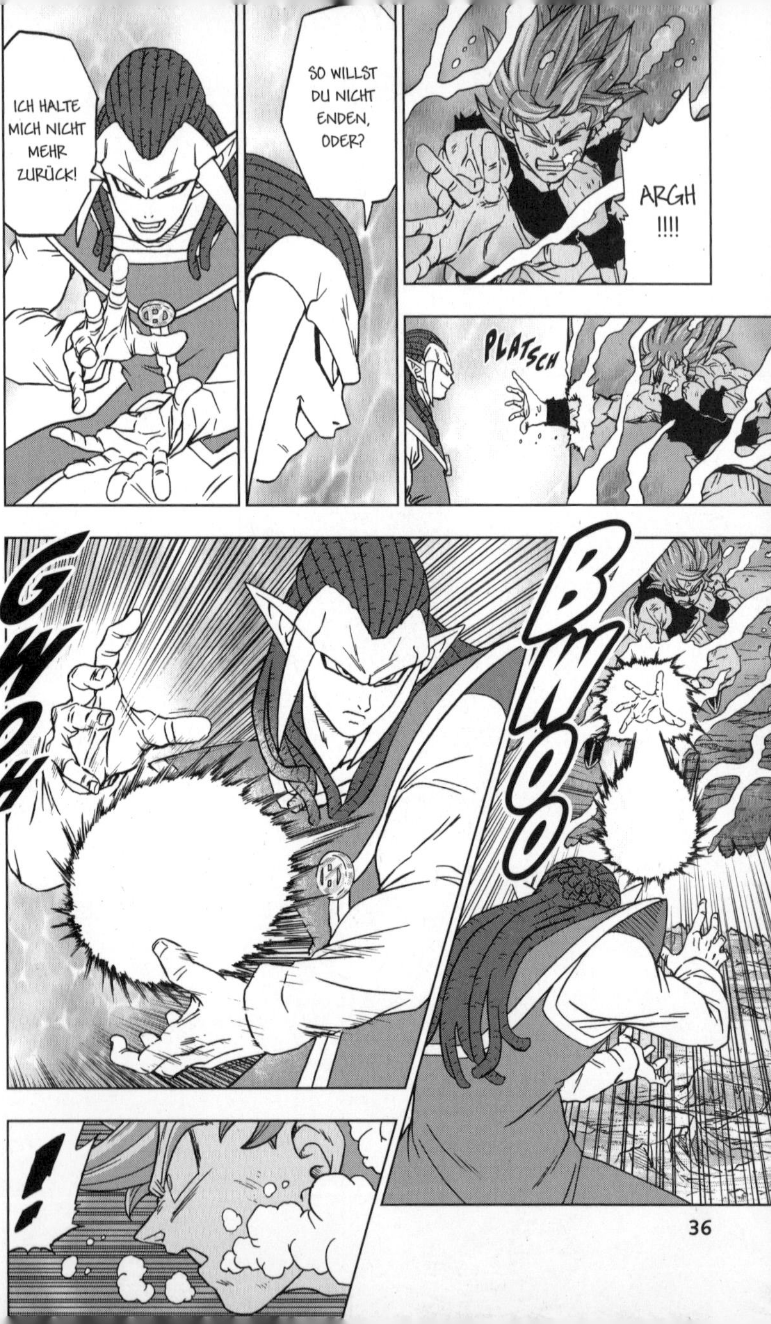
ARGH !!!!
PLATSCH
SO WILLST DU NICHT ENDEN, ODER?
ICH HALTE MICH NICHT MEHR ZURÜCK!
BWOO
GWOH
!!

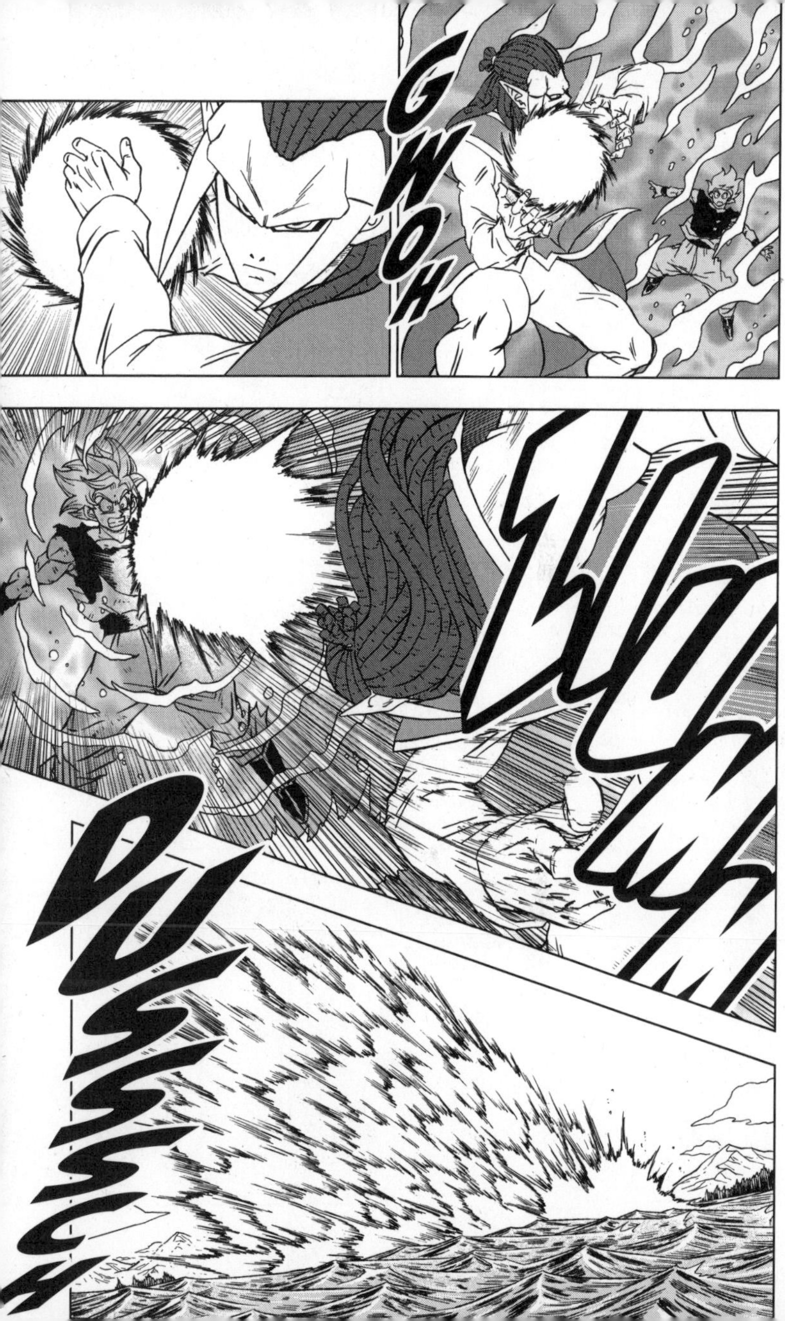
GWOOH

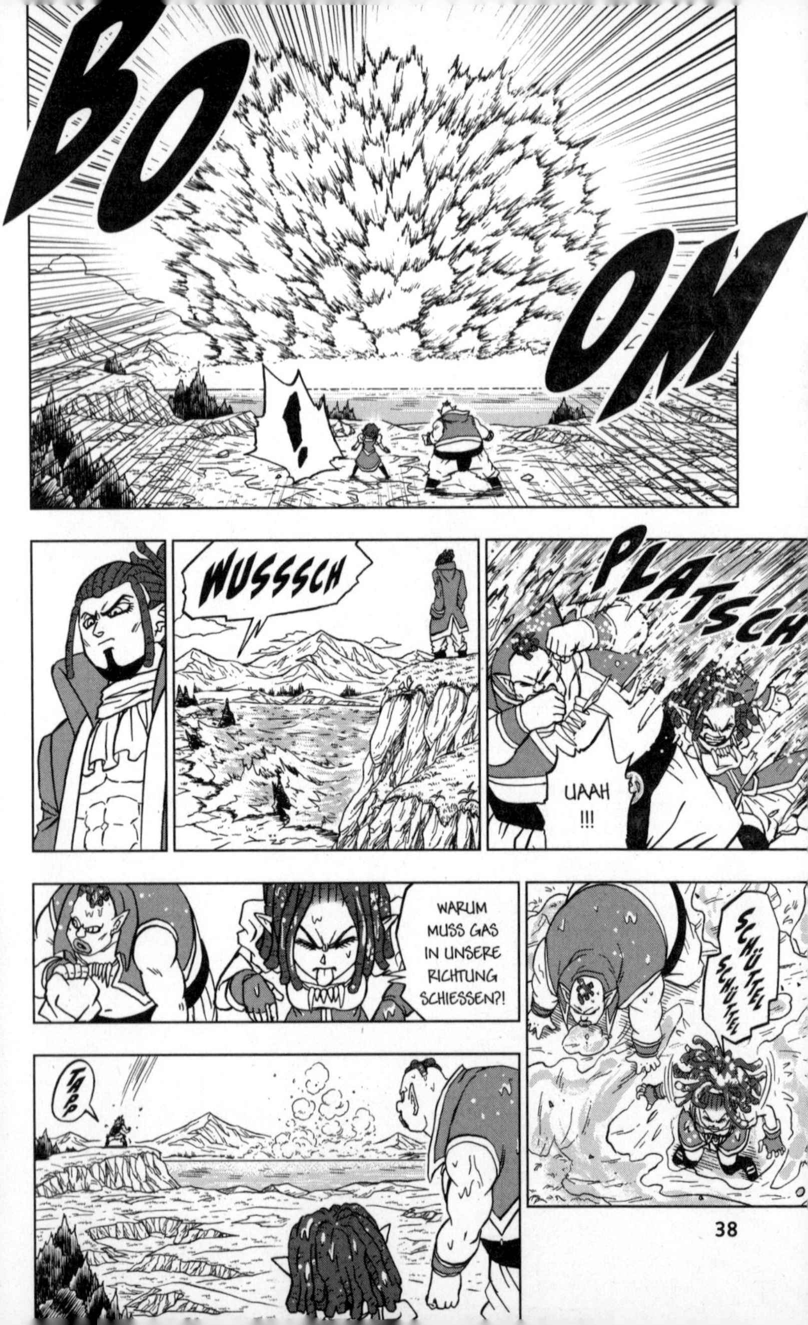
BOOOM
!
PLATSCH
UAAH !!!
WUSSSCH
SCHÜTTEL SCHÜTTEL
WARUM MUSS GAS IN UNSERE RICHTUNG SCHIESSEN?!
TAPP

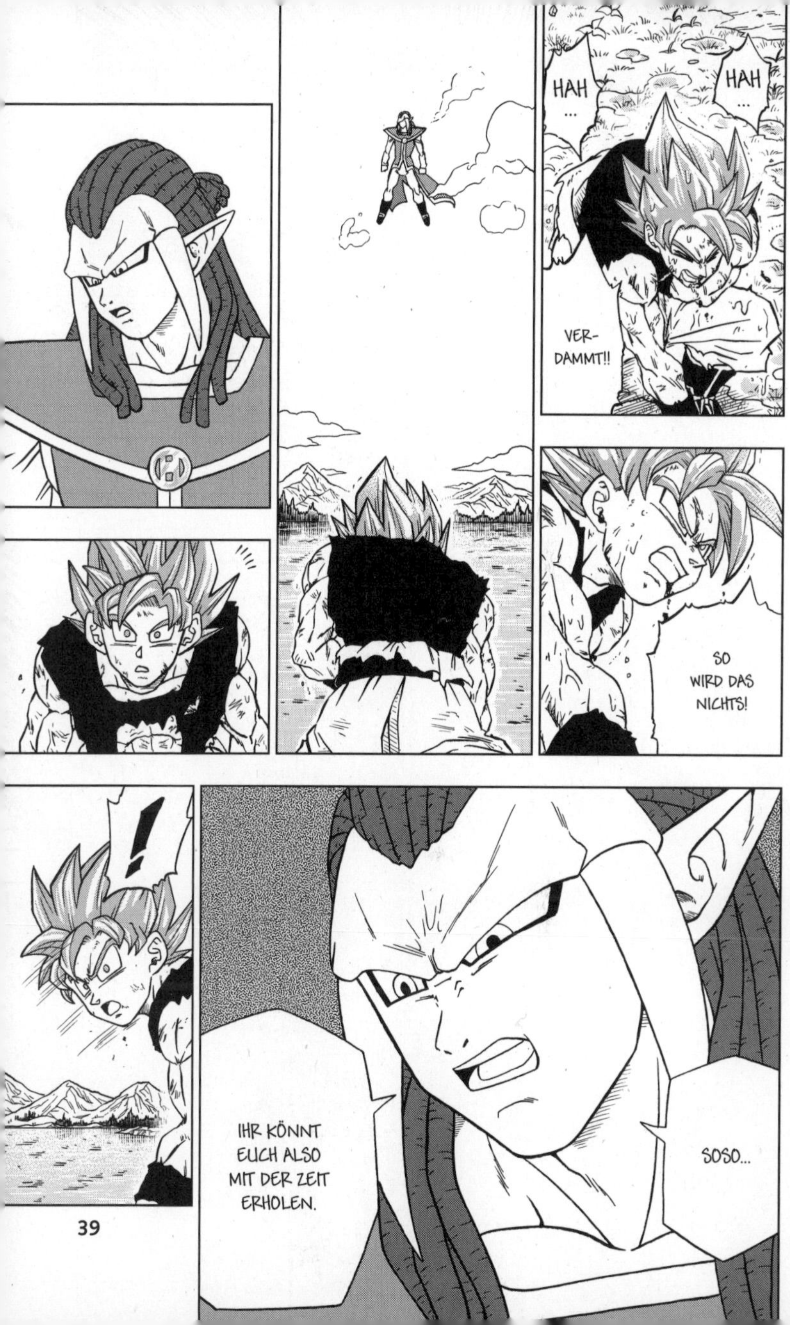
HAH ...
HAH ...
VER-DAMMT!!
SO WIRD DAS NICHTS!
SOSO...
IHR KÖNNT EUCH ALSO MIT DER ZEIT ERHOLEN.
!

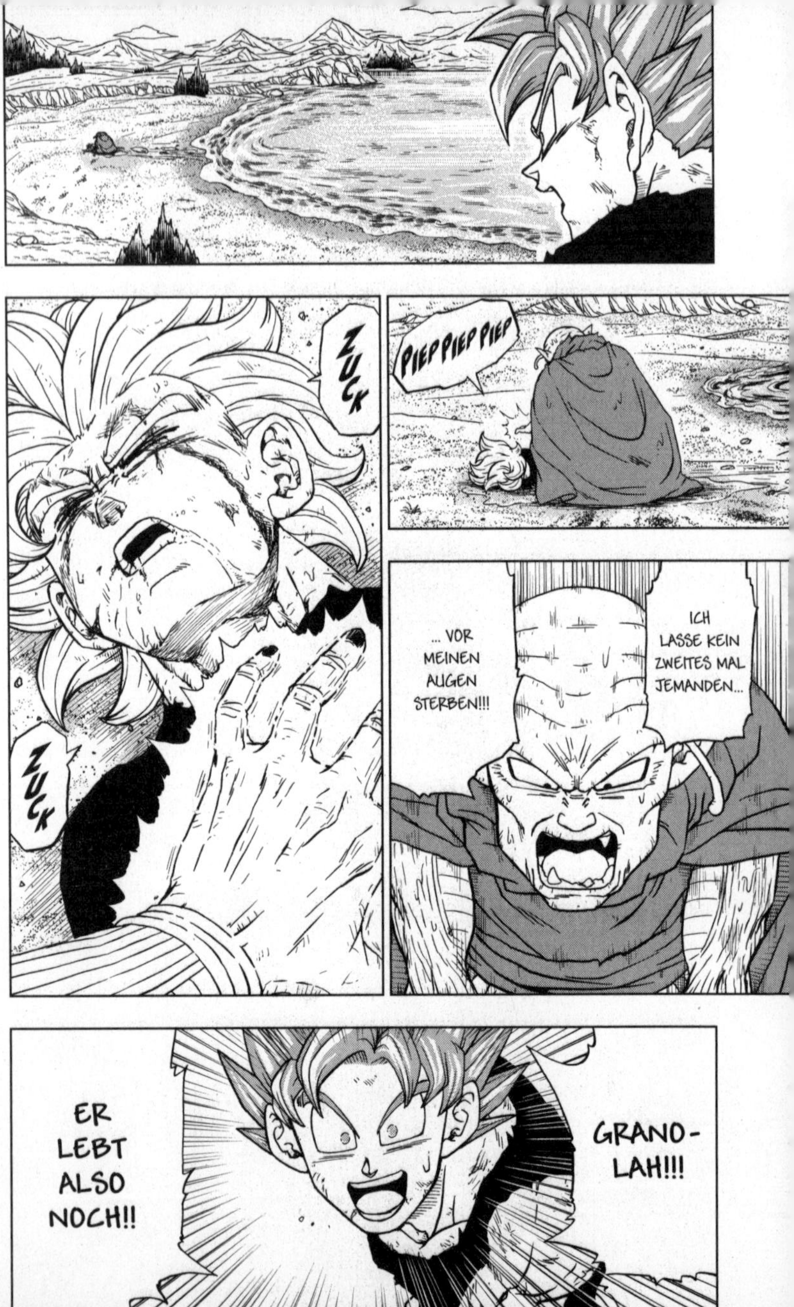
PIEP PIEP PIEP
ZUCK
ZUCK
ICH LASSE KEIN ZWEITES MAL JEMANDEN...
... VOR MEINEN AUGEN STERBEN!!!
GRANO-LAH!!!
ER LEBT ALSO NOCH!!

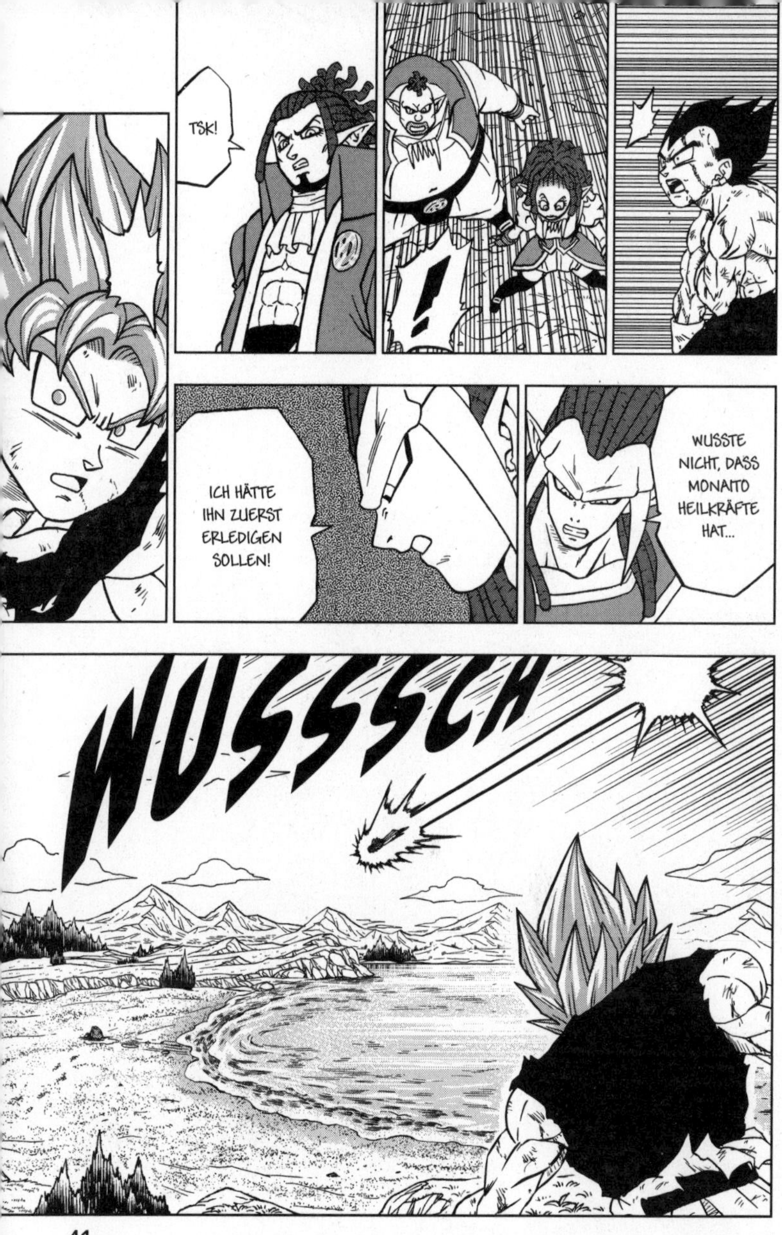
TSK!
!
ICH HÄTTE IHN ZUERST ERLEDIGEN SOLLEN!
WUSSTE NICHT, DASS MONAITO HEILKRÄFTE HAT...
WUSSSCH

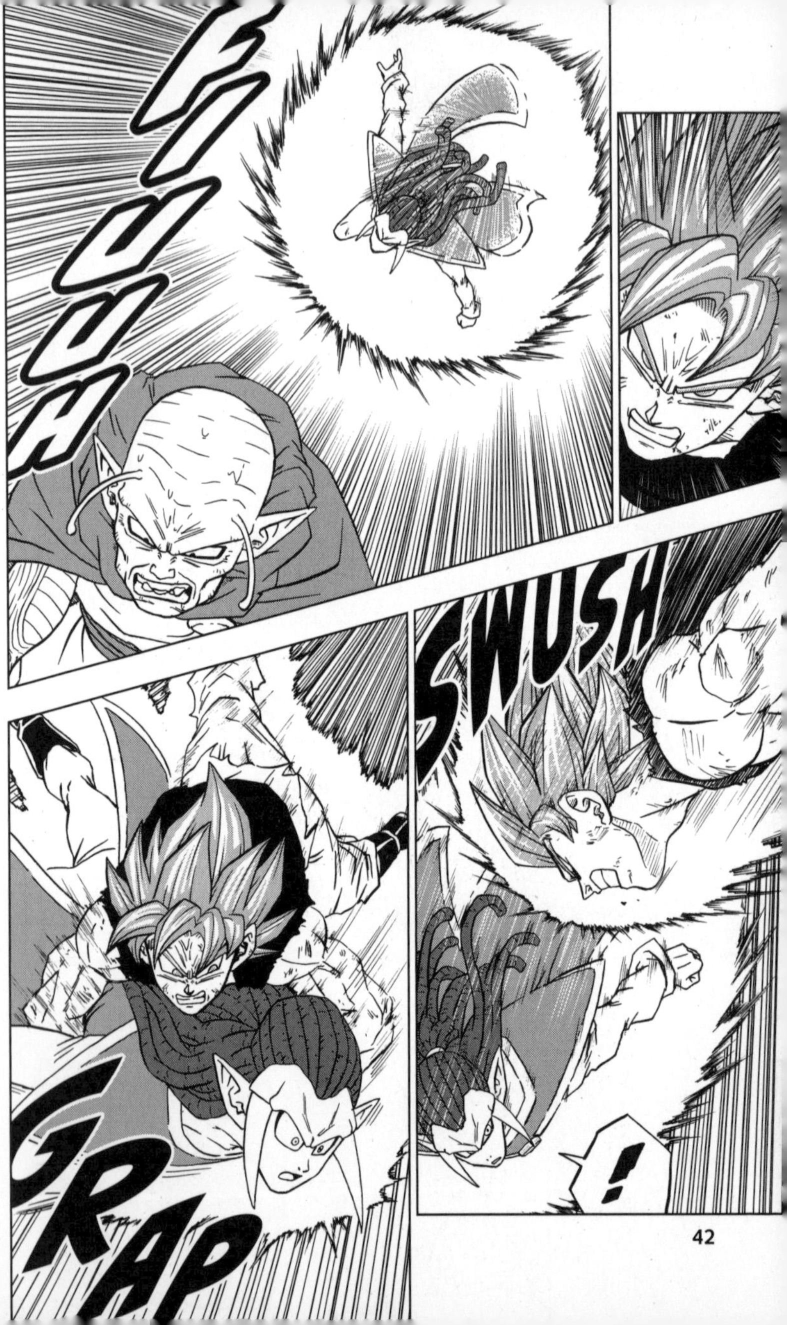
SWUSH
!
GRAP

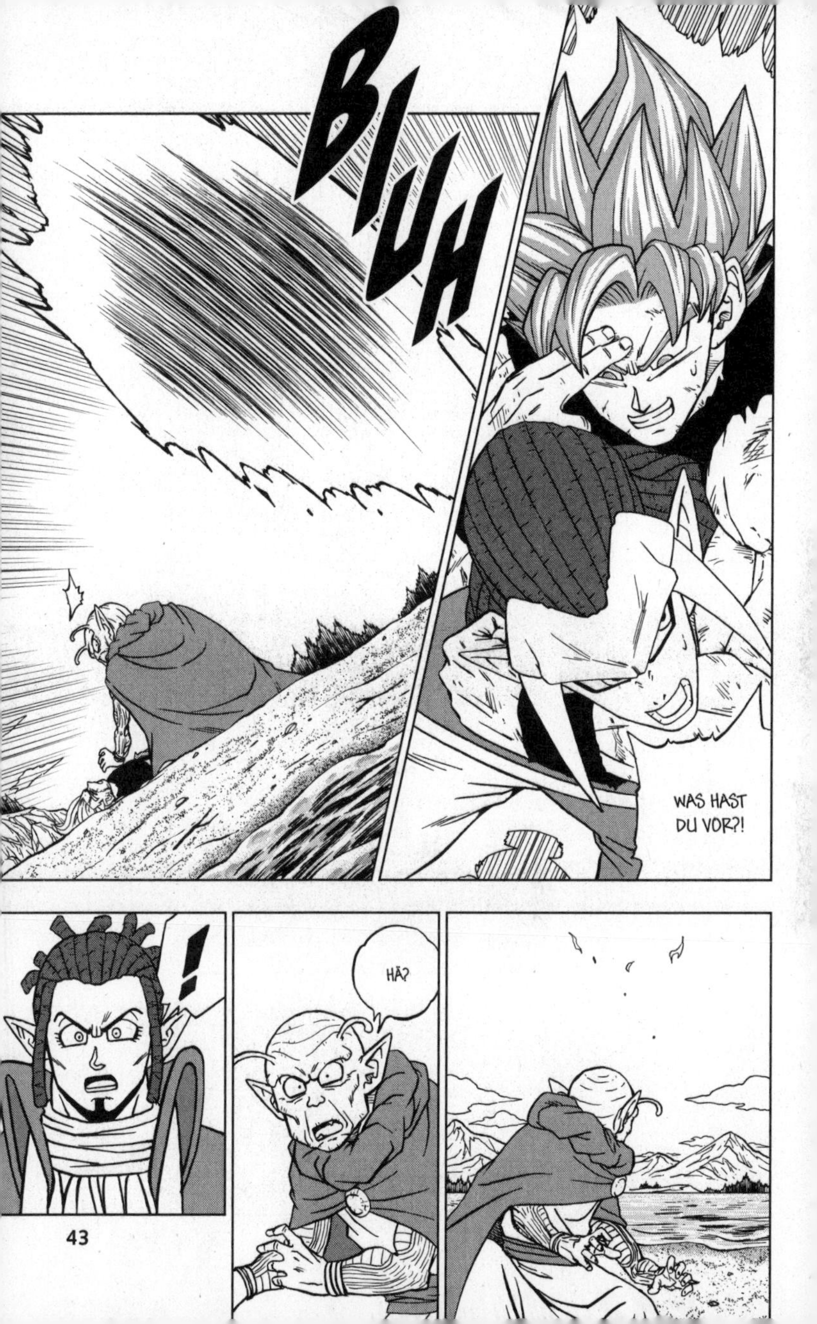
BUUH
WAS HAST DU VOR?!
!
HÄ?

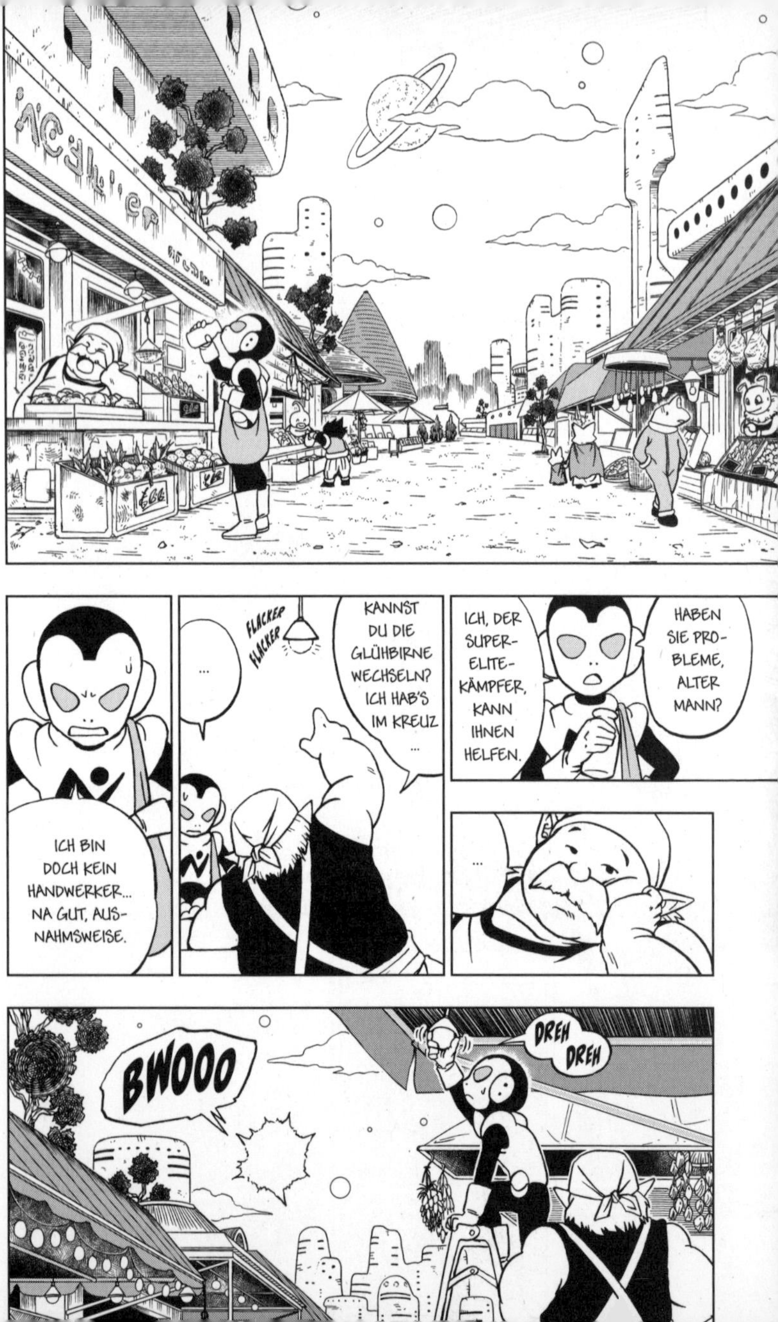
HABEN SIE PROBLEME, ALTER MANN?
ICH, DER SUPER-ELITE-KÄMPFER, KANN IHNEN HELFEN.
...
FLACKER FLACKER
KANNST DU DIE GLÜHBIRNE WECHSELN? ICH HAB'S IM KREUZ ...
...
ICH BIN DOCH KEIN HANDWERKER... NA GUT, AUSNAHMSWEISE.
DREH DREH
BWOOO

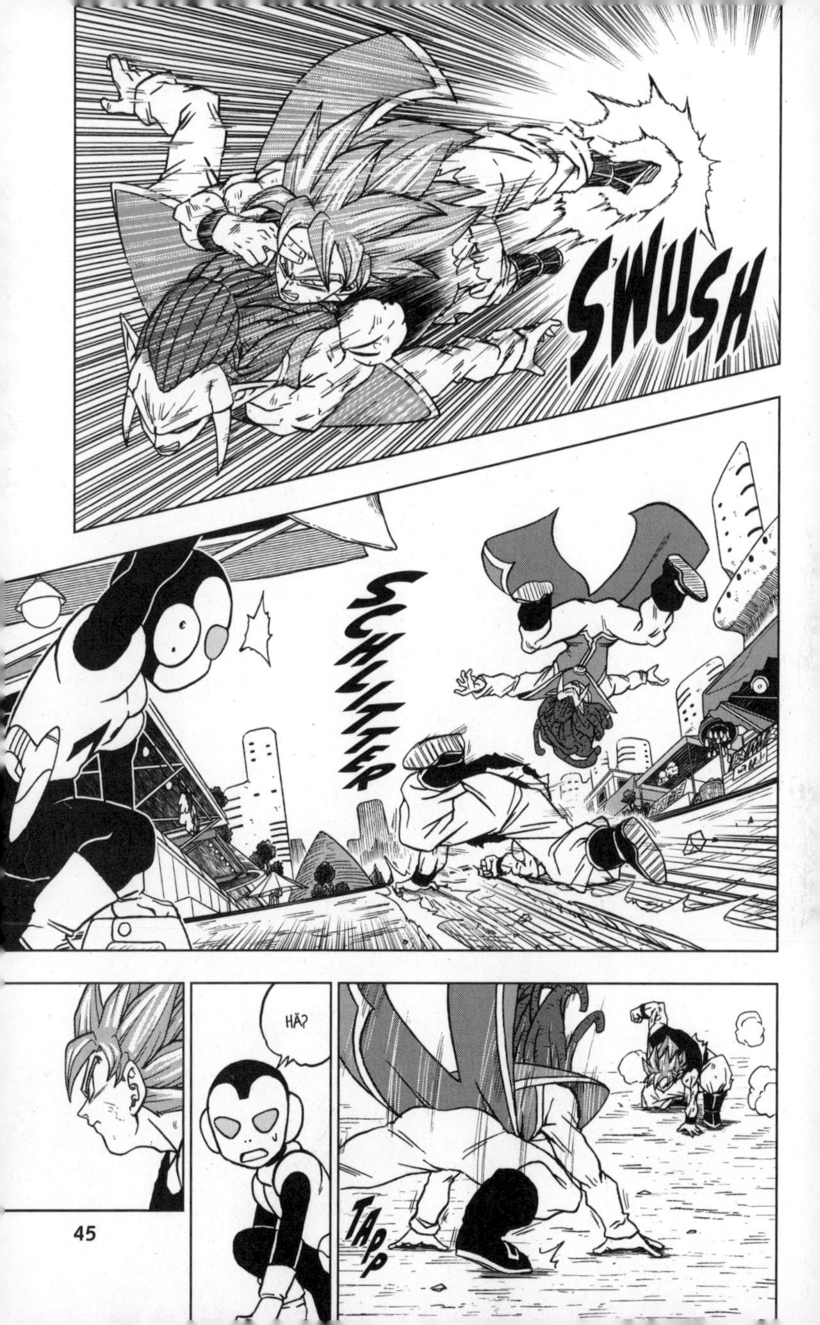
SWUSH
SCHLITTER
HÄ?
TAPP

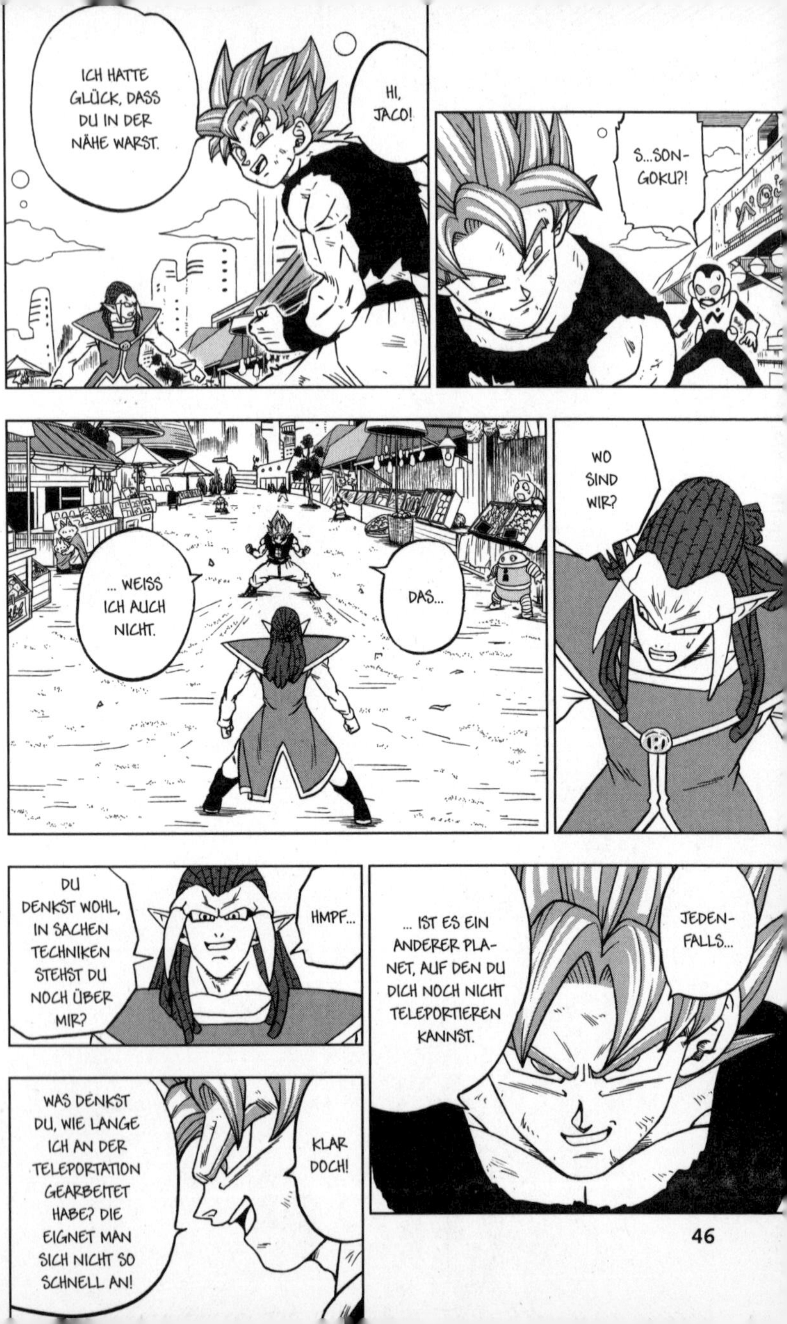
S...SON-GOKU?!
HI, JACO!
ICH HATTE GLÜCK, DASS DU IN DER NÄHE WARST.
WO SIND WIR?
DAS...
... WEISS ICH AUCH NICHT.
JEDENFALLS...
... IST ES EIN ANDERER PLANET, AUF DEN DU DICH NOCH NICHT TELEPORTIEREN KANNST.
HMPF...
DU DENKST WOHL, IN SACHEN TECHNIKEN STEHST DU NOCH ÜBER MIR?
KLAR DOCH!
WAS DENKST DU, WIE LANGE ICH AN DER TELEPORTATION GEARBEITET HABE? DIE EIGNET MAN SICH NICHT SO SCHNELL AN!

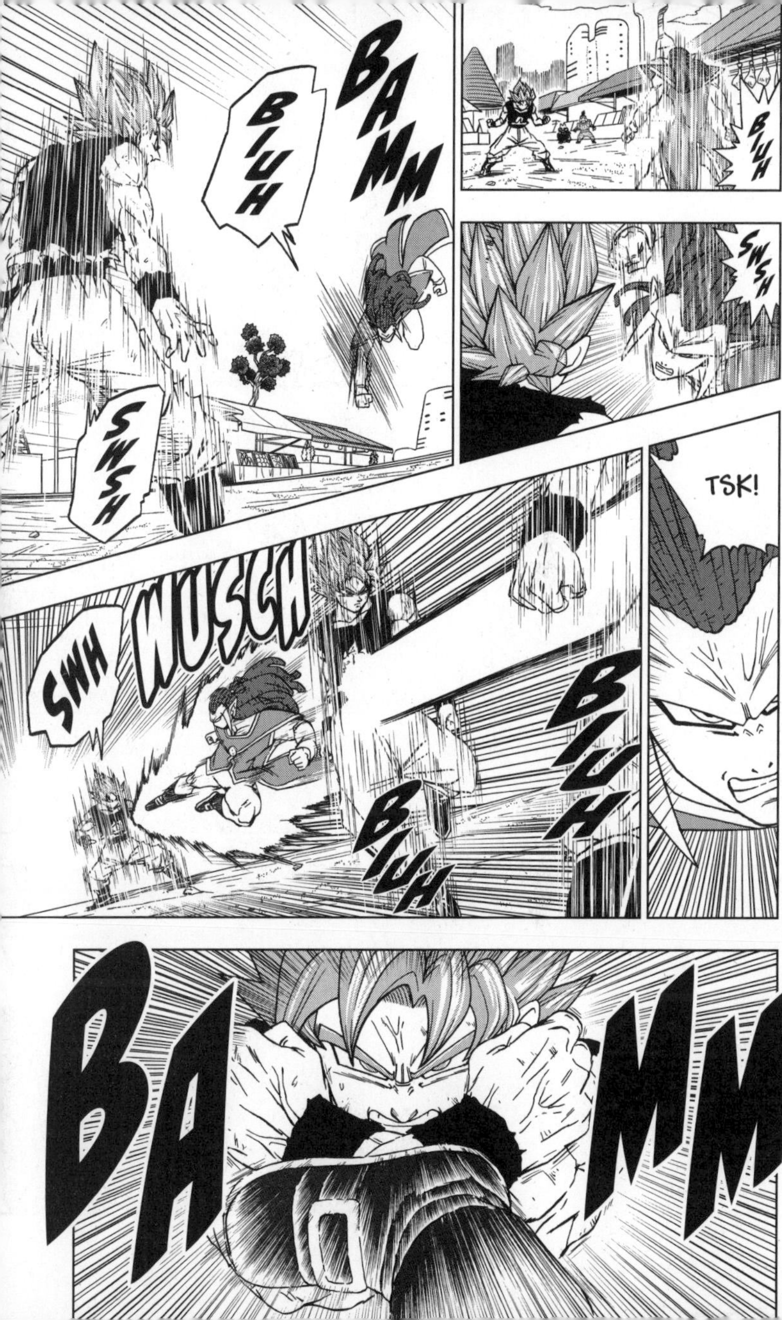
BIUH
SWSH
BAMM
BIUH
SWSH
TSK!
BIUH
BIUH
WUSCH
SWH
BAMM

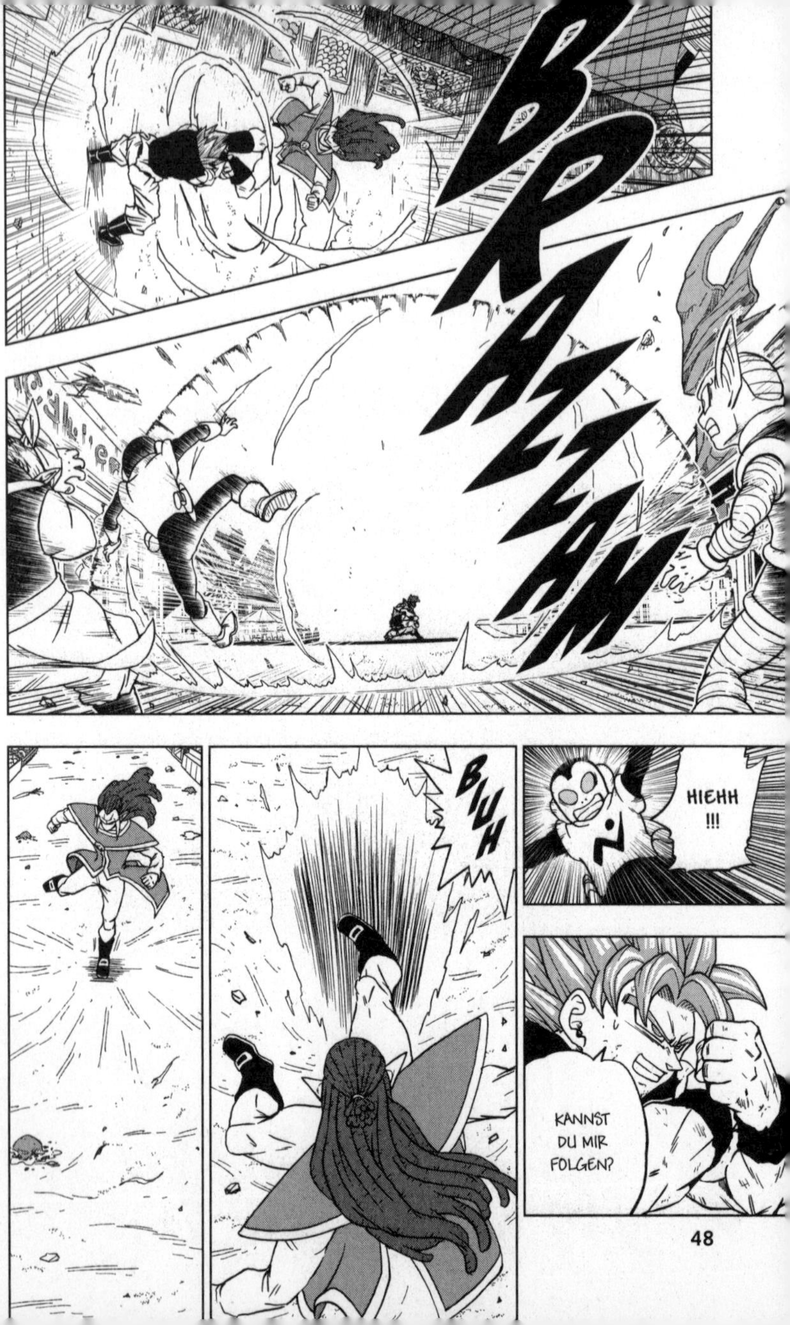
BRAAAAAM
BIUH
HIEHH !!!
KANNST DU MIR FOLGEN?

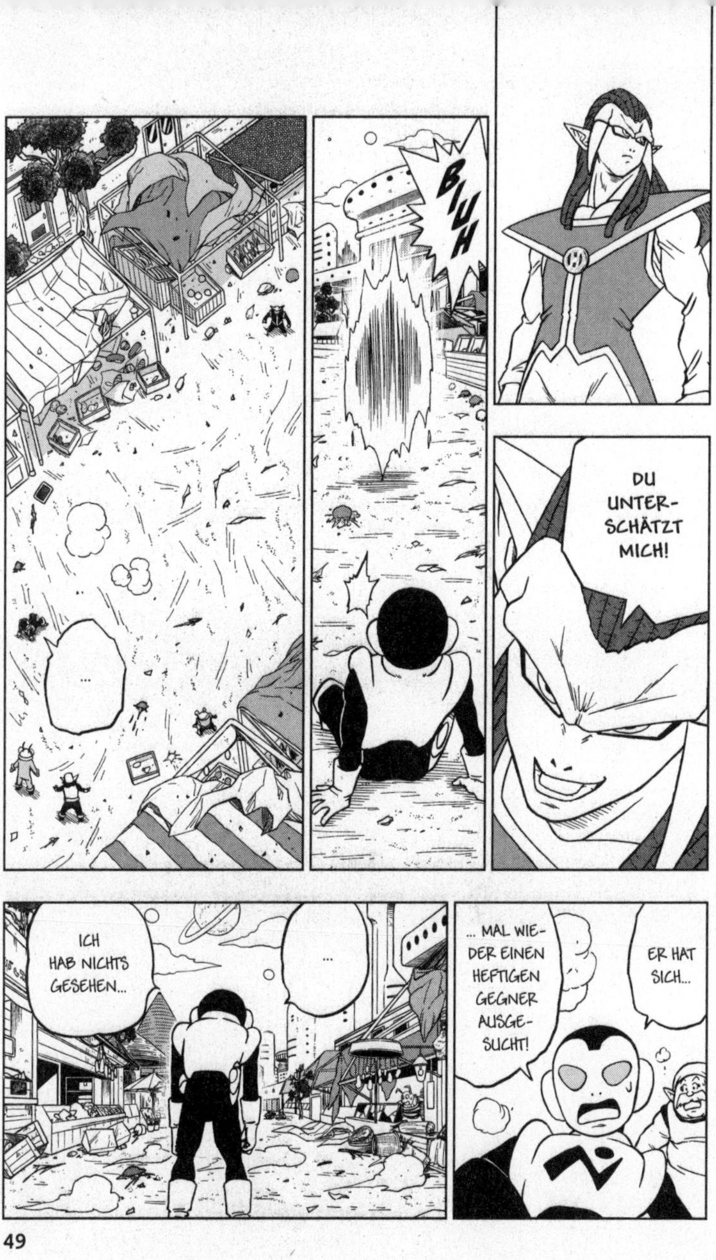
DU UNTERSCHÄTZT MICH!
BIUH
...
ER HAT SICH...
... MAL WIEDER EINEN HEFTIGEN GEGNER AUSGESUCHT!
...
ICH HAB NICHTS GESEHEN...

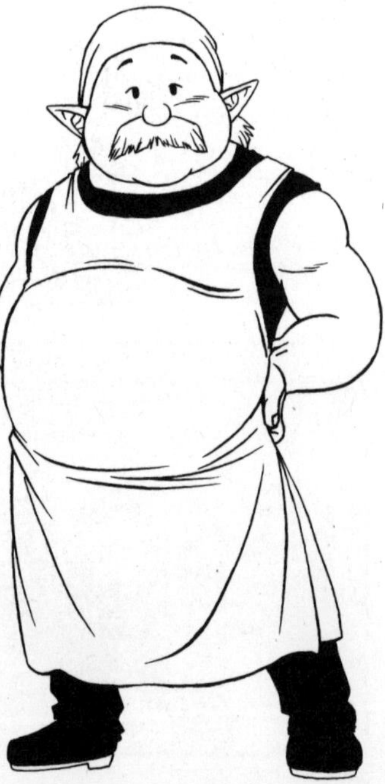

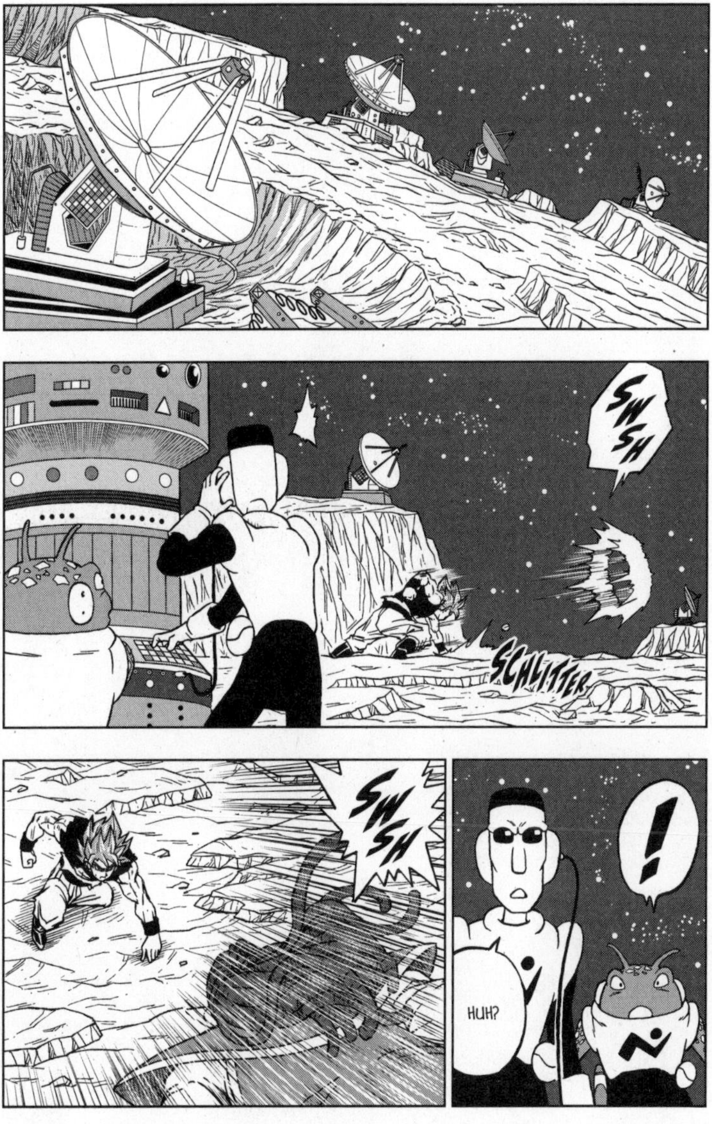
SWSH
SCHLITTER
SWSH
!
HUH?

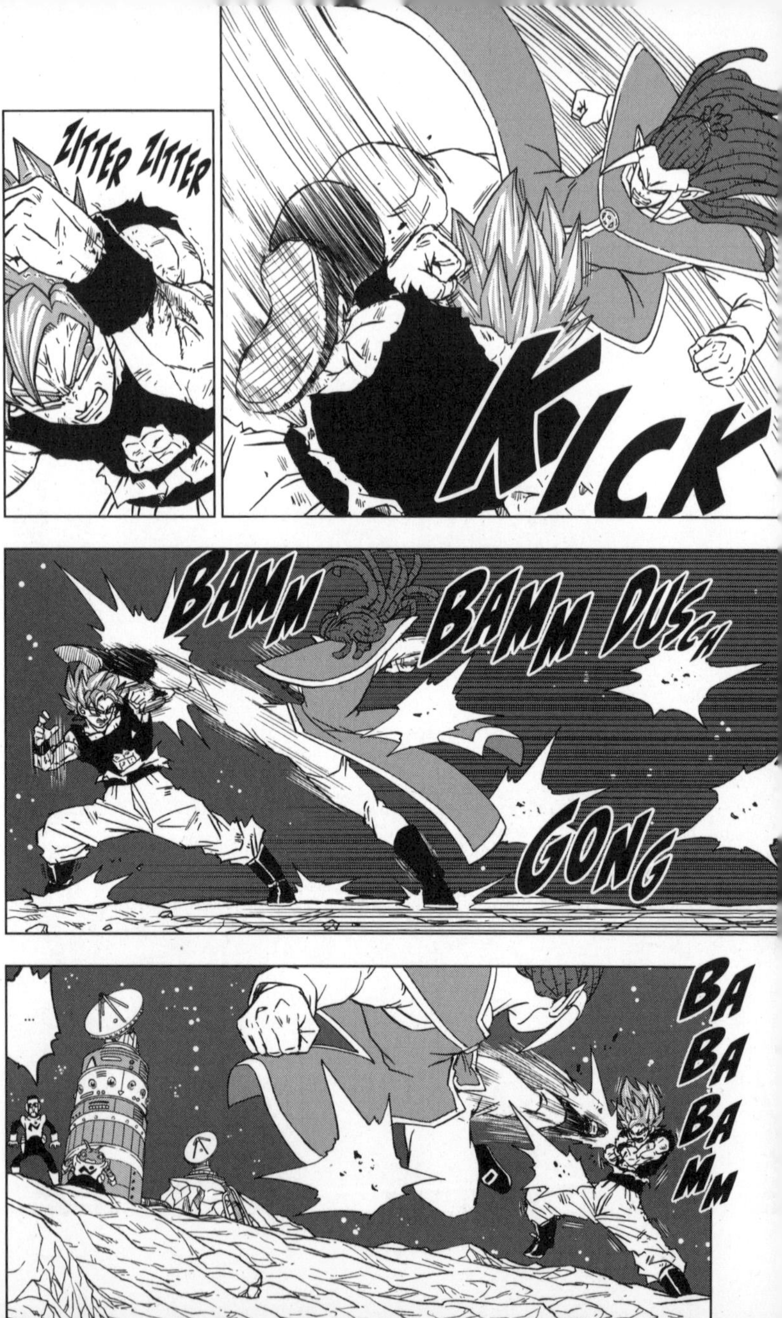
ZITTER ZITTER
KICK
BAMM
BAMM DUSCH
GONG
...
BA BA BA BA BAMM

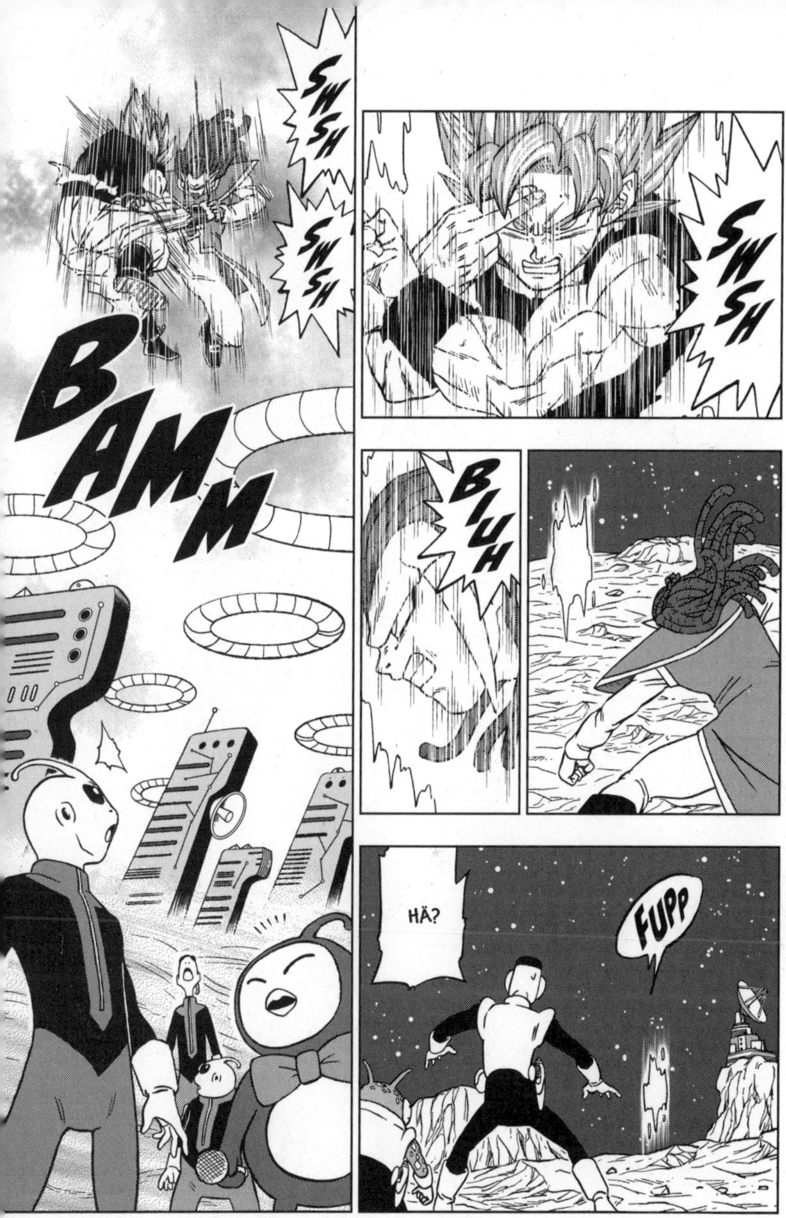
SWSH
BIUH
HÄ?
FUPP
SWSH
SWSH
BAMM

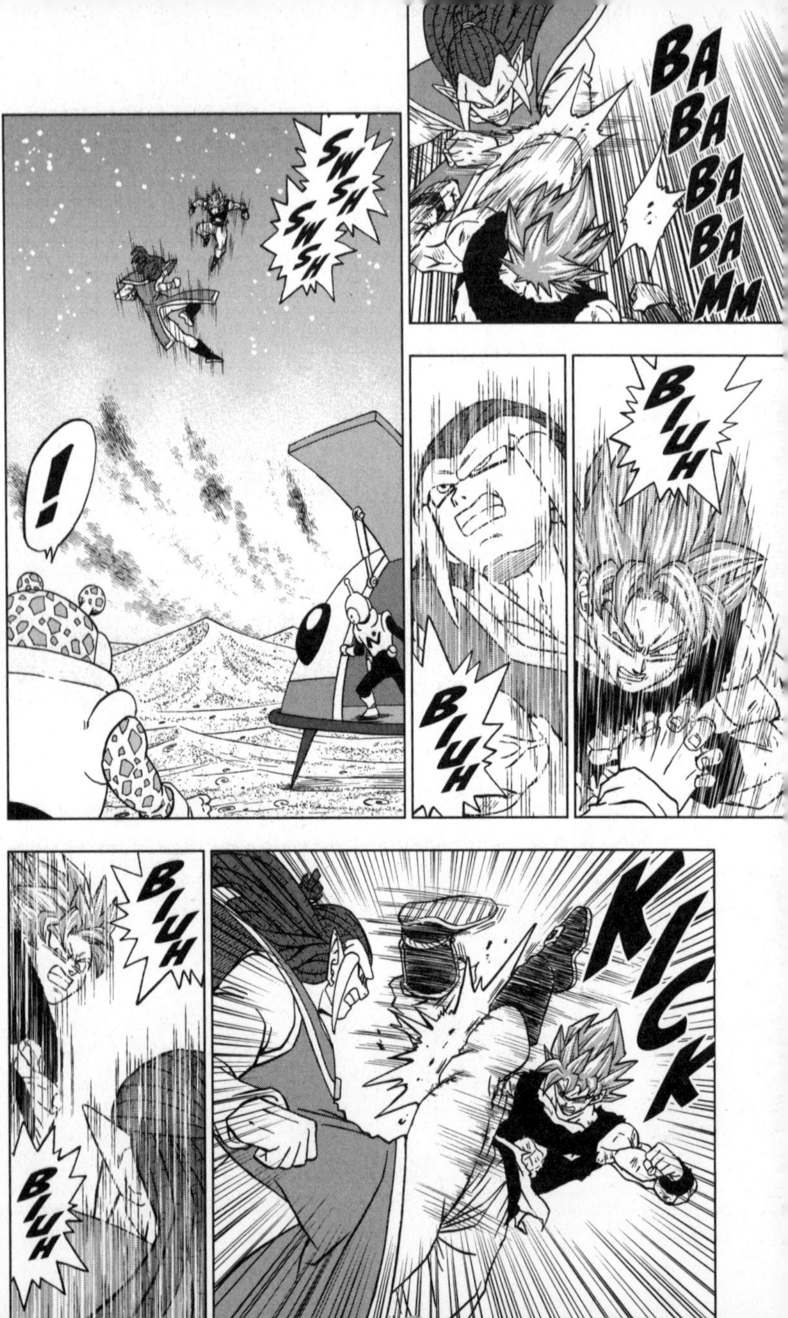
BABABABABAMM
SWSH SWSH
!
BIUH
BIUH
KICK
BIUH
BIUH

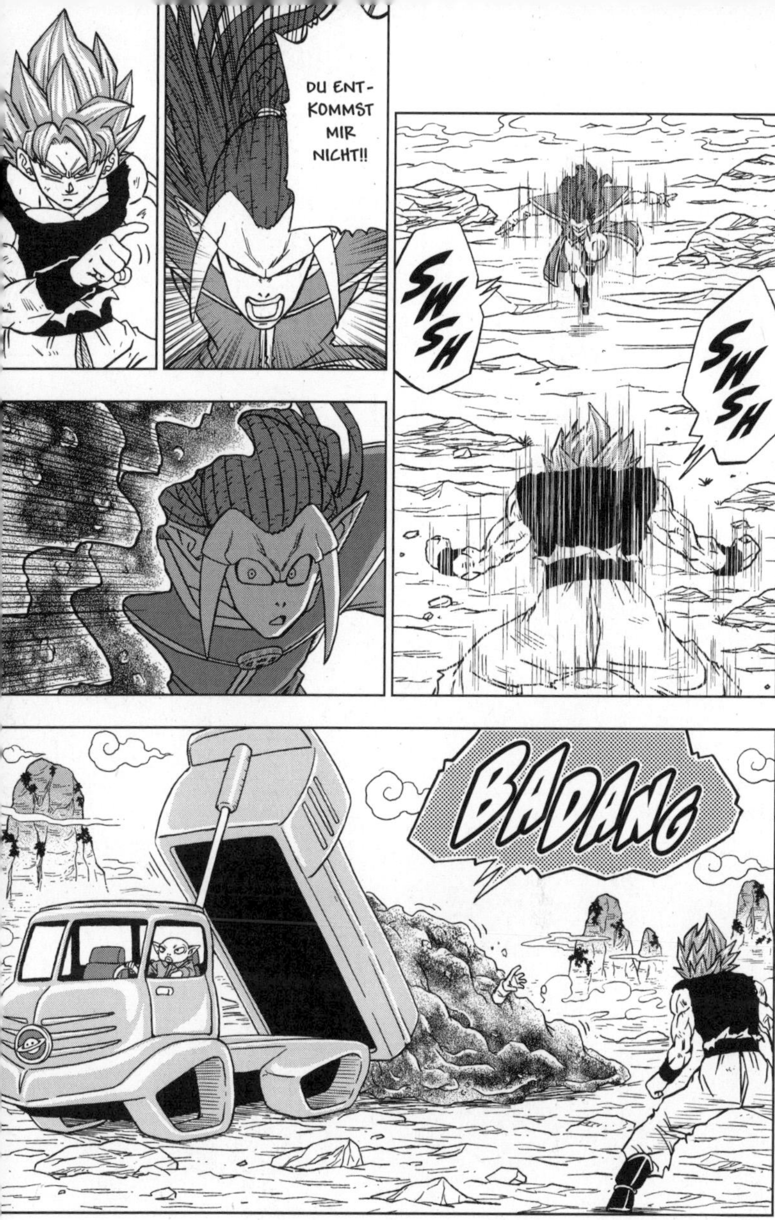
DU ENT-
KOMMST
MIR
NICHT!!
SWSH
SWSH
BADANG

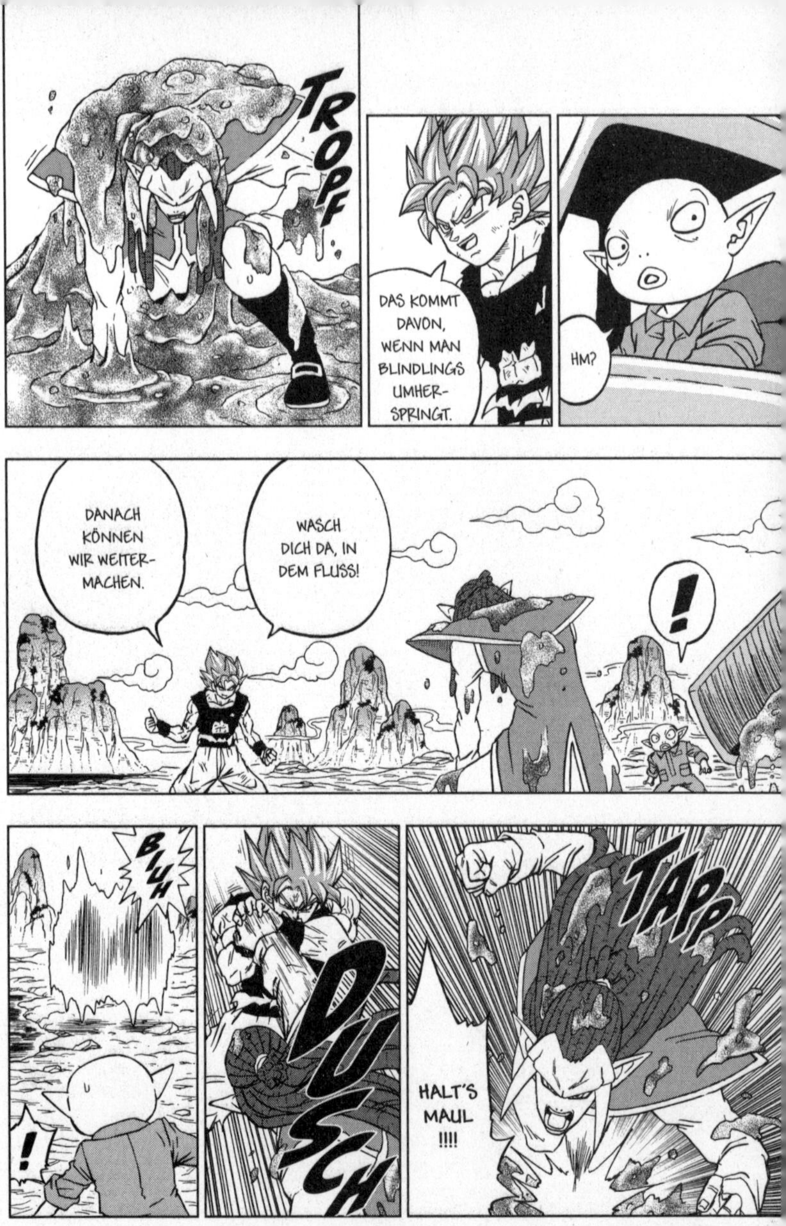
HM?
DAS KOMMT DAVON, WENN MAN BLINDLINGS UMHER-SPRINGT.
TROPF
!
WASCH DICH DA, IN DEM FLUSS!
DANACH KÖNNEN WIR WEITER-MACHEN.
TAPP
HALT'S MAUL !!!!
DUSCH
BIUH
!

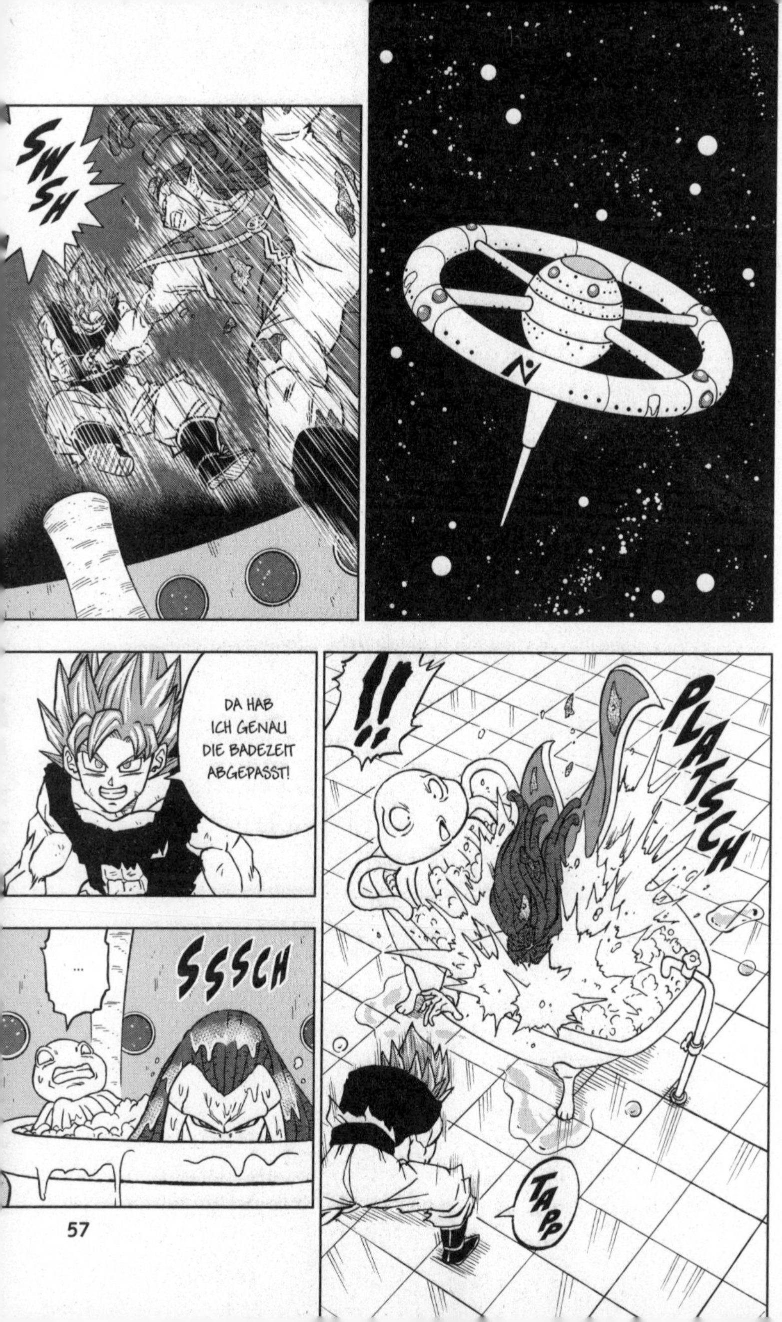
SWSH
!!
PLATSCH
TAPP
DA HAB ICH GENAU DIE BADEZEIT ABGEPASST!
...
SSSCH

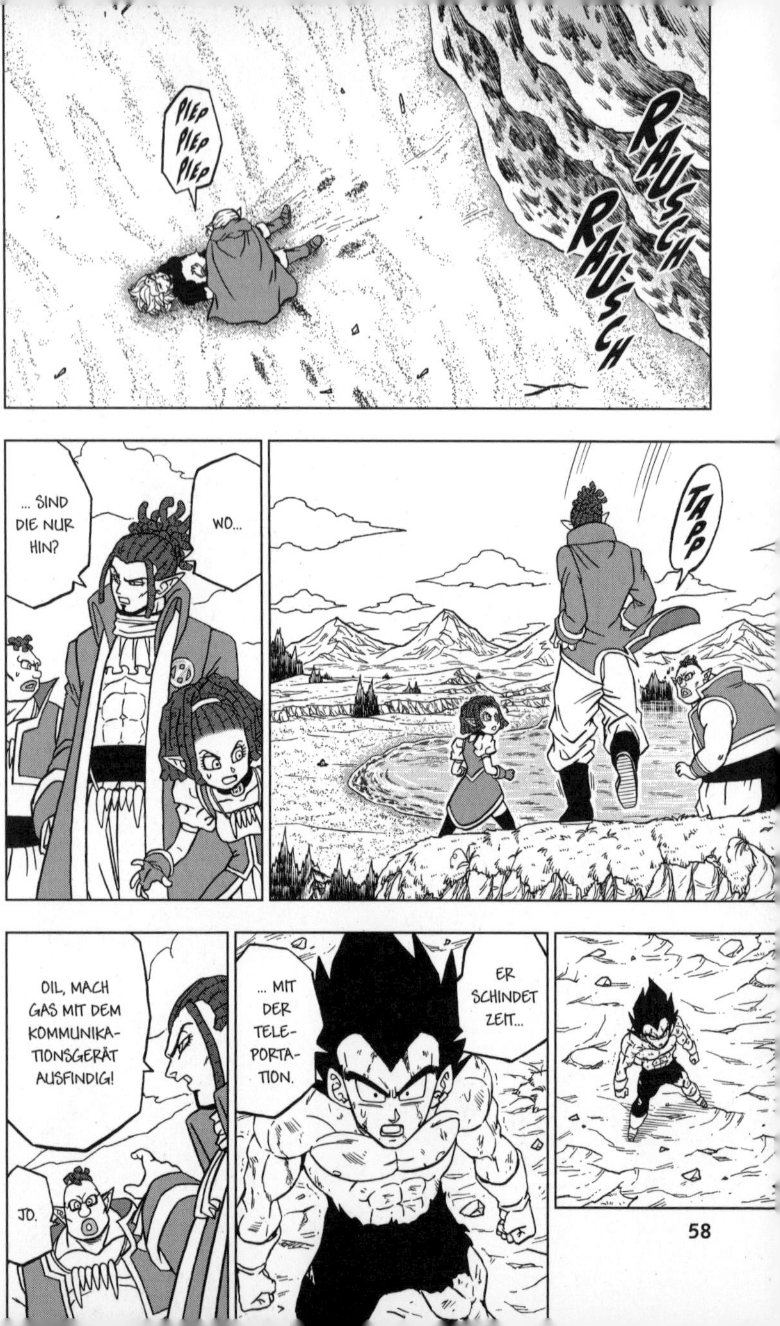
RAUSCH RAUSCH
PIEP PIEP PIEP
WO...
... SIND DIE NUR HIN?
TAPP
ER SCHINDET ZEIT...
... MIT DER TELE-PORTA-TION.
OIL, MACH GAS MIT DEM KOMMUNIKA-TIONSGERÄT AUSFINDIG!
JO.

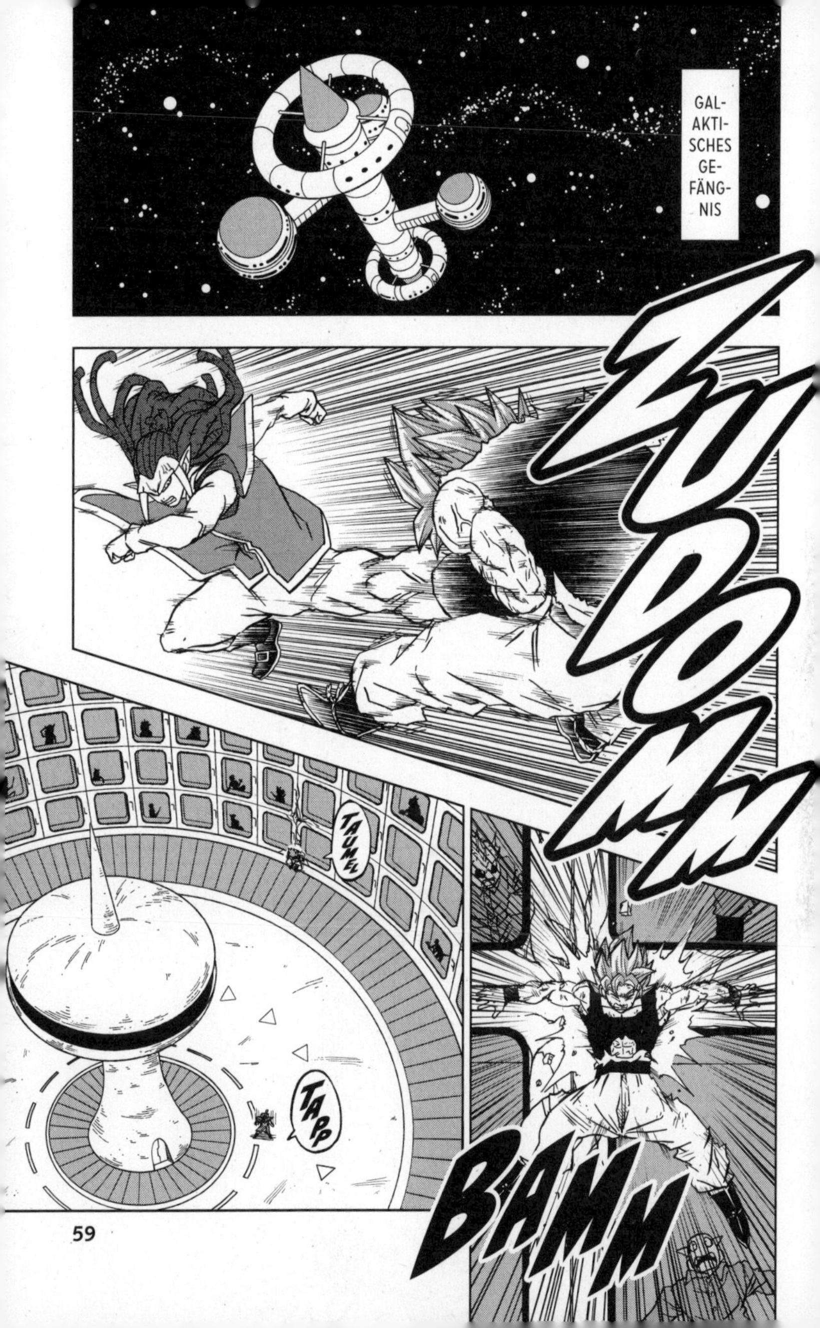

GAL-
AKTI-
SCHES
GE-
FÄNG-
NIS
ZUDOMM
TAUMEL
TAPP
BAMM

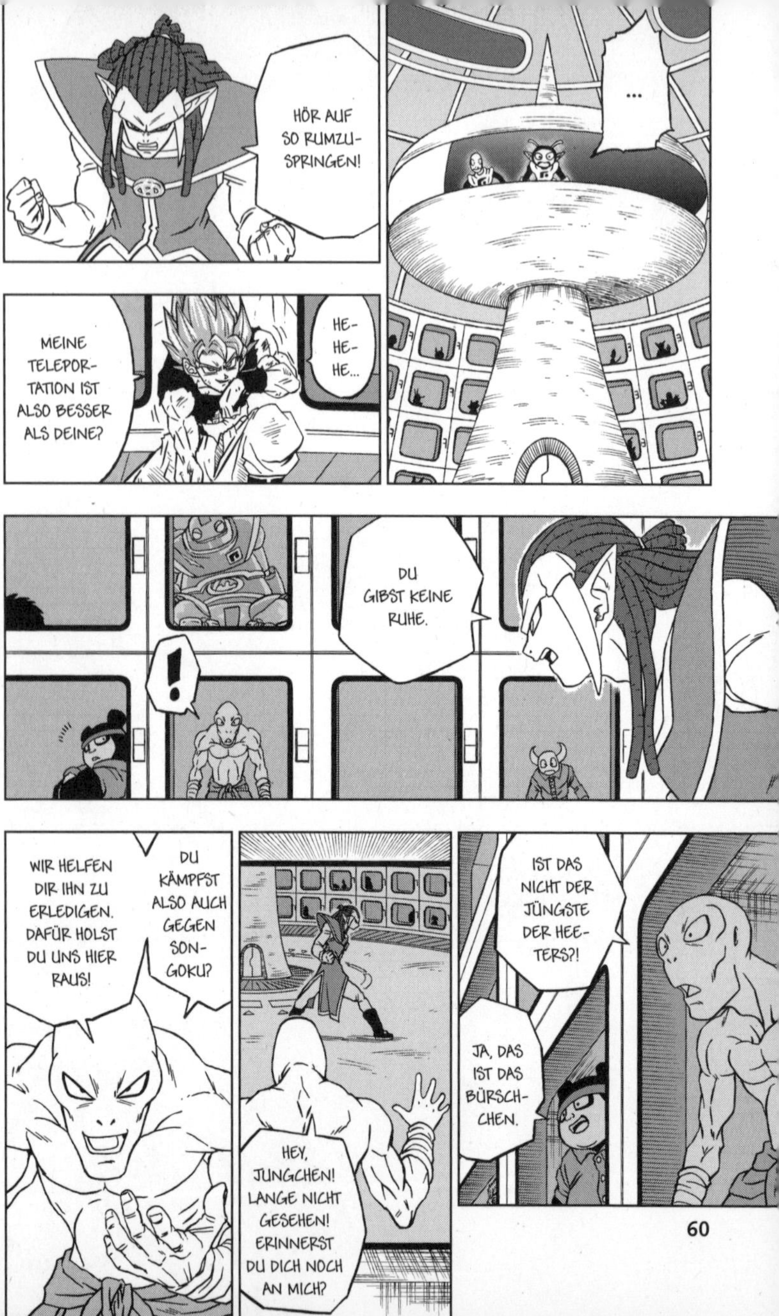
...
HÖR AUF SO RUMZU-SPRINGEN!
HE-HE-HE...
MEINE TELEPOR-TATION IST ALSO BESSER ALS DEINE?
DU GIBST KEINE RUHE.
!
IST DAS NICHT DER JÜNGSTE DER HEE-TERS?!
JA, DAS IST DAS BÜRSCH-CHEN.
HEY, JUNGCHEN! LANGE NICHT GESEHEN! ERINNERST DU DICH NOCH AN MICH?
DU KÄMPFST ALSO AUCH GEGEN SON-GOKU?
WIR HELFEN DIR IHN ZU ERLEDIGEN. DAFÜR HOLST DU UNS HIER RAUS!

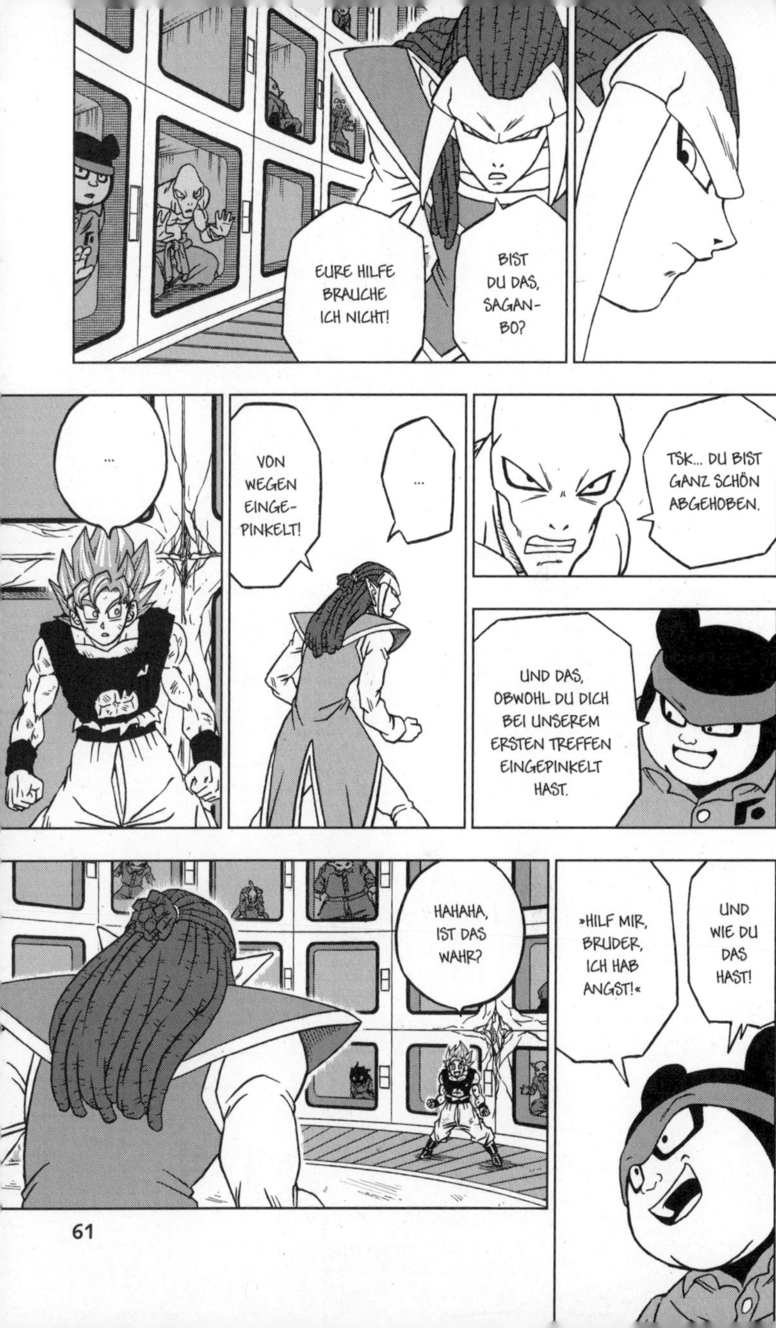
BIST DU DAS, SAGAN-BO?
EURE HILFE BRAUCHE ICH NICHT!
TSK... DU BIST GANZ SCHÖN ABGEHOBEN.
UND DAS, OBWOHL DU DICH BEI UNSEREM ERSTEN TREFFEN EINGEPINKELT HAST.
...
VON WEGEN EINGE-PINKELT!
...
UND WIE DU DAS HAST!
»HILF MIR, BRUDER, ICH HAB ANGST!«
HAHAHA, IST DAS WAHR?

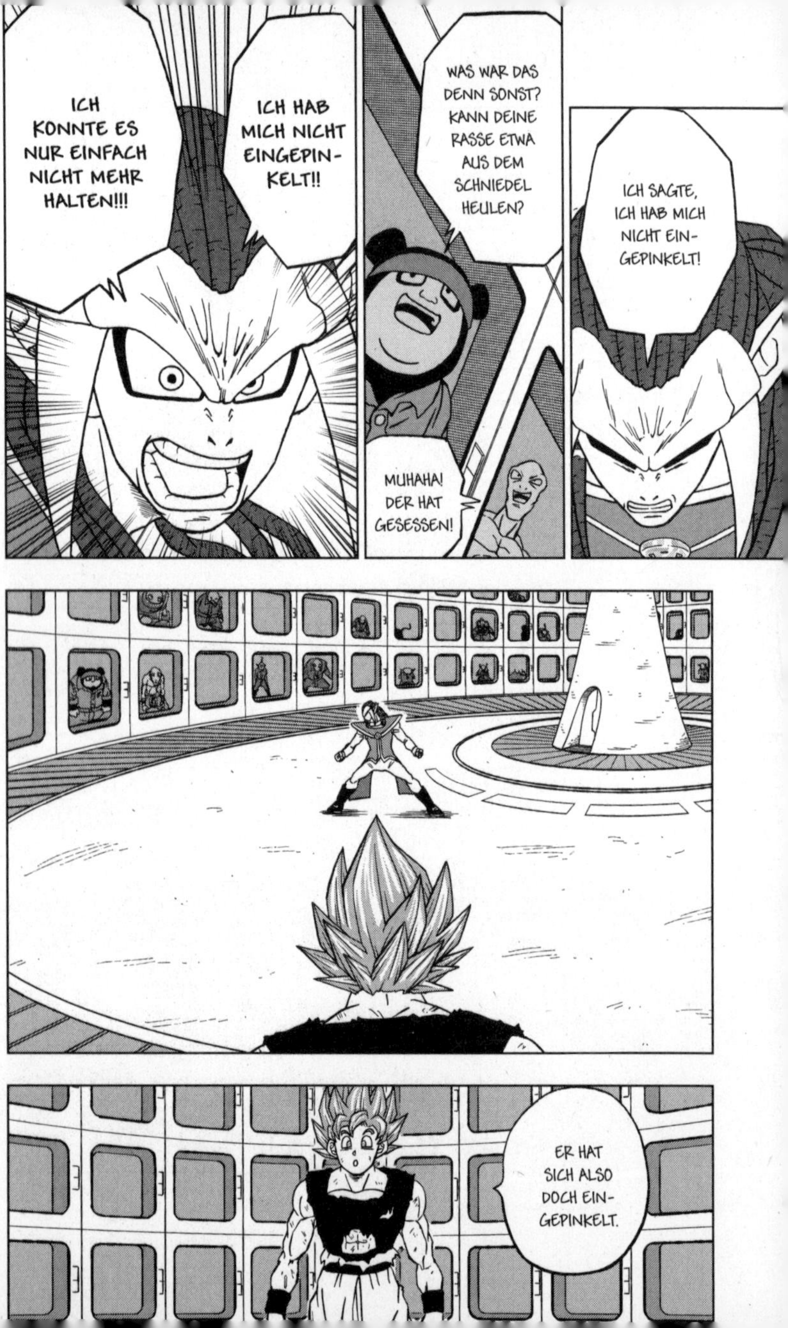
ICH HAB MICH NICHT EINGEPINKELT!!
ICH KONNTE ES NUR EINFACH NICHT MEHR HALTEN!!!
ICH SAGTE, ICH HAB MICH NICHT EINGEPINKELT!
WAS WAR DAS DENN SONST? KANN DEINE RASSE ETWA AUS DEM SCHNIEDEL HEULEN?
MUHAHA! DER HAT GESESSEN!
ER HAT SICH ALSO DOCH EINGEPINKELT.

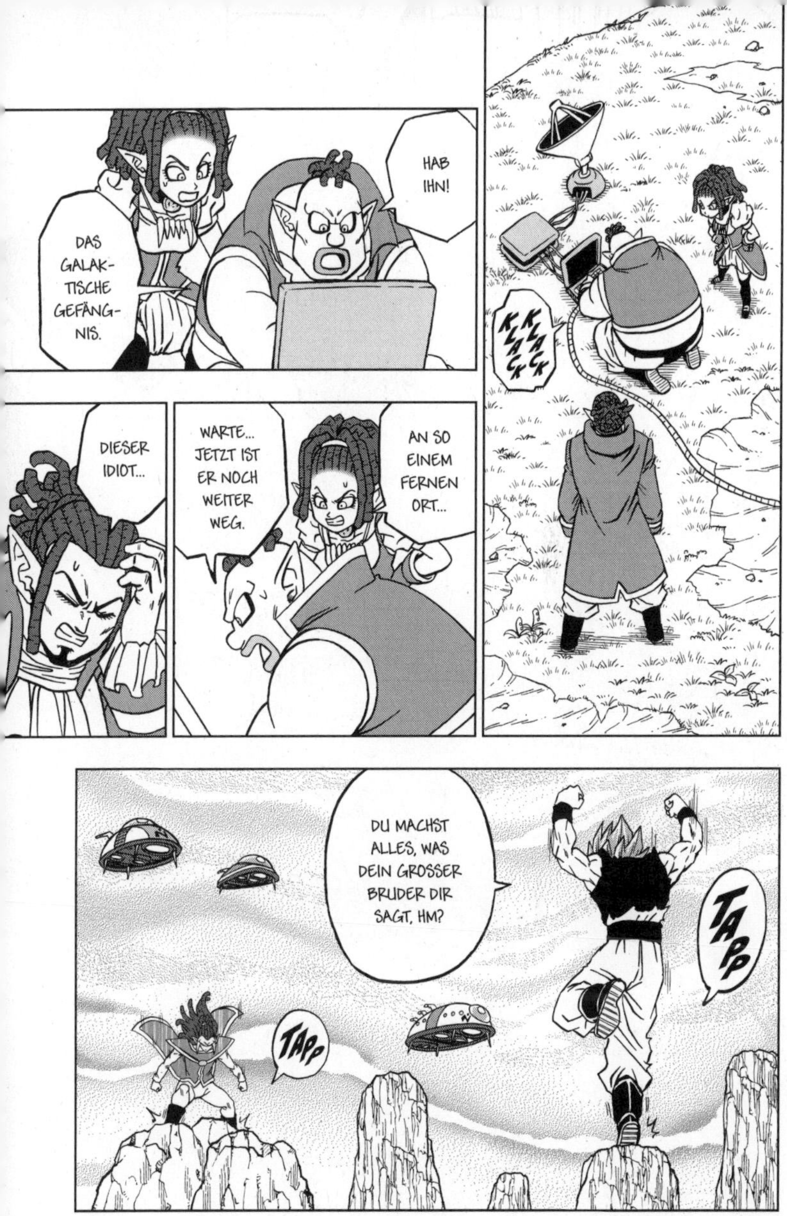
KLACK KLACK
HAB IHN!
DAS GALAKTISCHE GEFÄNGNIS.
AN SO EINEM FERNEN ORT...
WARTE... JETZT IST ER NOCH WEITER WEG.
DIESER IDIOT...
TAPP
DU MACHST ALLES, WAS DEIN GROSSER BRUDER DIR SAGT, HM?
TAPP

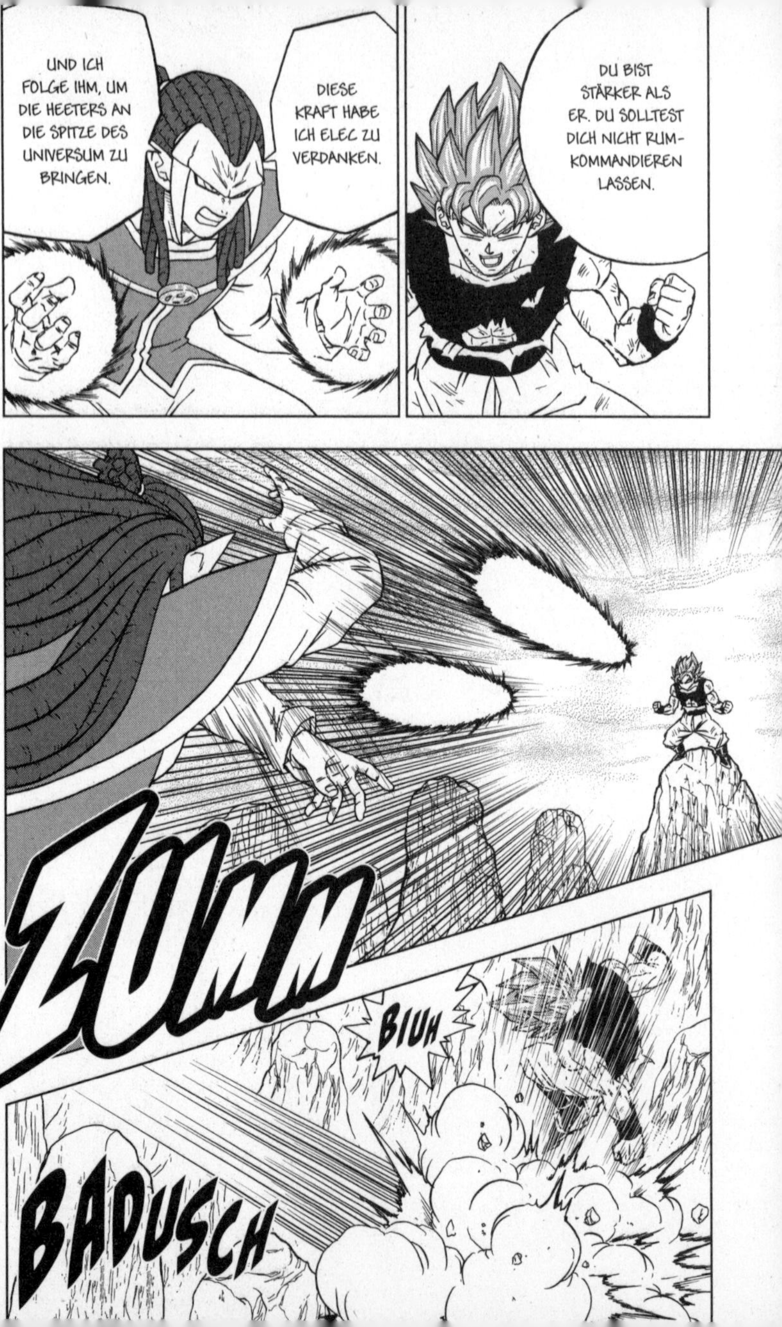
DU BIST STÄRKER ALS ER. DU SOLLTEST DICH NICHT RUM-KOMMANDIEREN LASSEN.
DIESE KRAFT HABE ICH ELEC ZU VERDANKEN.
UND ICH FOLGE IHM, UM DIE HEETERS AN DIE SPITZE DES UNIVERSUM ZU BRINGEN.
ZOMM
BIUH
BADUSCH

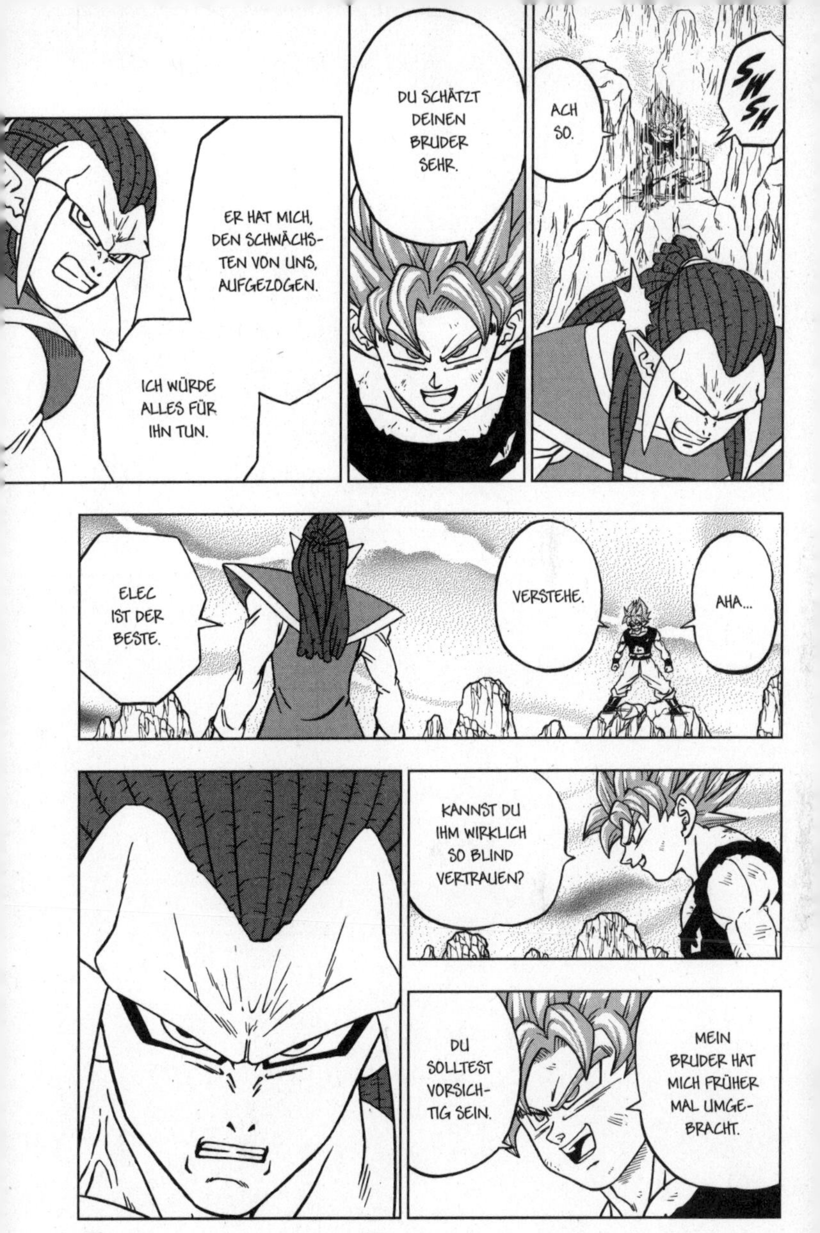
SWSH
ACH SO.
DU SCHÄTZT DEINEN BRUDER SEHR.
ER HAT MICH, DEN SCHWÄCHSTEN VON UNS, AUFGEZOGEN.
ICH WÜRDE ALLES FÜR IHN TUN.
AHA...
VERSTEHE.
ELEC IST DER BESTE.
KANNST DU IHM WIRKLICH SO BLIND VERTRAUEN?
MEIN BRUDER HAT MICH FRÜHER MAL UMGEBRACHT.
DU SOLLTEST VORSICHTIG SEIN.

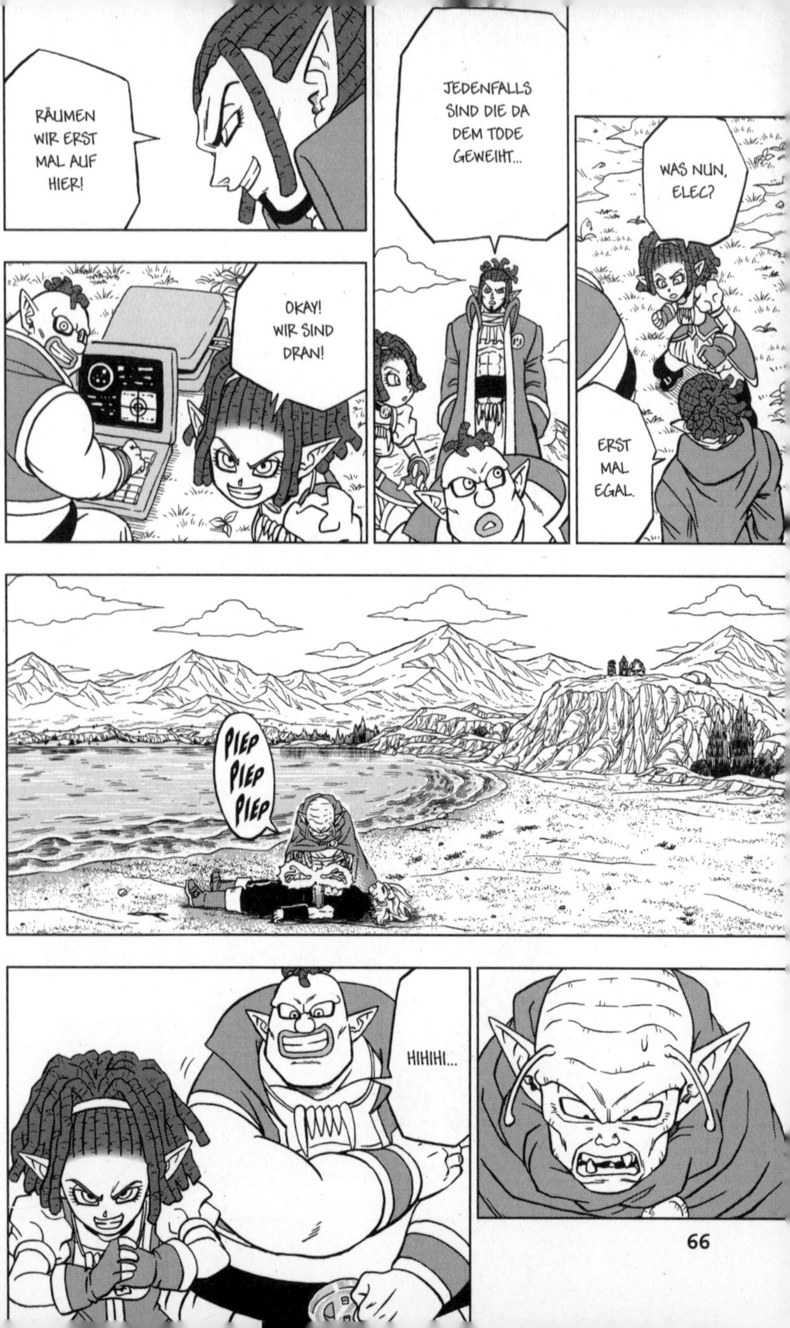
WAS NUN, ELEC?
ERST MAL EGAL.
JEDENFALLS SIND DIE DA DEM TODE GEWEIHT...
RÄUMEN WIR ERST MAL AUF HIER!
OKAY! WIR SIND DRAN!
PIEP PIEP PIEP
HIHIHI...

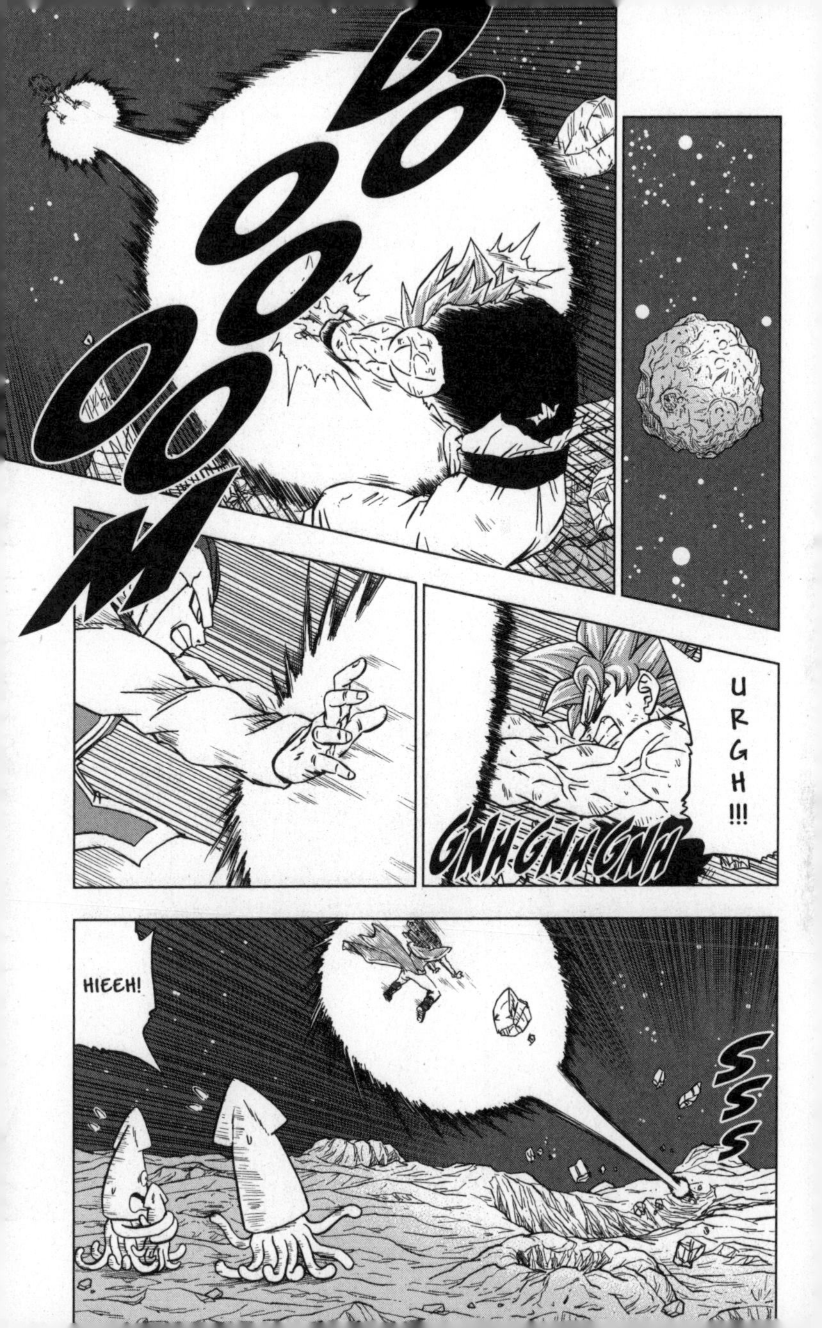
DOOOOOM
URGH!!!
GNHGNHGNH
HIEEH!
SSS

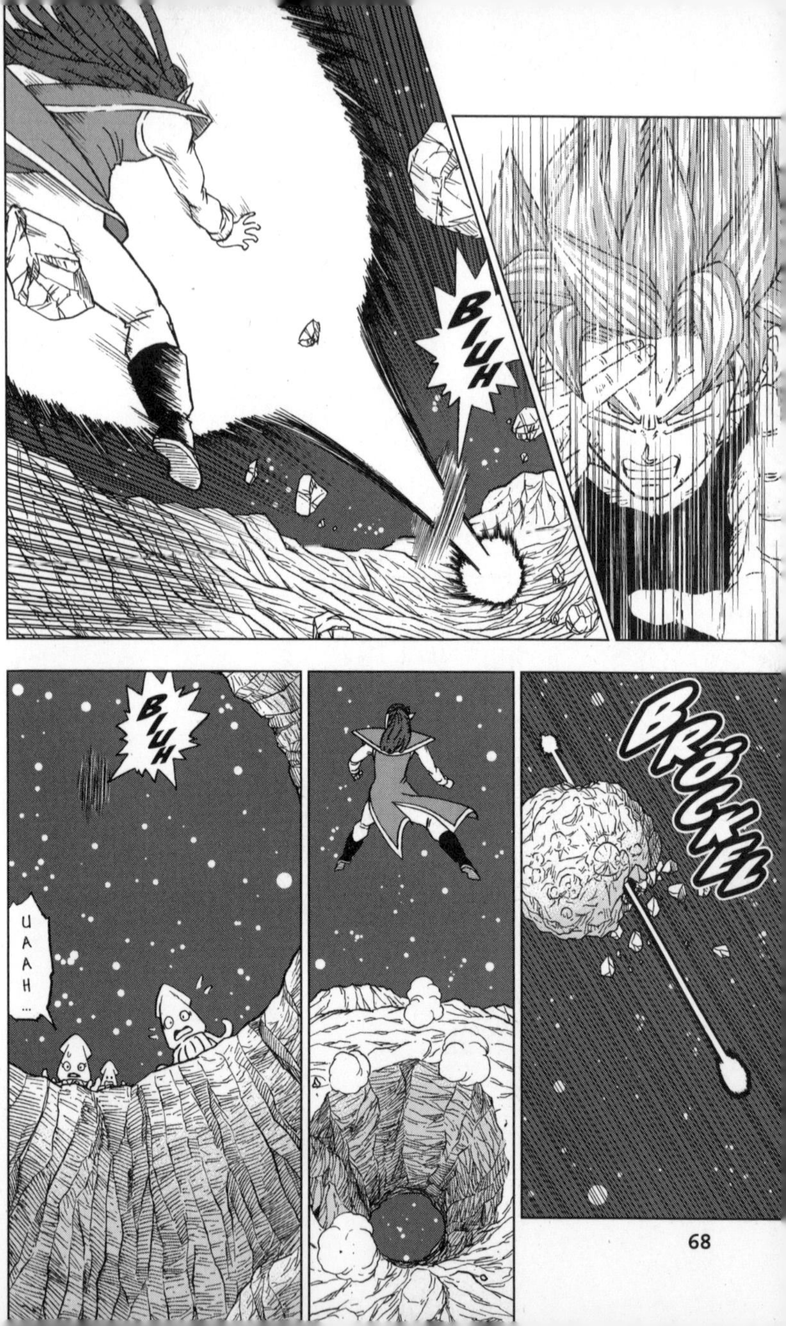
BIUH
BRÖCKEL
BIUH
UAAH ...

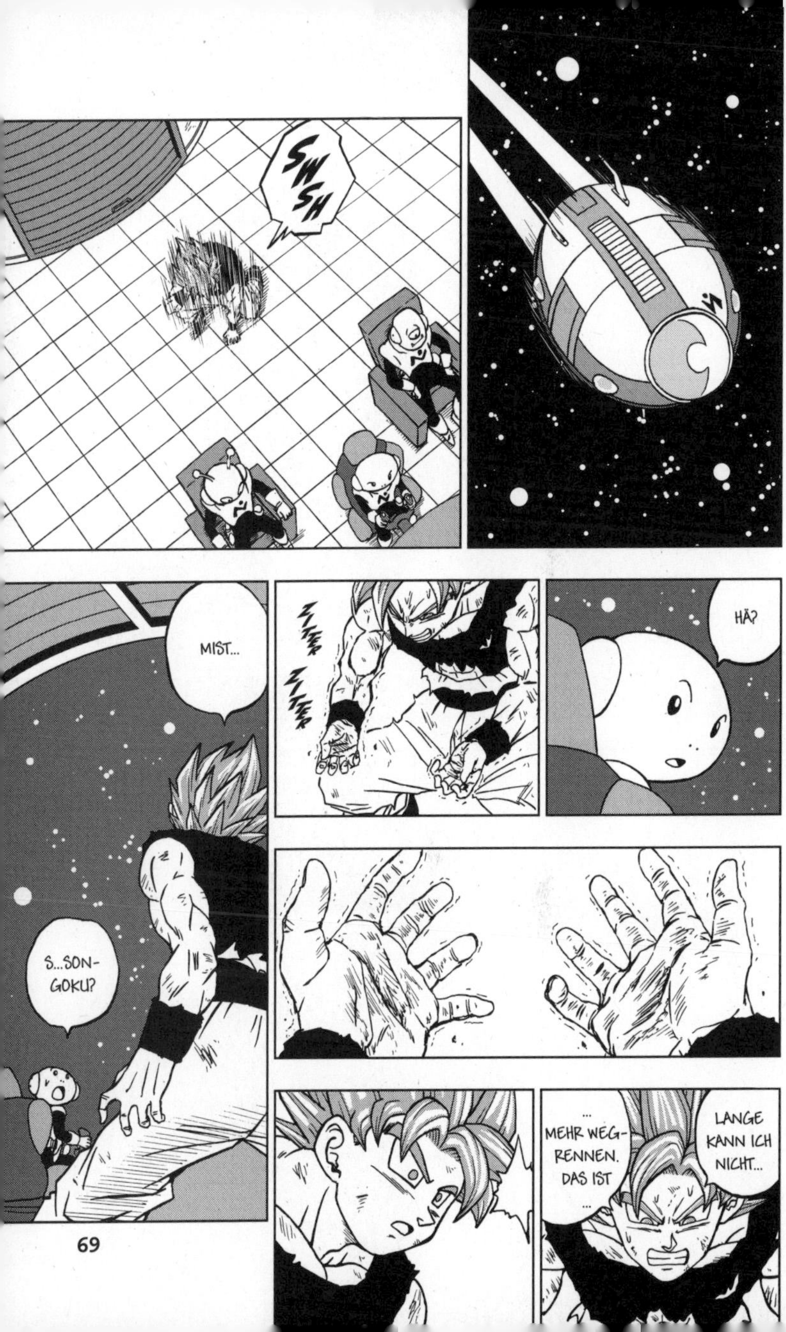
SWSH
HÄ?
ZITTER
ZITTER
MIST...
S...SON-
GOKU?
LANGE
KANN ICH
NICHT...
...
MEHR WEG-
RENNEN.
DAS IST
...

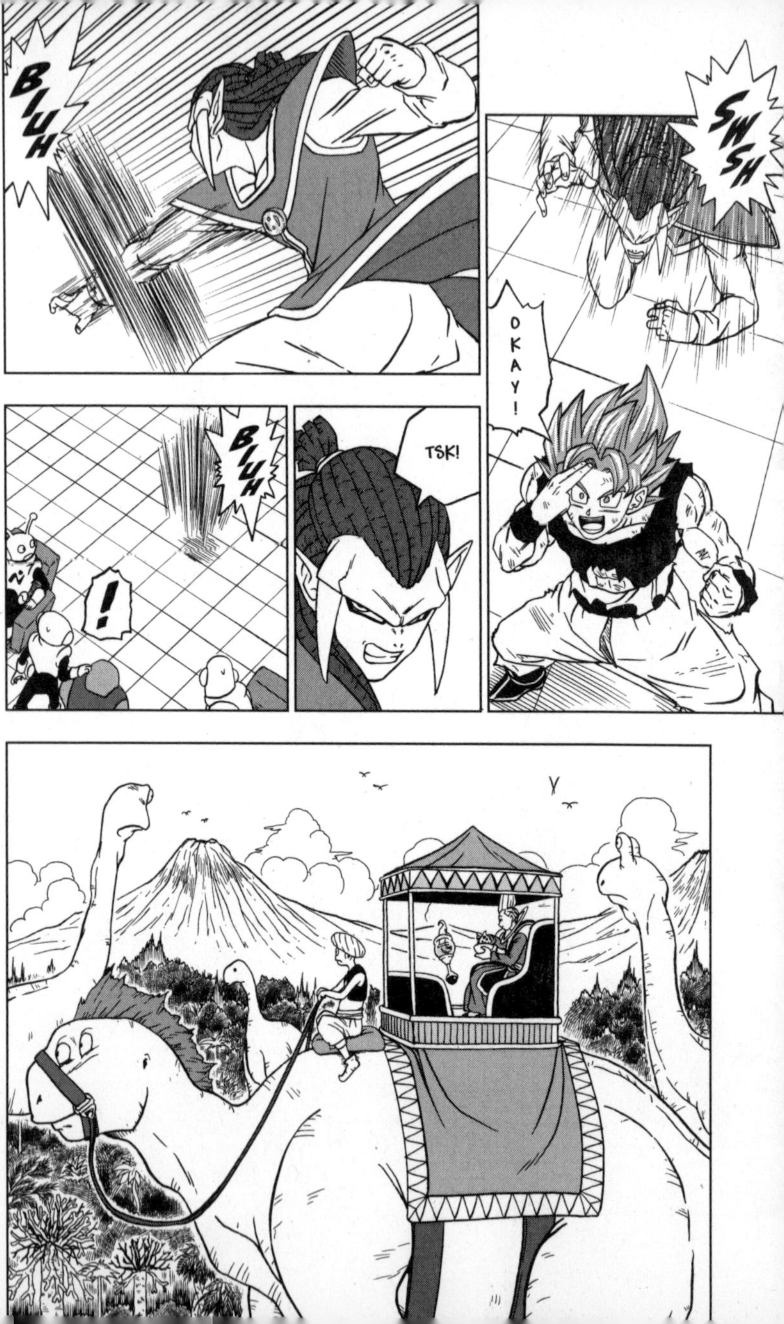
SWSH
OKAY!
BIUH
TSK!
BIUH
!

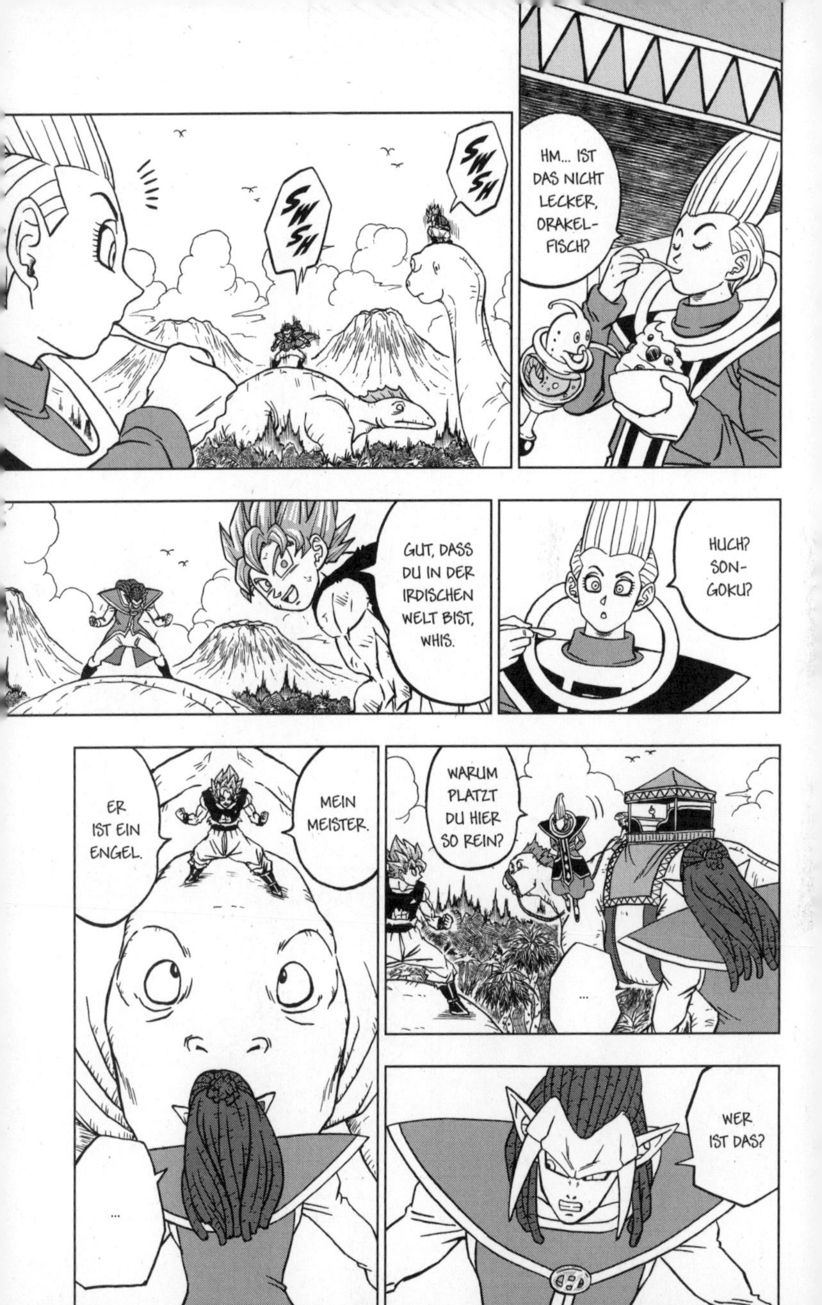
HM... IST DAS NICHT LECKER, ORAKEL-FISCH?
SWSH
SWSH
HUCH? SON-GOKU?
GUT, DASS DU IN DER IRDISCHEN WELT BIST, WHIS.
WARUM PLATZT DU HIER SO REIN?
...
WER IST DAS?
MEIN MEISTER.
ER IST EIN ENGEL.
...

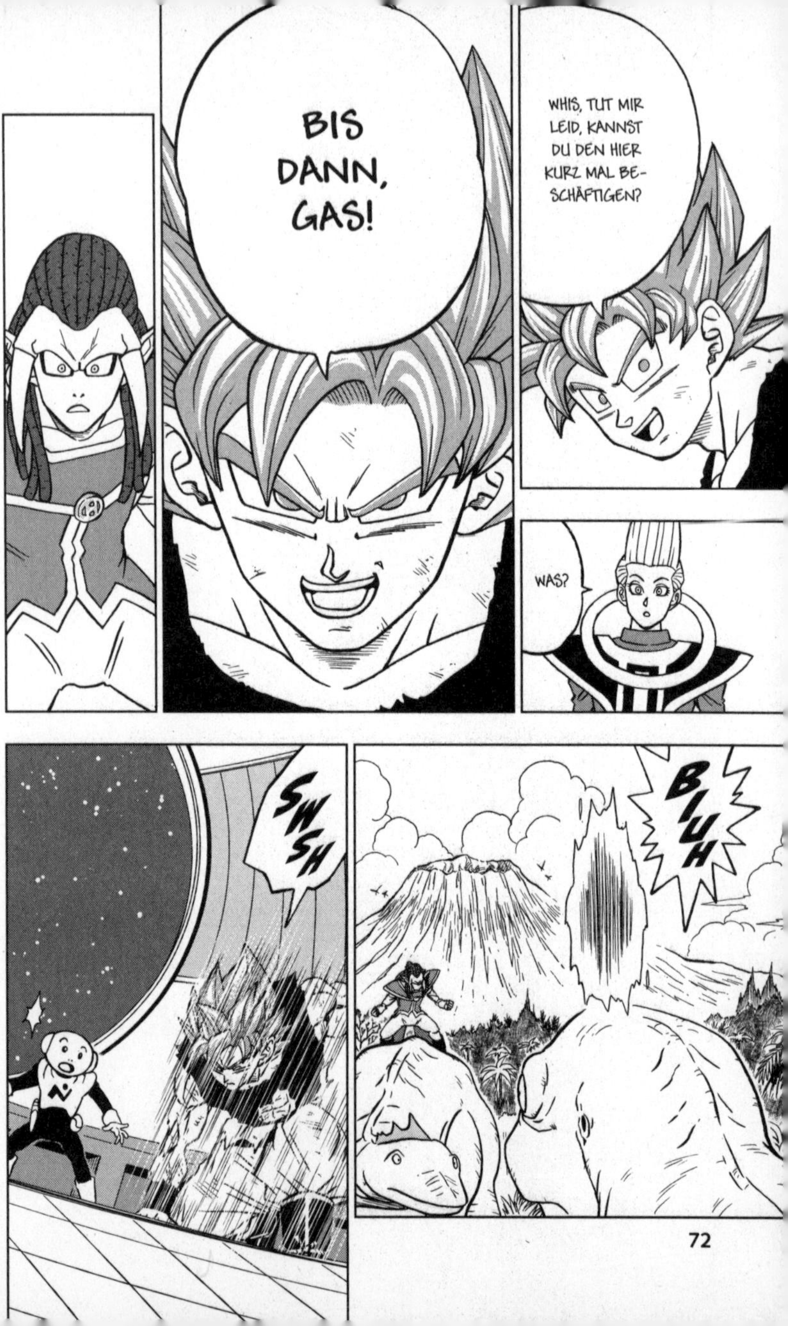

WHIS, TUT MIR LEID, KANNST DU DEN HIER KURZ MAL BE-SCHÄFTIGEN?
BIS DANN, GAS!
WAS?
BIUH
SWSH

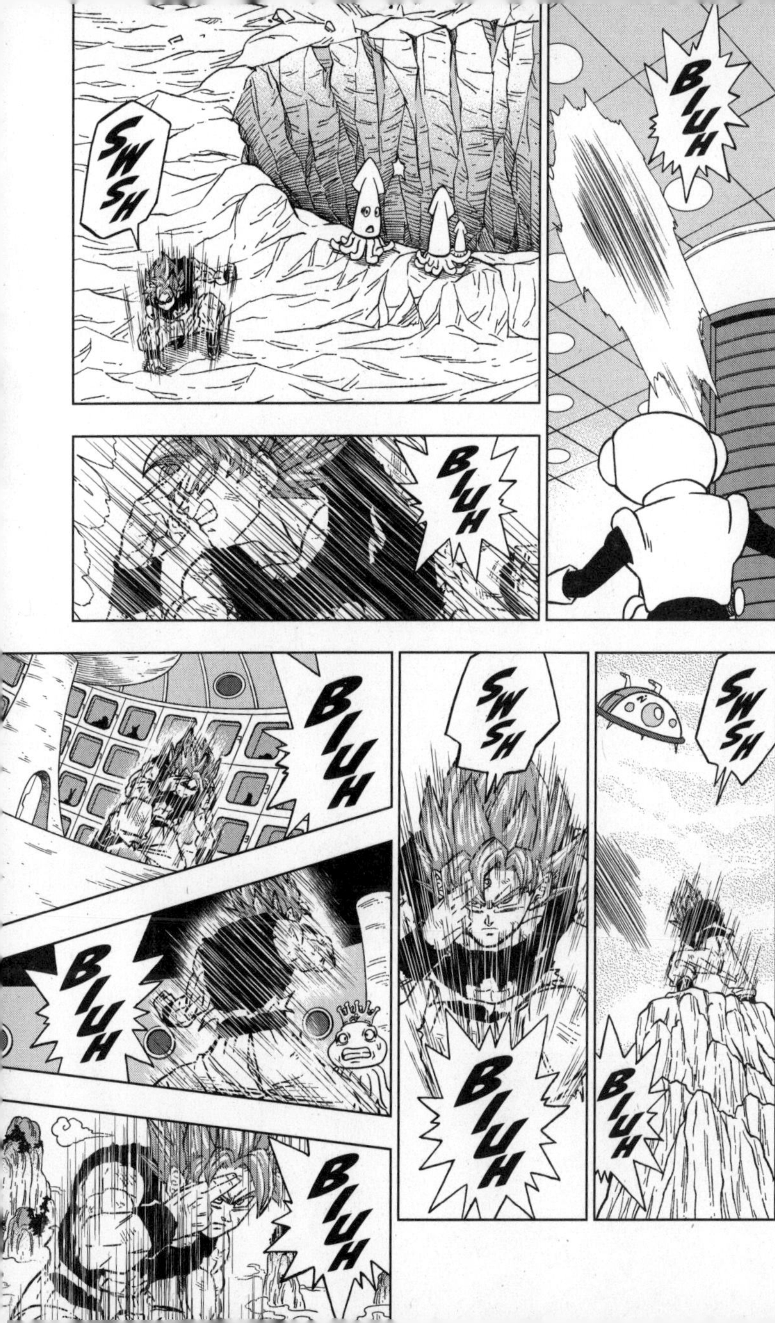
BIUH
SWSH
BIUH
SWSH
BIUH
SWSH
BIUH
BIUH
BIUH
BIUH

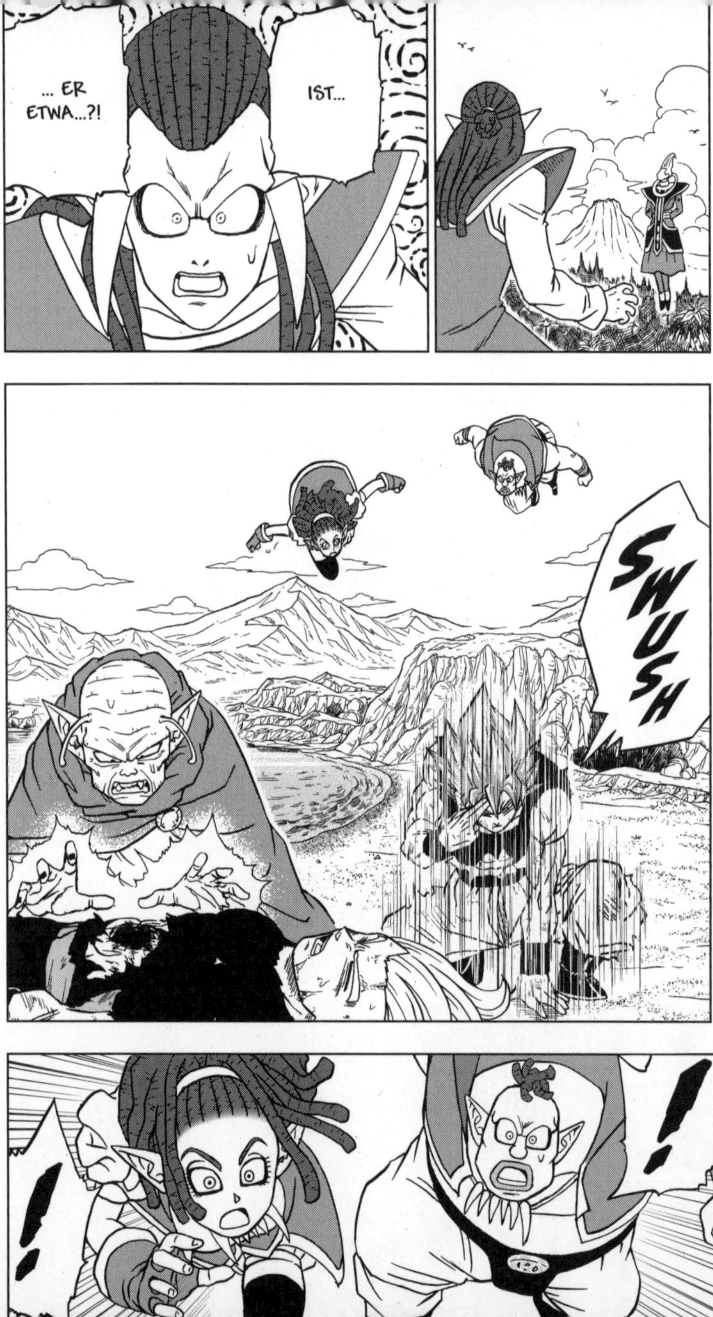
IST...
... ER
ETWA...?!
SWUSH
!
!

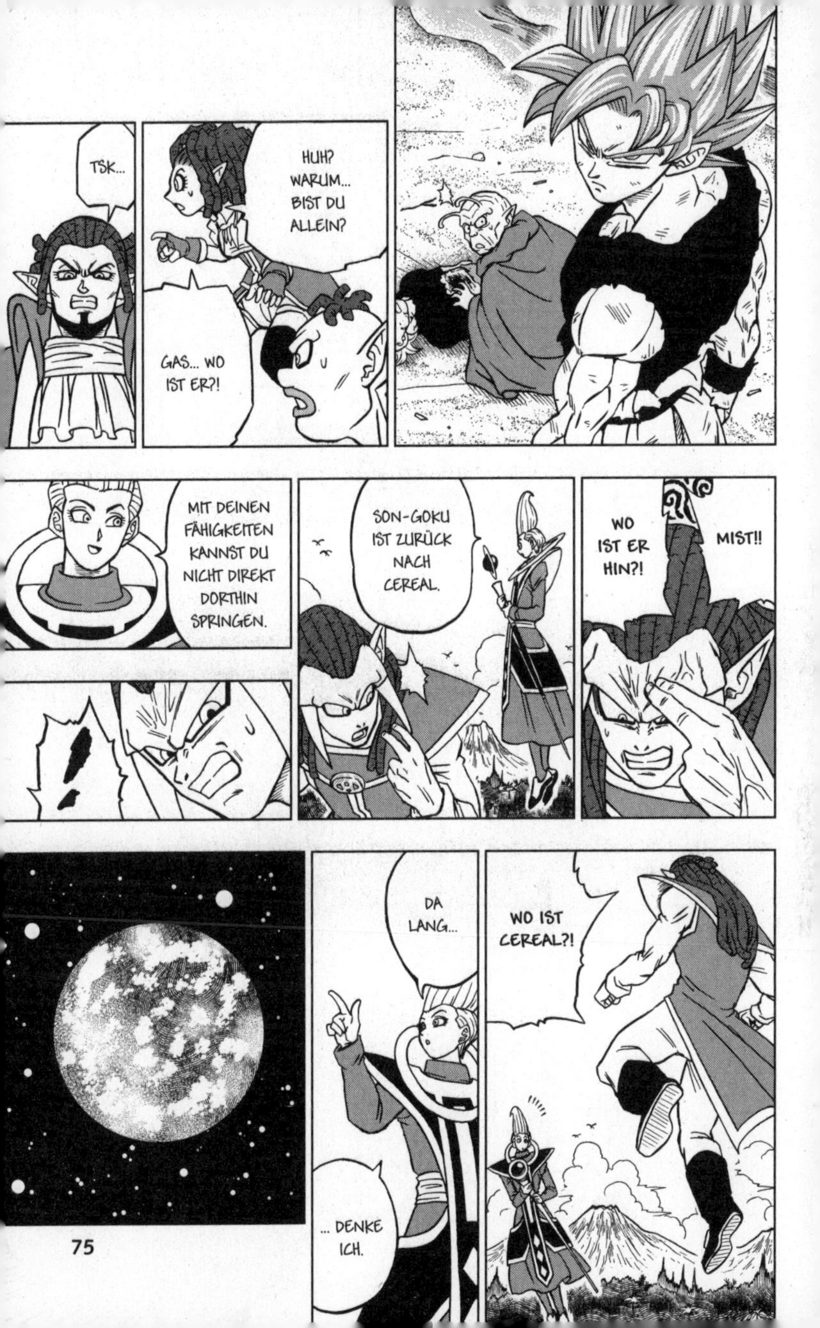
HUH? WARUM... BIST DU ALLEIN?
GAS... WO IST ER?!
TSK...
WO IST ER HIN?!
MIST!!
SON-GOKU IST ZURÜCK NACH CEREAL.
MIT DEINEN FÄHIGKEITEN KANNST DU NICHT DIREKT DORTHIN SPRINGEN.
WO IST CEREAL?!
DA LANG...
... DENKE ICH.

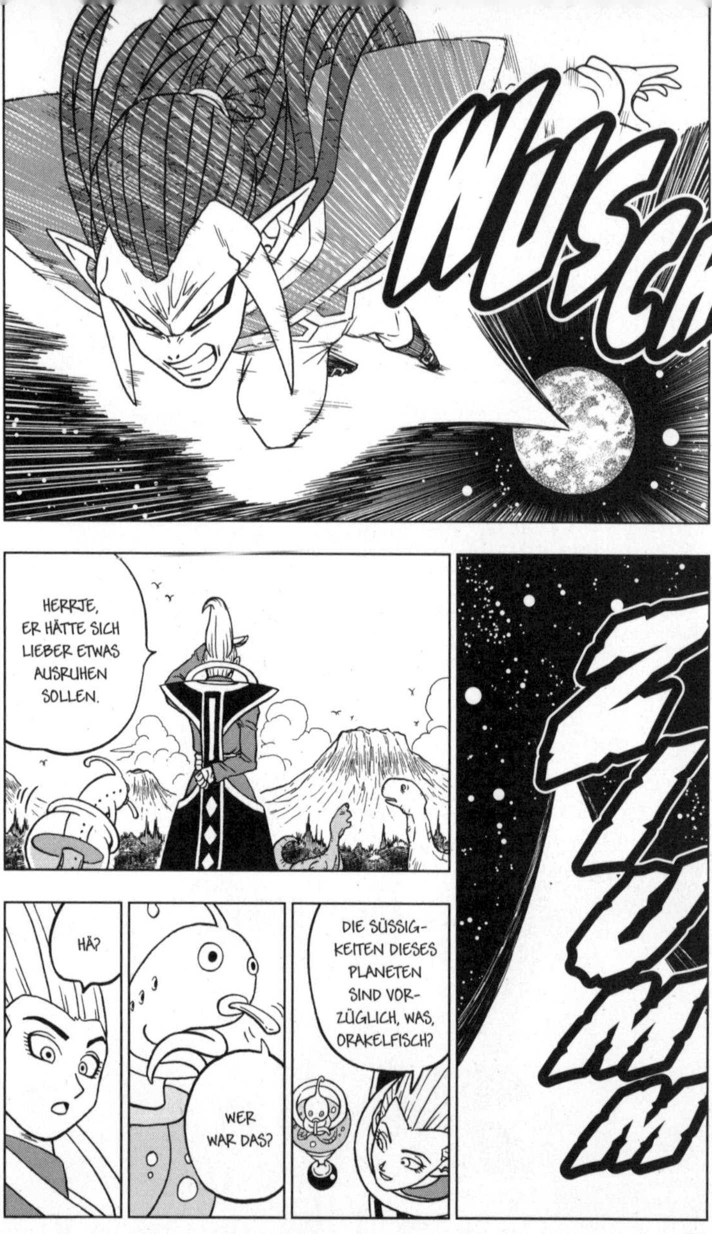
WUSCH
HERRJE, ER HÄTTE SICH LIEBER ETWAS AUSRUHEN SOLLEN.
DIE SÜSSIGKEITEN DIESES PLANETEN SIND VORZÜGLICH, WAS, ORAKELFISCH?
WER WAR DAS?
HÄ?

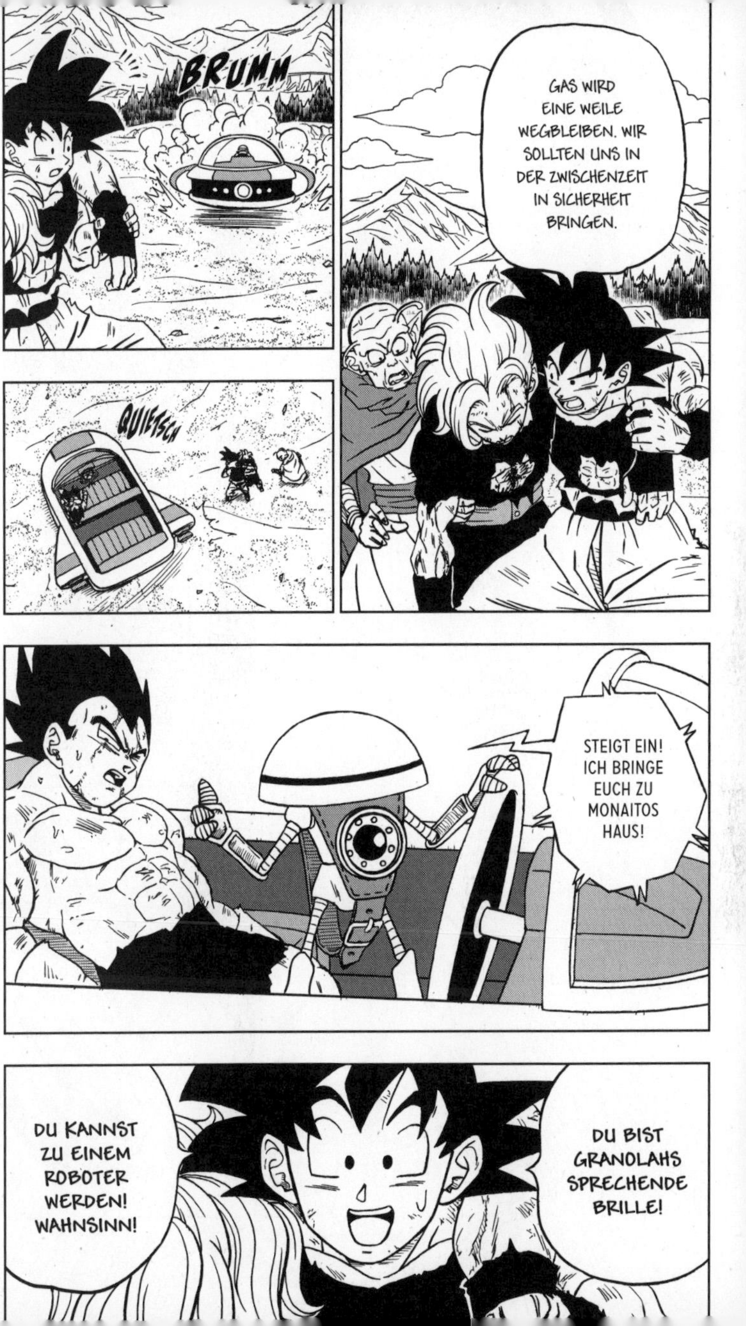
GAS WIRD EINE WEILE WEGBLEIBEN. WIR SOLLTEN UNS IN DER ZWISCHENZEIT IN SICHERHEIT BRINGEN.
BRUMM
QUIETSCH
STEIGT EIN! ICH BRINGE EUCH ZU MONAITOS HAUS!
DU BIST GRANOLAHS SPRECHENDE BRILLE!
DU KANNST ZU EINEM ROBOTER WERDEN! WAHNSINN!

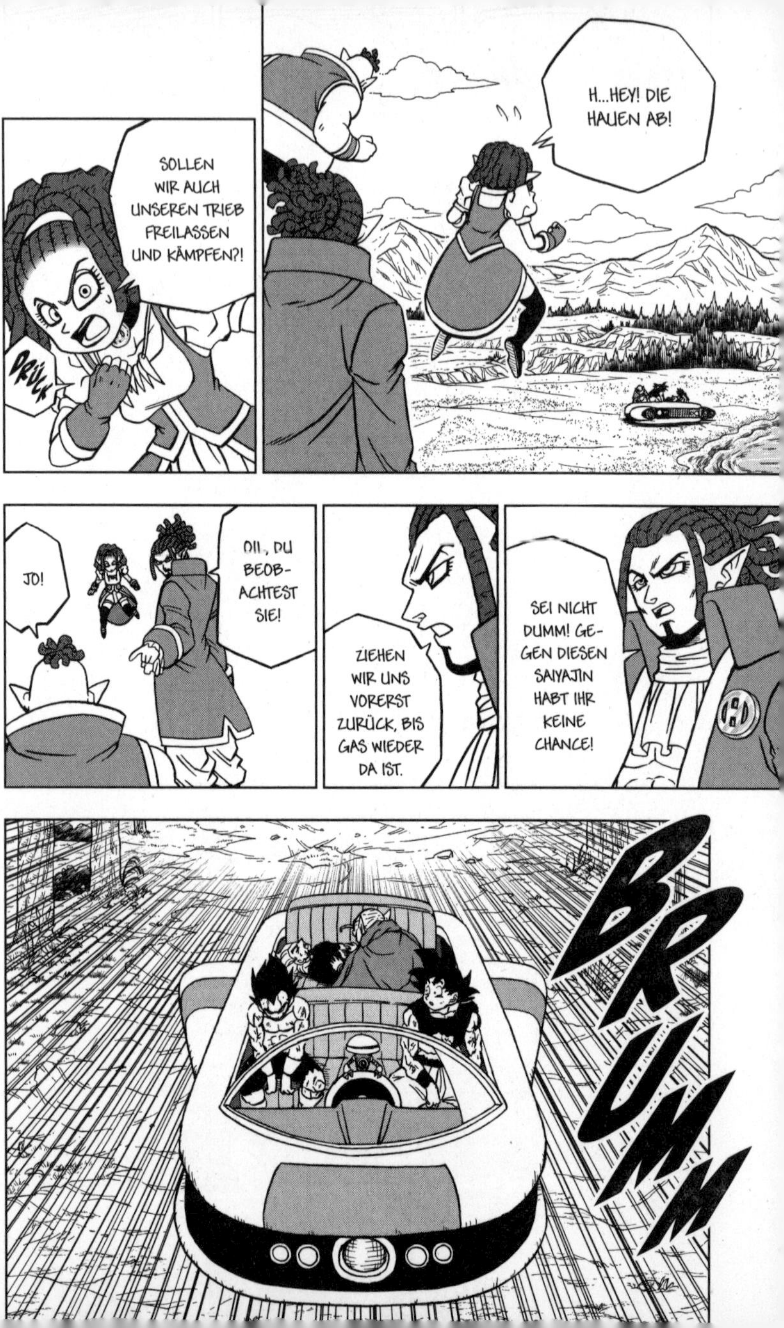

H...HEY! DIE HAUEN AB!
SOLLEN WIR AUCH UNSEREN TRIEB FREILASSEN UND KÄMPFEN?!
DRÜCK
SEI NICHT DUMM! GEGEN DIESEN SAIYAJIN HABT IHR KEINE CHANCE!
ZIEHEN WIR UNS VORERST ZURÜCK, BIS GAS WIEDER DA IST.
OII, DU BEOBACHTEST SIE!
JO!
BRUMM

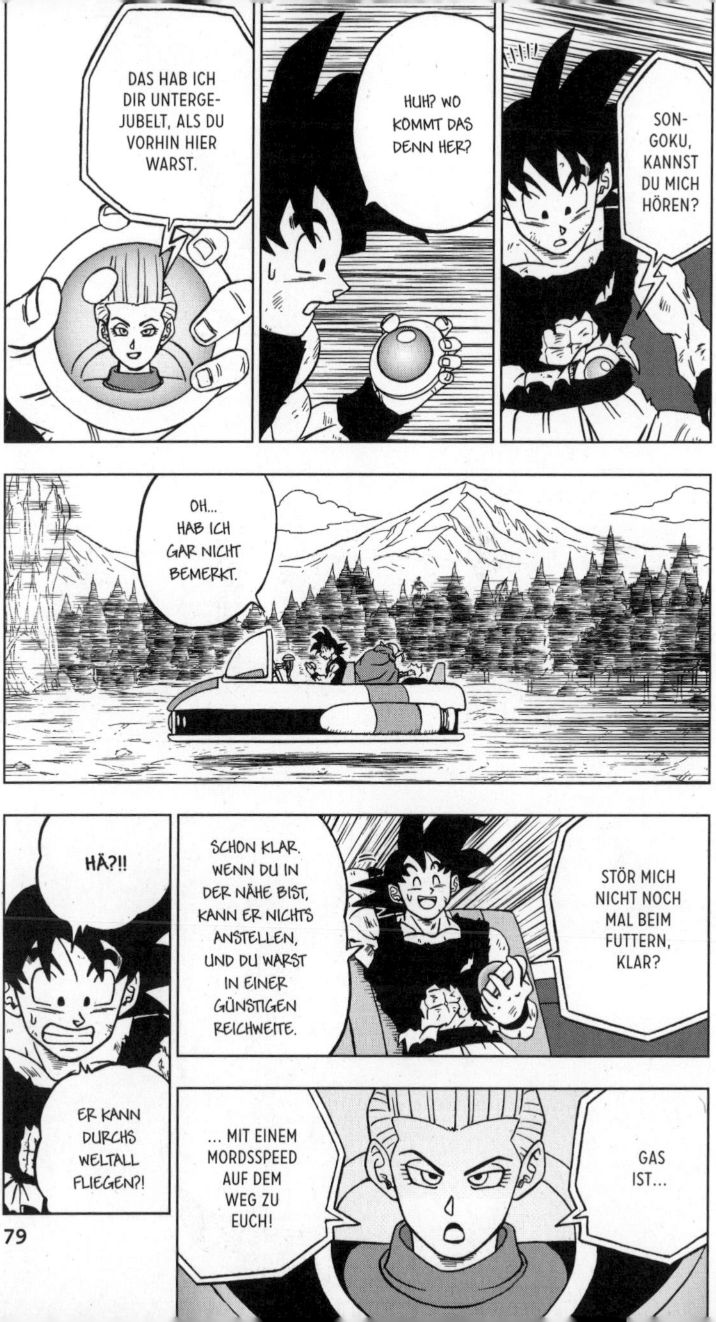
SON-GOKU, KANNST DU MICH HÖREN?
HUH? WO KOMMT DAS DENN HER?
DAS HAB ICH DIR UNTERGE-JUBELT, ALS DU VORHIN HIER WARST.
OH... HAB ICH GAR NICHT BEMERKT.
STÖR MICH NICHT NOCH MAL BEIM FUTTERN, KLAR?
SCHON KLAR. WENN DU IN DER NÄHE BIST, KANN ER NICHTS ANSTELLEN, UND DU WARST IN EINER GÜNSTIGEN REICHWEITE.
GAS IST...
... MIT EINEM MORDSSPEED AUF DEM WEG ZU EUCH!
HÄ?!!
ER KANN DURCHS WELTALL FLIEGEN?!

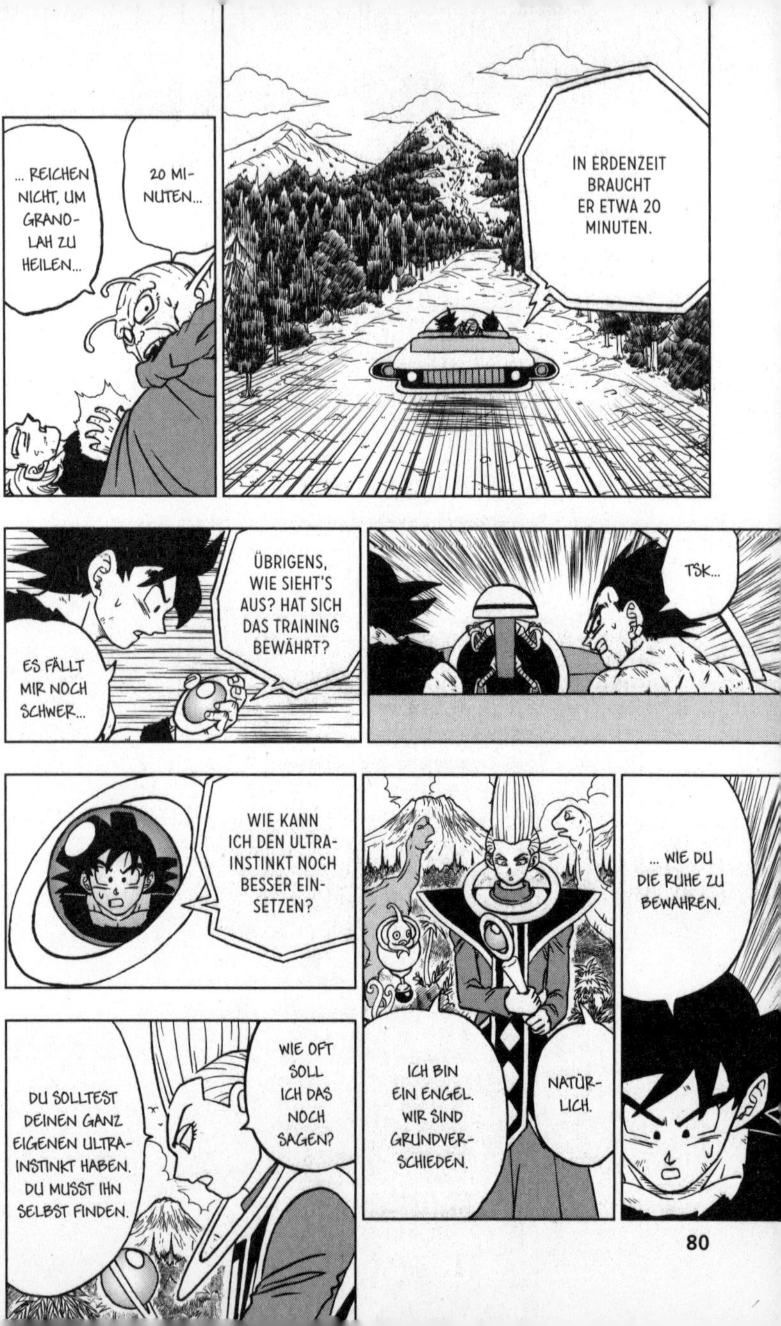
IN ERDENZEIT BRAUCHT ER ETWA 20 MINUTEN.
20 MINUTEN...
... REICHEN NICHT, UM GRANOLAH ZU HEILEN...
TSK...
ÜBRIGENS, WIE SIEHT'S AUS? HAT SICH DAS TRAINING BEWÄHRT?
ES FÄLLT MIR NOCH SCHWER...
... WIE DU DIE RUHE ZU BEWAHREN.
NATÜRLICH.
ICH BIN EIN ENGEL. WIR SIND GRUNDVERSCHIEDEN.
WIE KANN ICH DEN ULTRAINSTINKT NOCH BESSER EINSETZEN?
WIE OFT SOLL ICH DAS NOCH SAGEN?
DU SOLLTEST DEINEN GANZ EIGENEN ULTRAINSTINKT HABEN. DU MUSST IHN SELBST FINDEN.

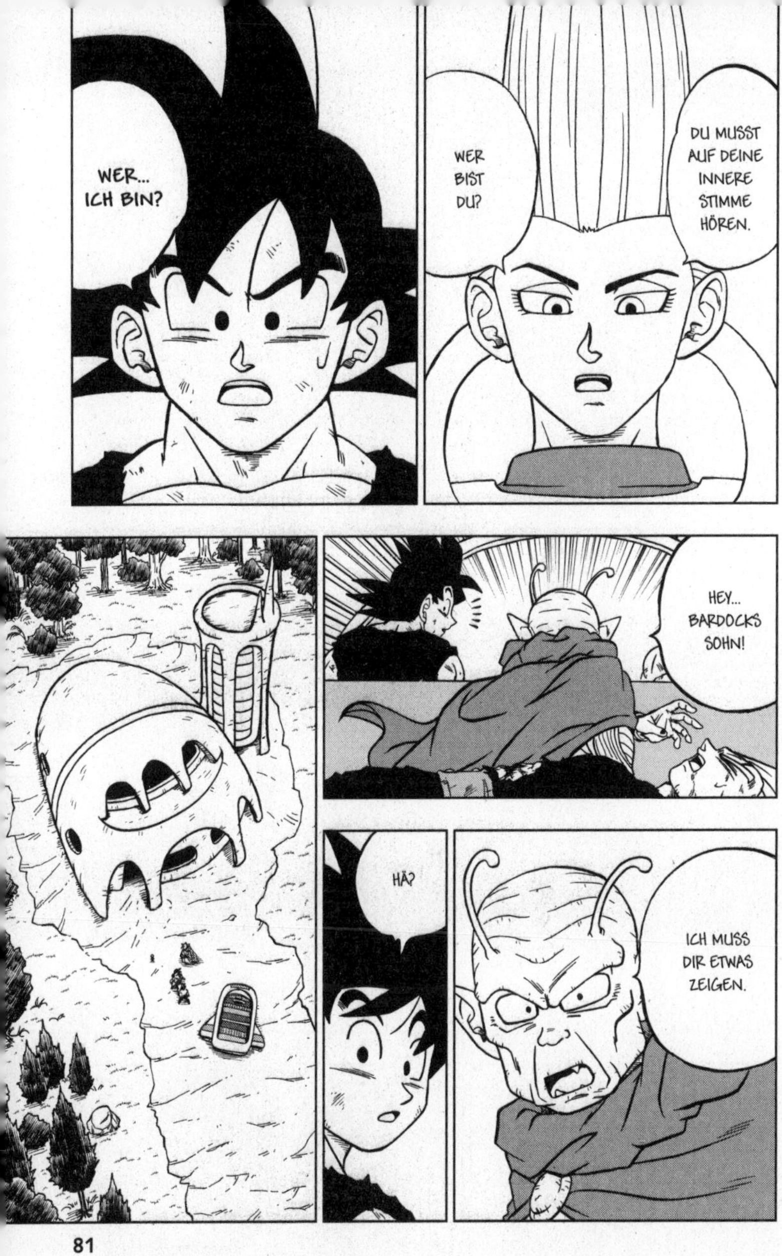
WER... ICH BIN?
DU MUSST AUF DEINE INNERE STIMME HÖREN.
WER BIST DU?
HEY... BARDOCKS SOHN!
ICH MUSS DIR ETWAS ZEIGEN.
HÄ?

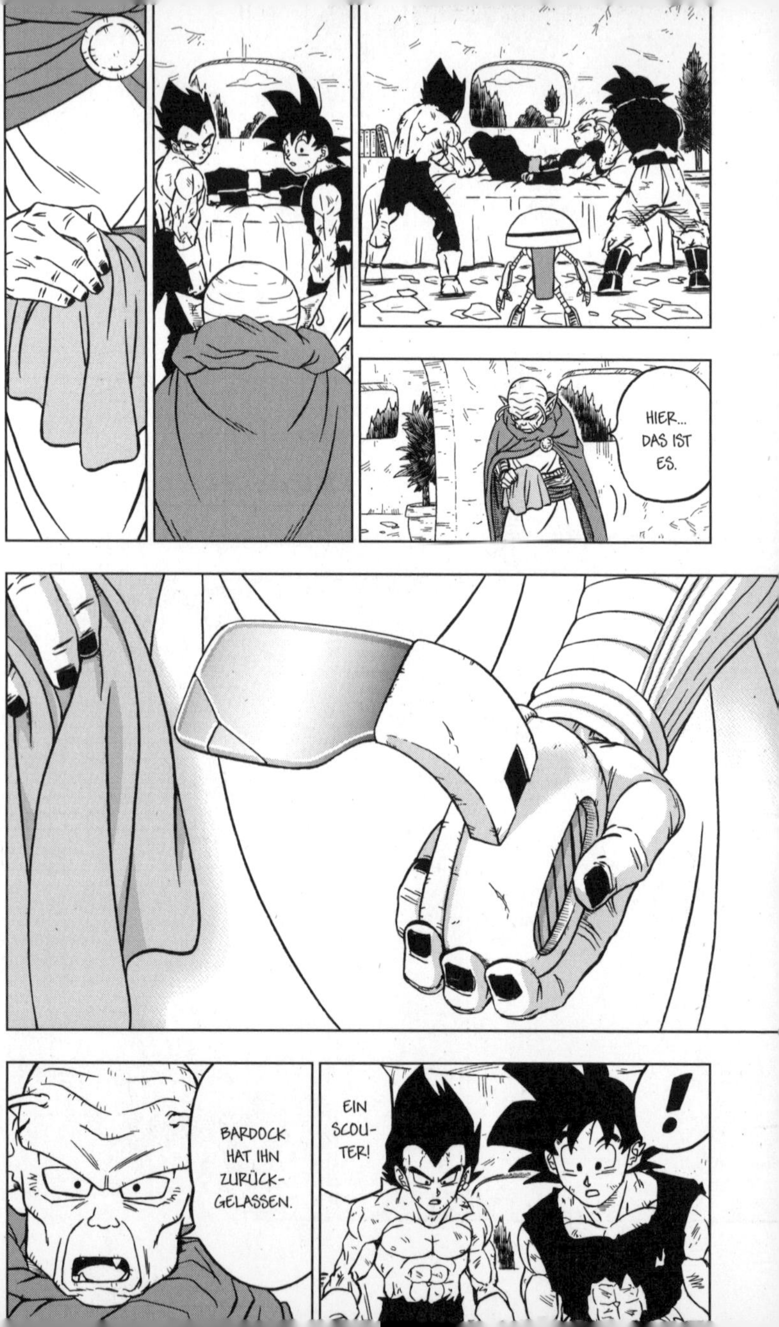

HIER... DAS IST ES.
!
EIN SCOUTER!
BARDOCK HAT IHN ZURÜCK-GELASSEN.

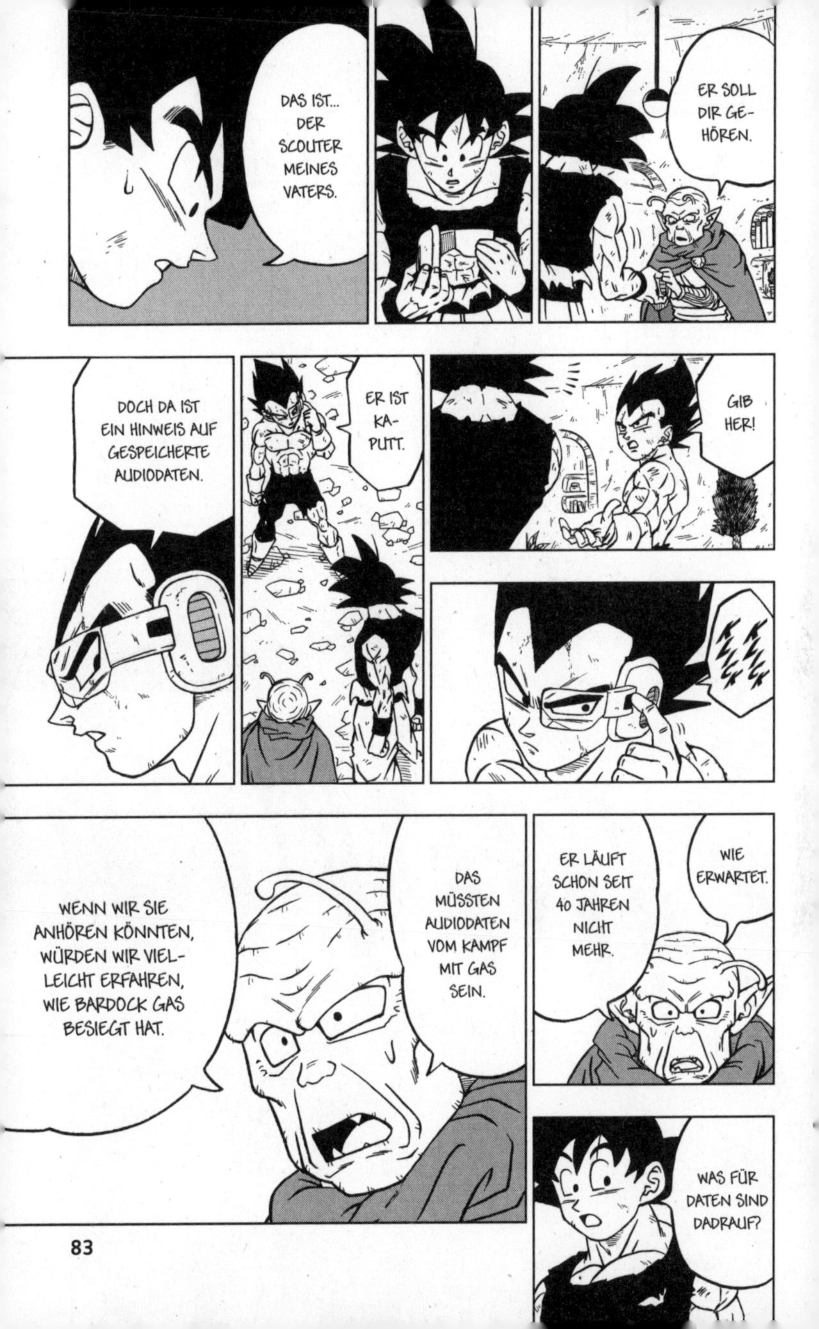
ER SOLL DIR GE-HÖREN.
DAS IST... DER SCOUTER MEINES VATERS.
GIB HER!
ER IST KA-PUTT.
DOCH DA IST EIN HINWEIS AUF GESPEICHERTE AUDIODATEN.
WIE ERWARTET.
ER LÄUFT SCHON SEIT 40 JAHREN NICHT MEHR.
WAS FÜR DATEN SIND DADRAUF?
DAS MÜSSTEN AUDIODATEN VOM KAMPF MIT GAS SEIN.
WENN WIR SIE ANHÖREN KÖNNTEN, WÜRDEN WIR VIEL-LEICHT ERFAHREN, WIE BARDOCK GAS BESIEGT HAT.

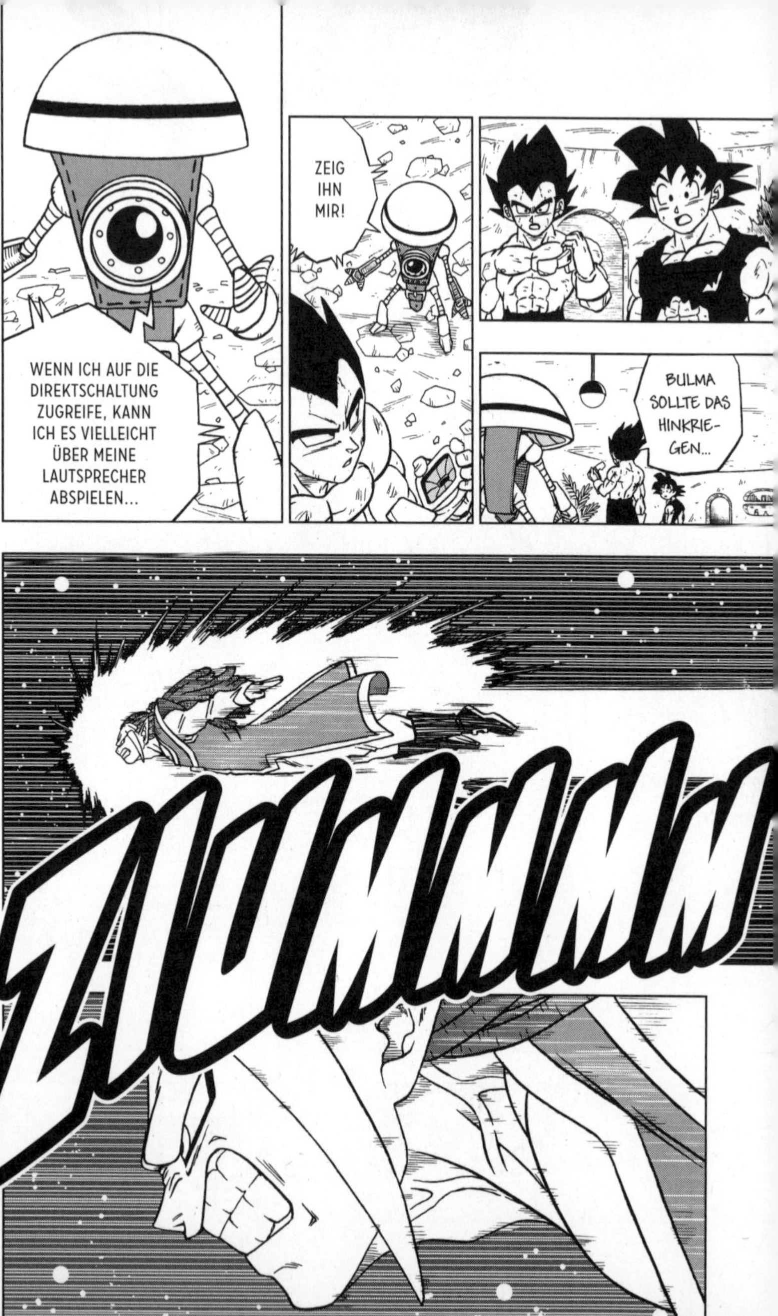
BULMA SOLLTE DAS HINKRIE-GEN...
ZEIG IHN MIR!
WENN ICH AUF DIE DIREKTSCHALTUNG ZUGREIFE, KANN ICH ES VIELLEICHT ÜBER MEINE LAUTSPRECHER ABSPIELEN...

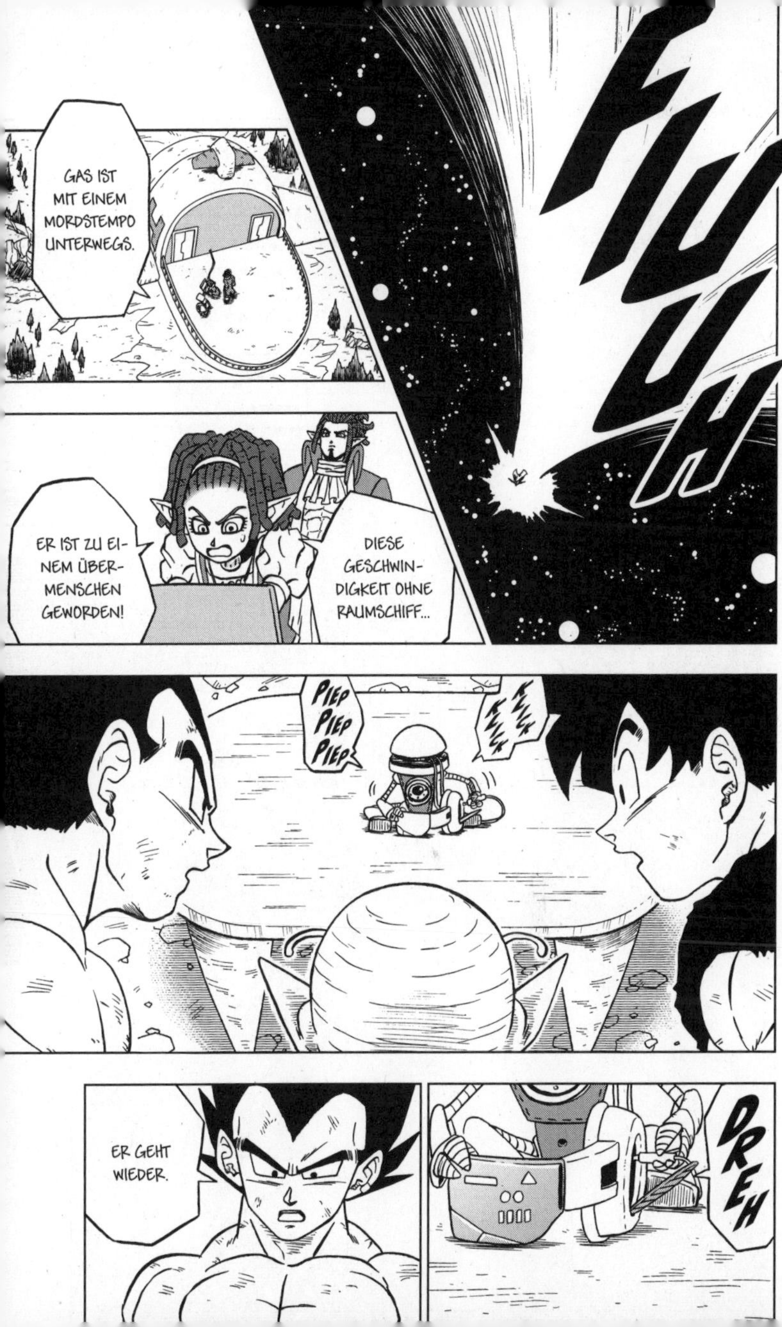
FUUH
GAS IST MIT EINEM MORDSTEMPO UNTERWEGS.
DIESE GESCHWIN-DIGKEIT OHNE RAUMSCHIFF...
ER IST ZU EI-NEM ÜBER-MENSCHEN GEWORDEN!
KLICK KLICK
PIEP PIEP PIEP
DREH
ER GEHT WIEDER.

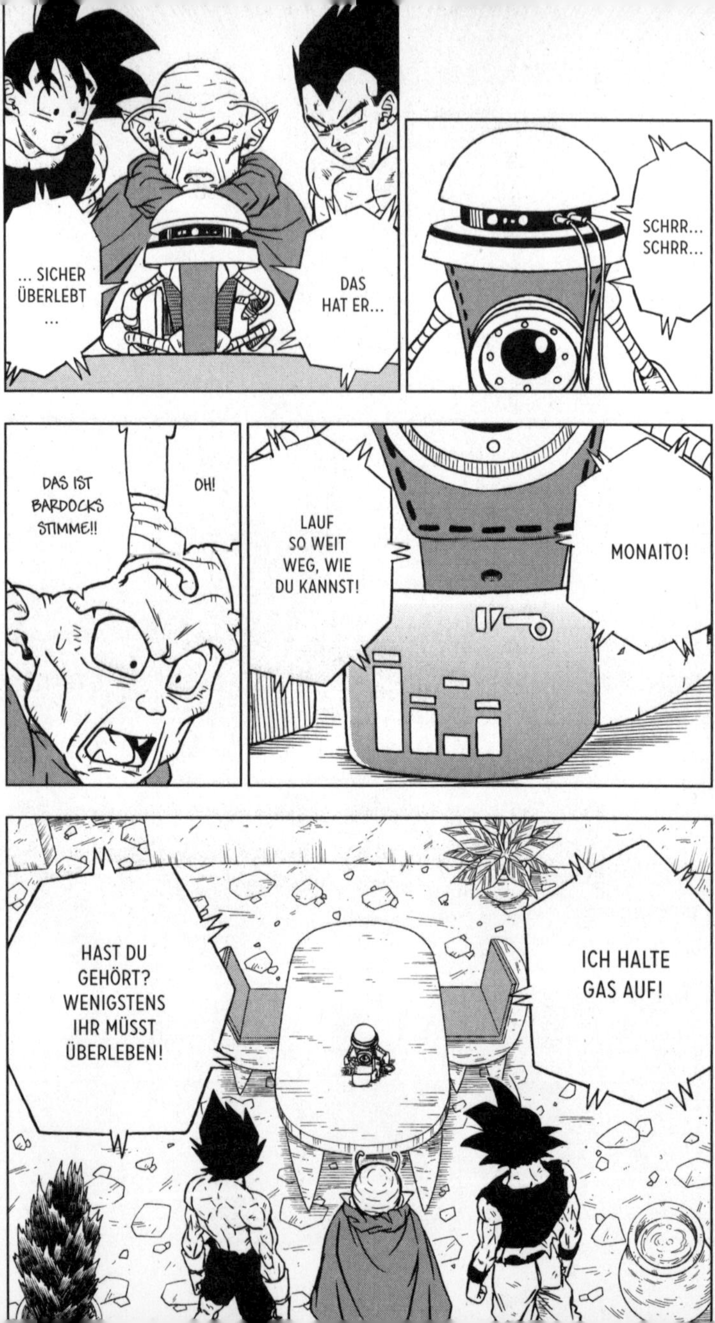
SCHRR... SCHRR...
DAS HAT ER...
... SICHER ÜBERLEBT ...
MONAITO!
LAUF SO WEIT WEG, WIE DU KANNST!
OH!
DAS IST BARDOCKS STIMME!!
ICH HALTE GAS AUF!
HAST DU GEHÖRT? WENIGSTENS IHR MÜSST ÜBERLEBEN!

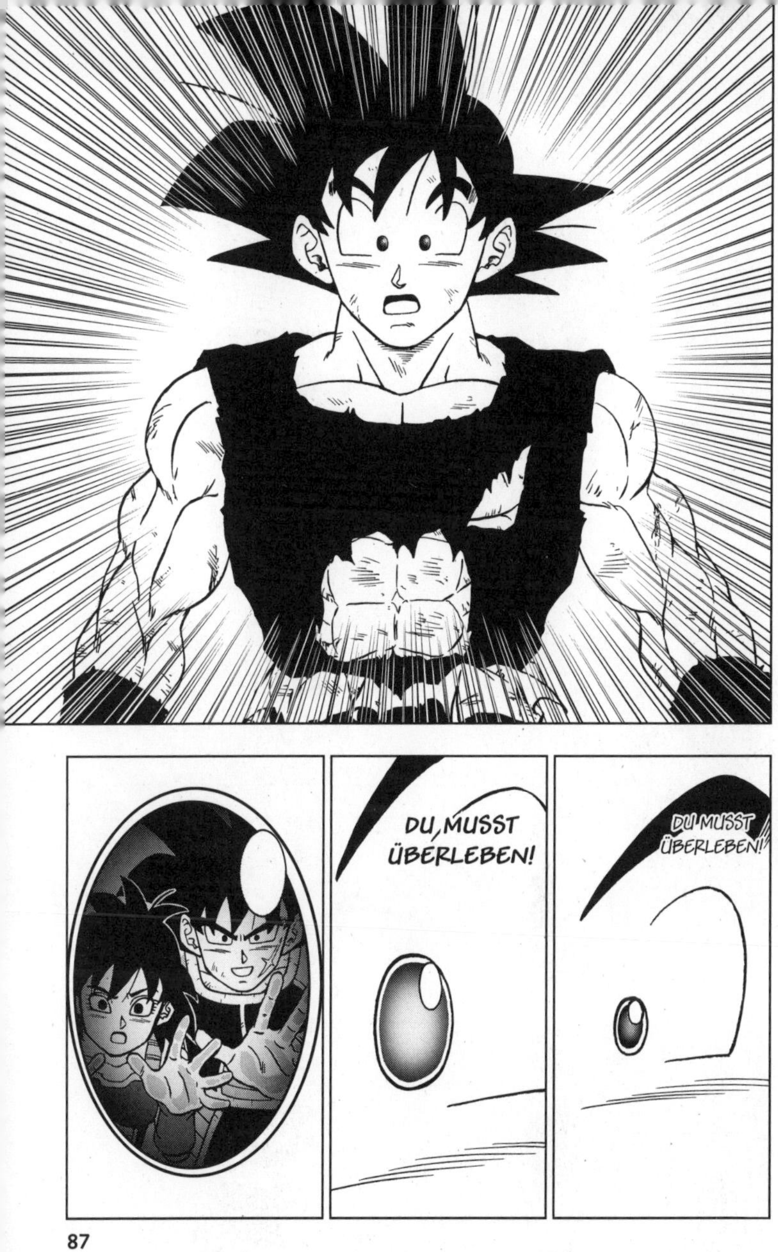
DU, MUSST ÜBERLEBEN!
DU MUSST ÜBERLEBEN!

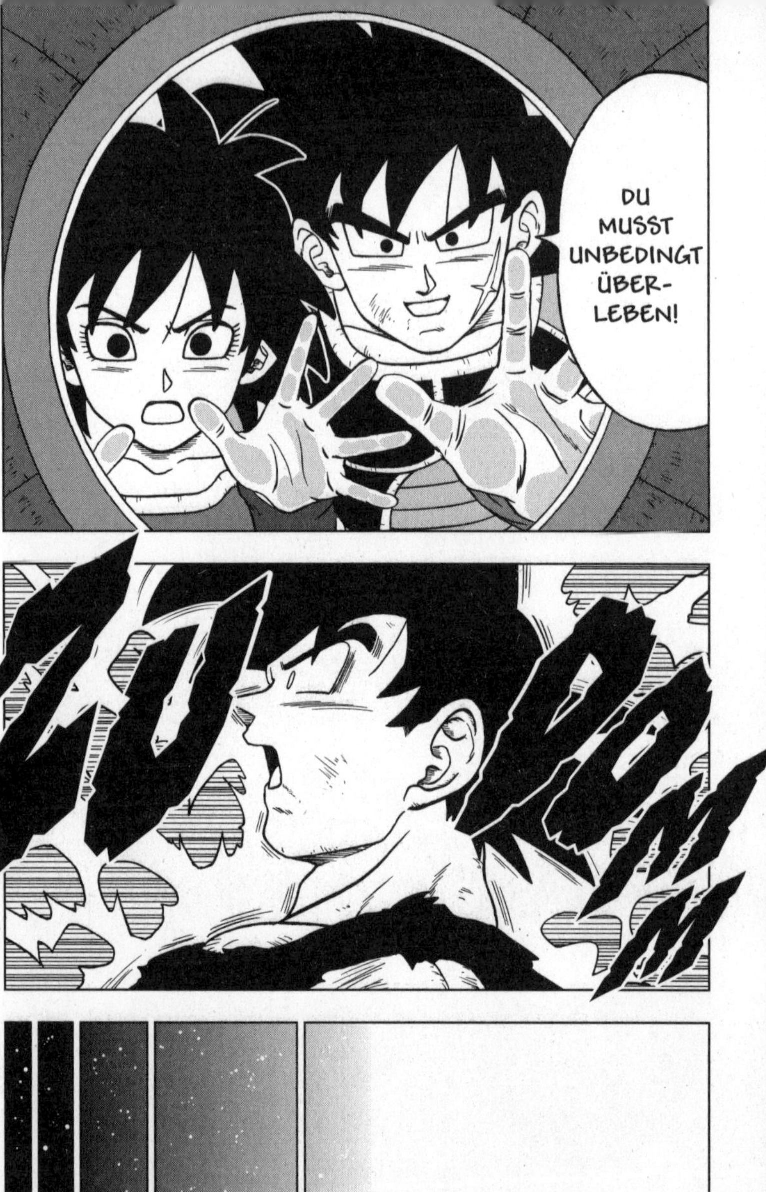
DU MUSST UNBEDINGT ÜBER-LEBEN!

DRAGON BALL SUPER

KAPITEL 82: BARDOCK VS. GAS

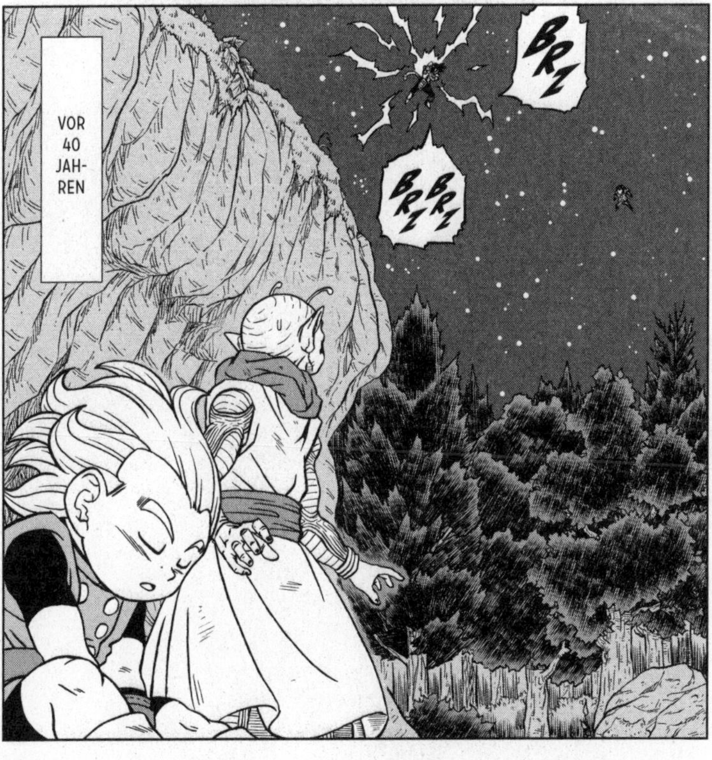

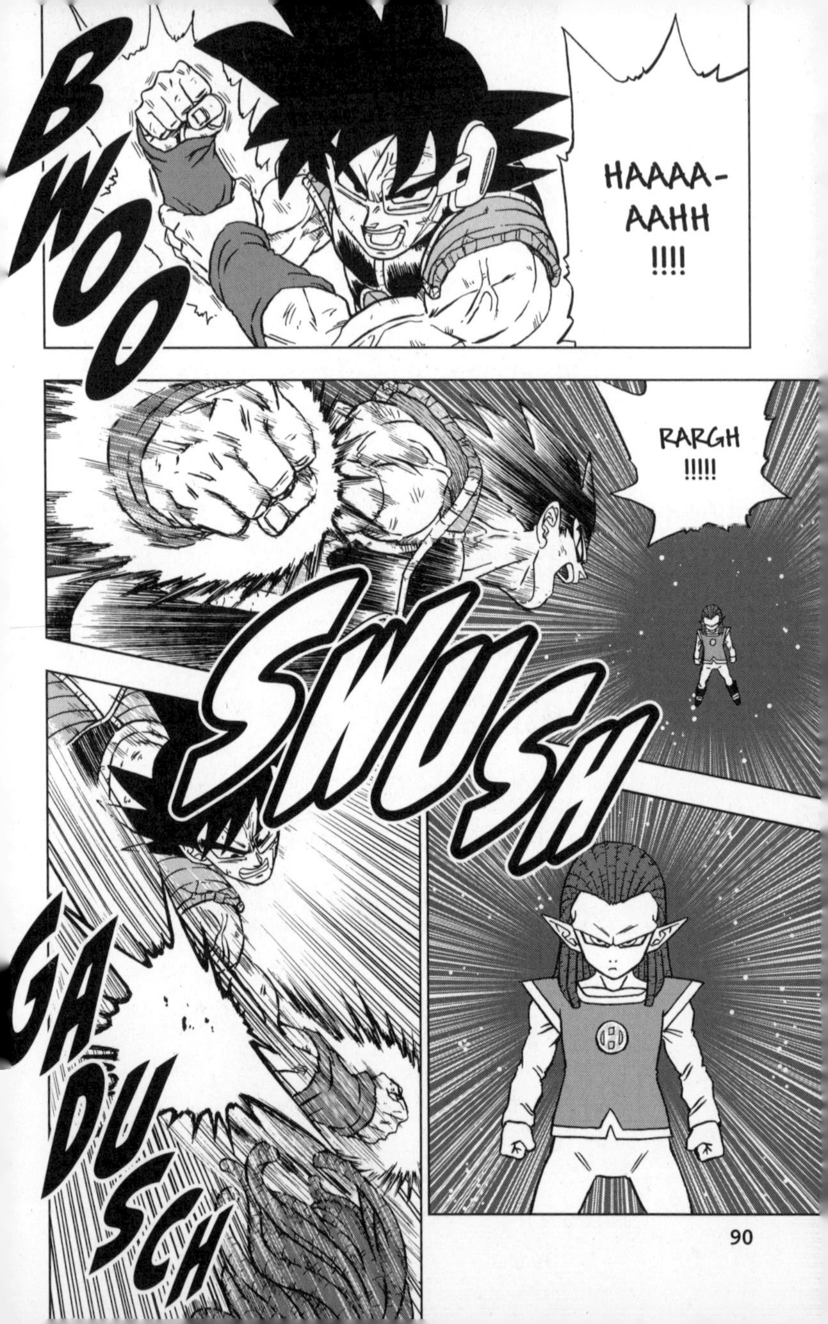
BWOOO
HAAAA-
AAHH
!!!!
RARGH
!!!!!
SWUSH
GA-
DUSCH

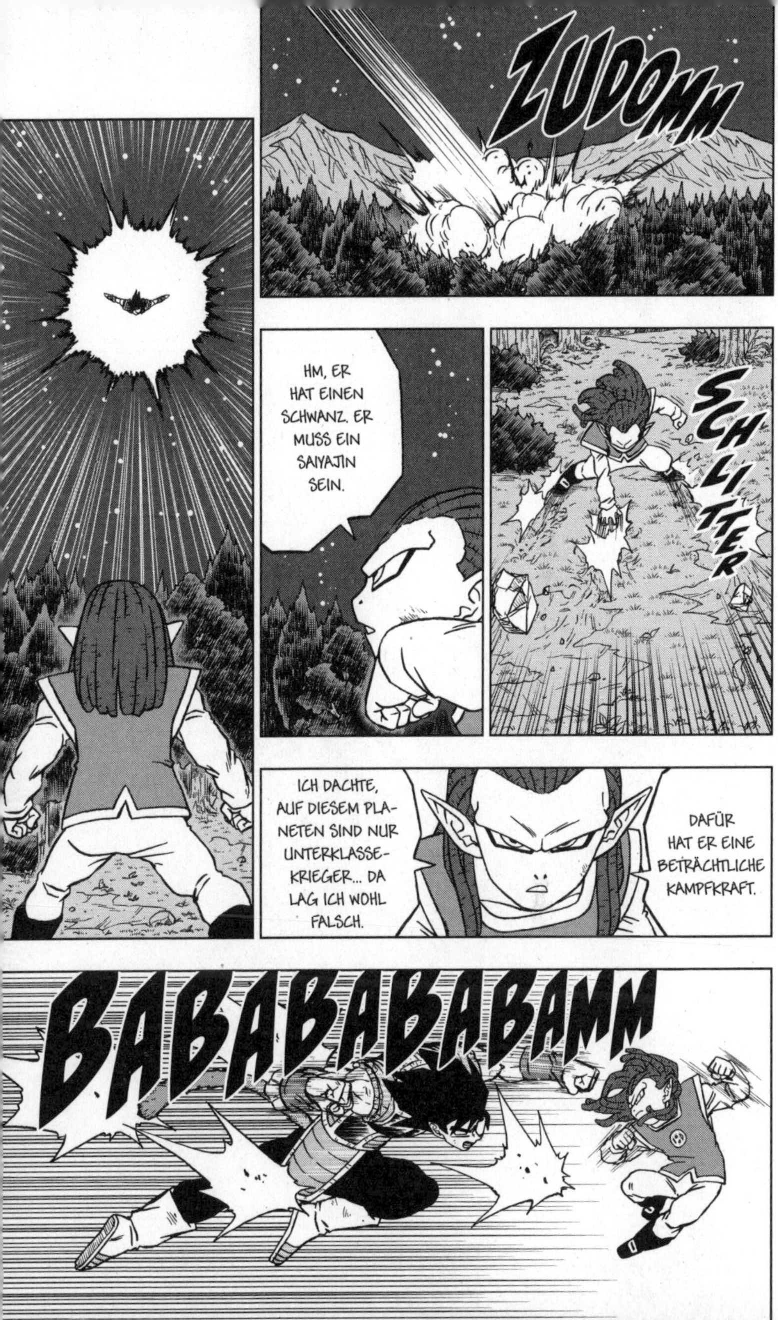
ZUDOMM
HM, ER HAT EINEN SCHWANZ. ER MUSS EIN SAIYAJIN SEIN.
SCHLITTER
ICH DACHTE, AUF DIESEM PLANETEN SIND NUR UNTERKLASSE-KRIEGER... DA LAG ICH WOHL FALSCH.
DAFÜR HAT ER EINE BETRÄCHTLICHE KAMPFKRAFT.
BABABABABAMM

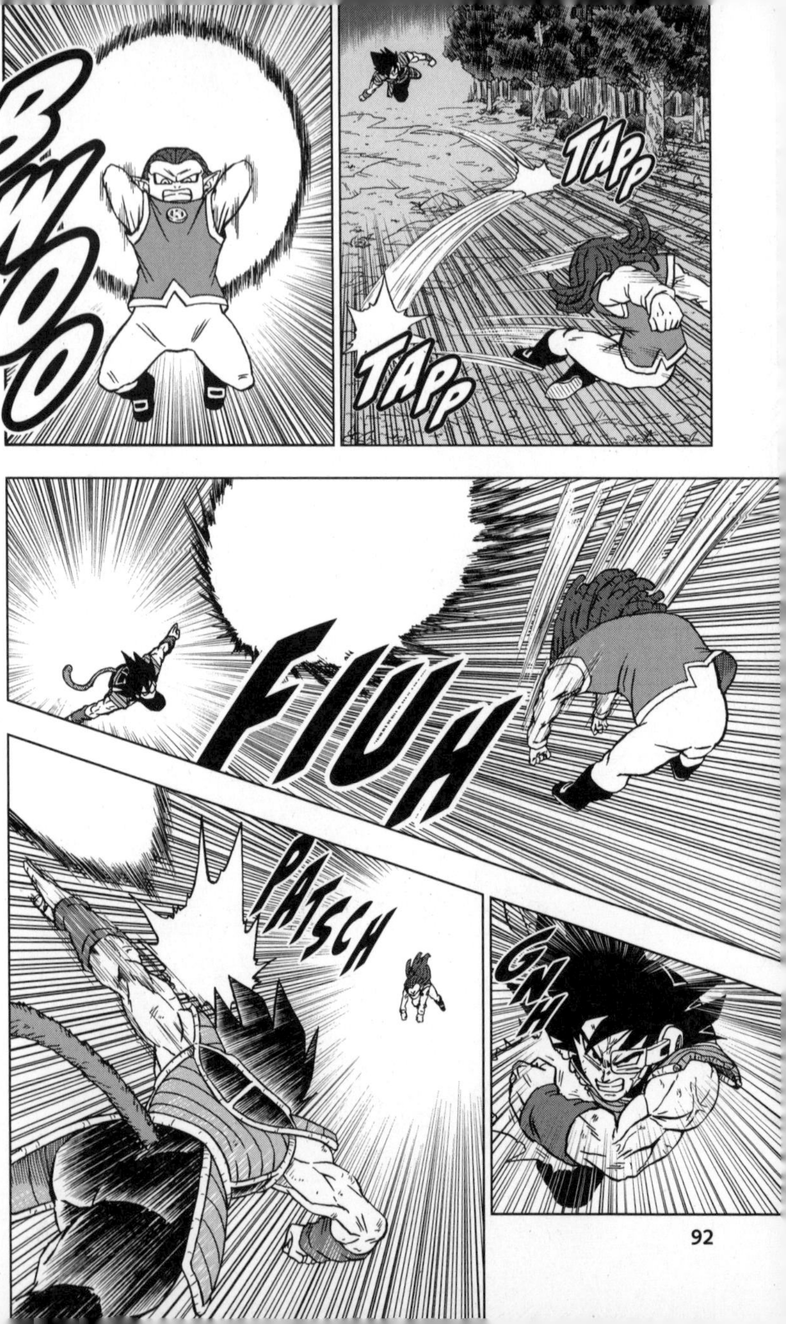
TAPP
TAPP
BWOO
FIUH
GNH
PATSCH

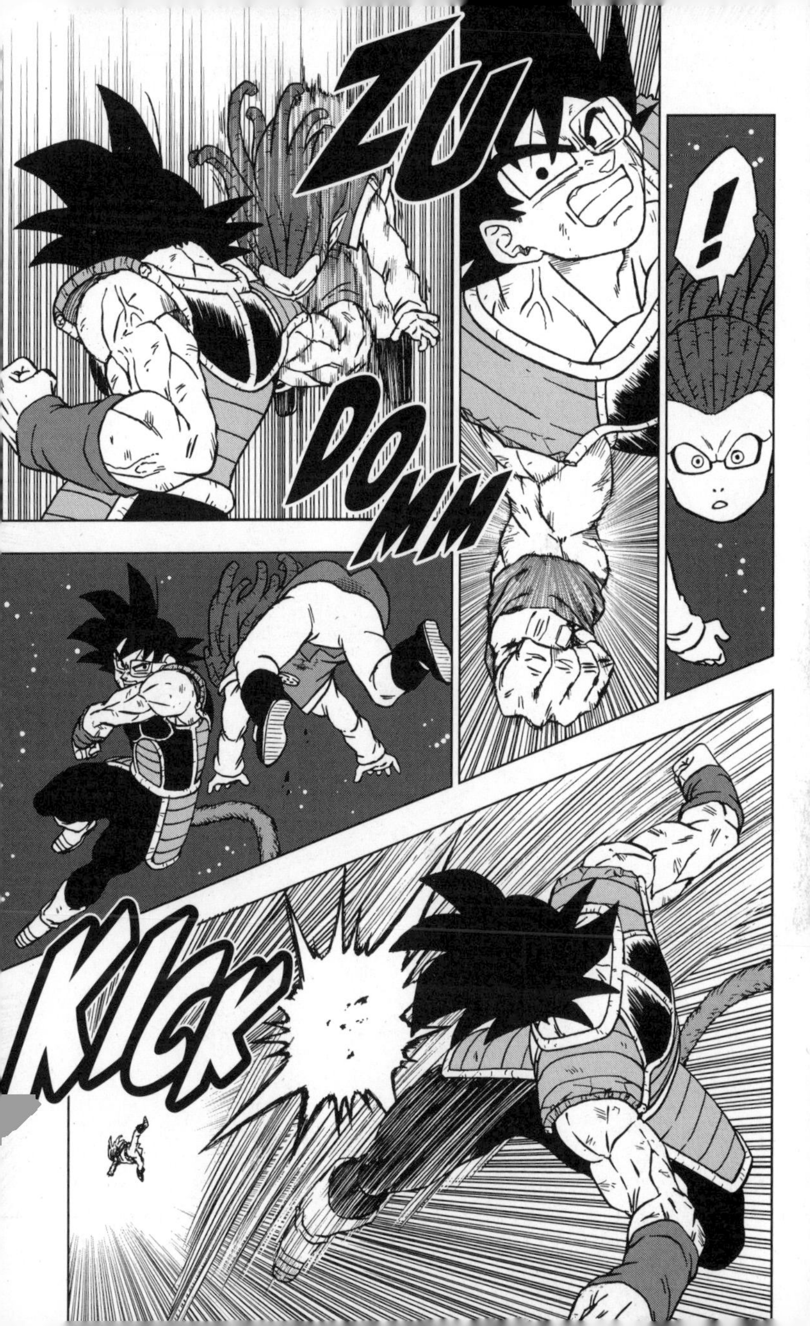
ZU
DOMM
!
KICK

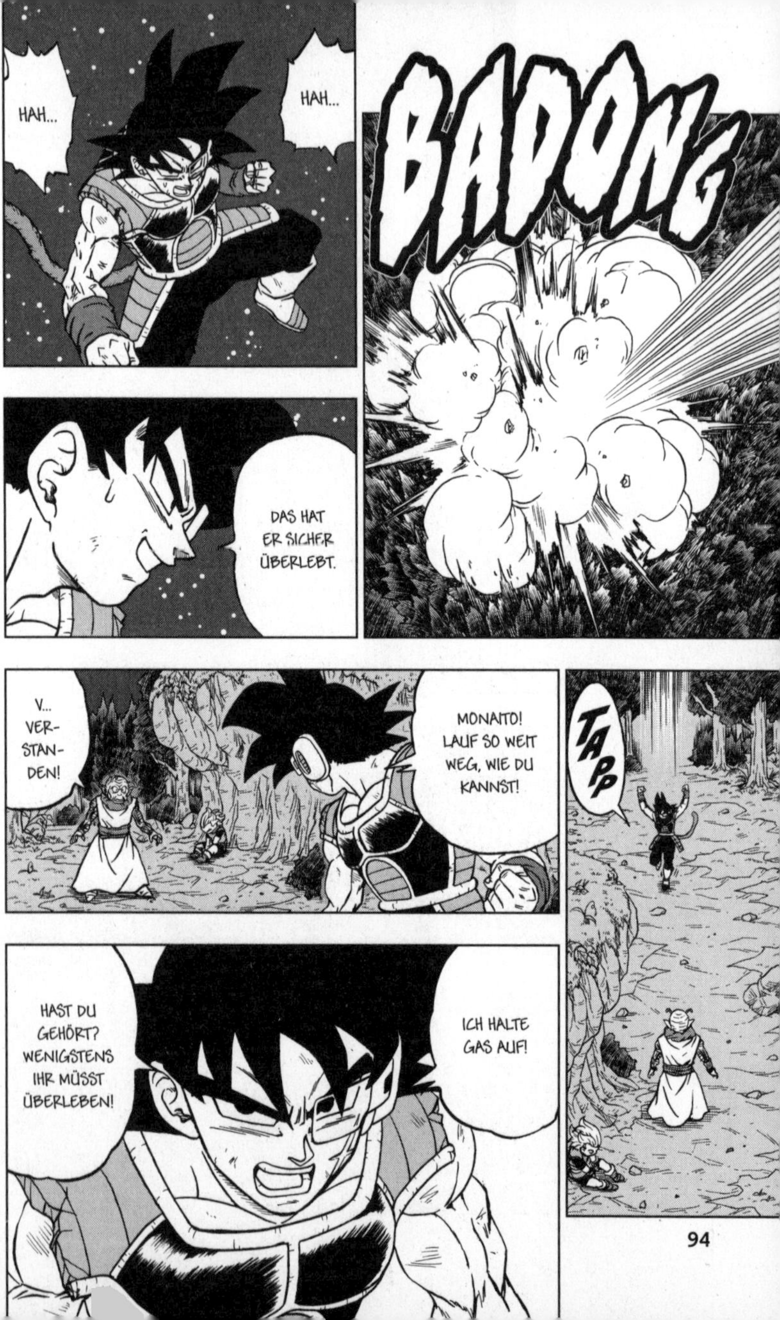
BADONG
HAH...
HAH...
DAS HAT ER SICHER ÜBERLEBT.
TAPP
MONAITO! LAUF SO WEIT WEG, WIE DU KANNST!
V... VER-STAN-DEN!
ICH HALTE GAS AUF!
HAST DU GEHÖRT? WENIGSTENS IHR MÜSST ÜBERLEBEN!

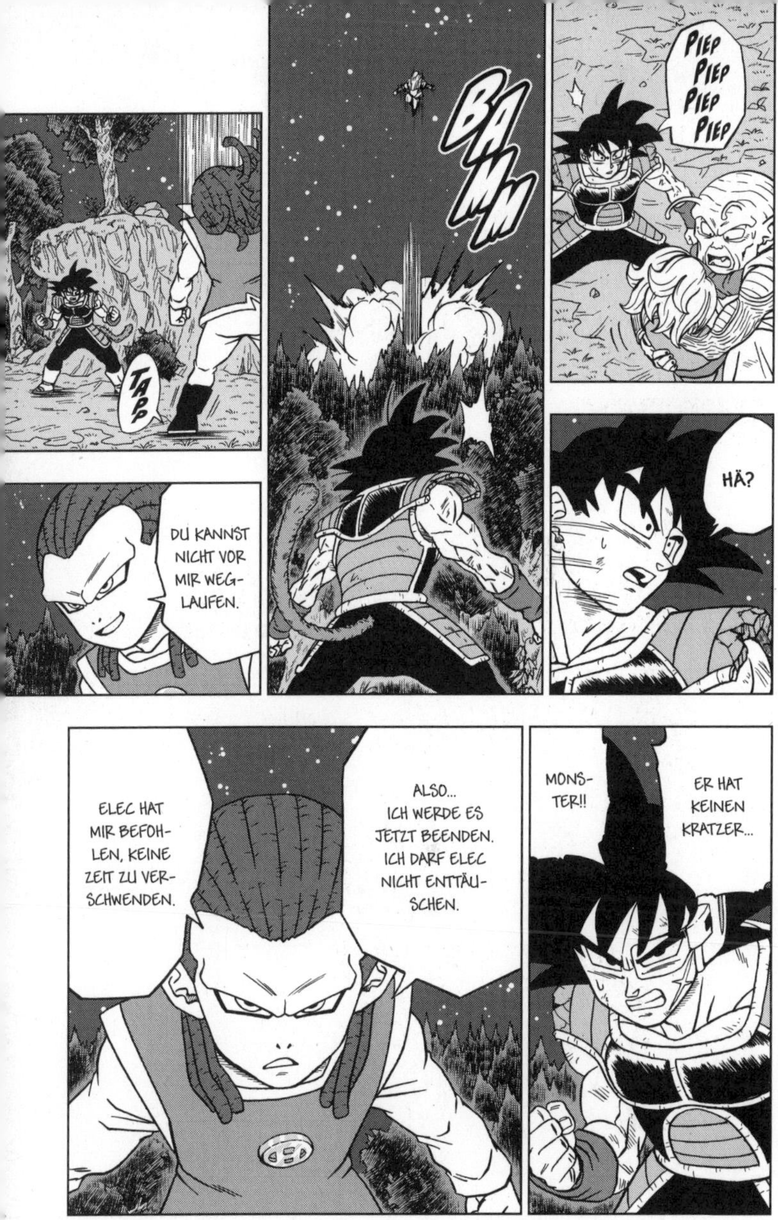

PIEP PIEP PIEP PIEP
HÄ?
BAMM
TAPP
DU KANNST NICHT VOR MIR WEG-LAUFEN.
ER HAT KEINEN KRATZER...
MONS-TER!!
ALSO... ICH WERDE ES JETZT BEENDEN. ICH DARF ELEC NICHT ENTTÄU-SCHEN.
ELEC HAT MIR BEFOH-LEN, KEINE ZEIT ZU VER-SCHWENDEN.

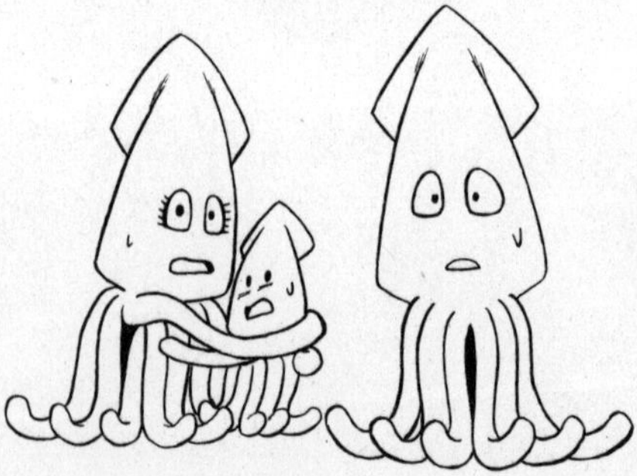

KAPITEL 83: BARDOCK VS. GAS 2

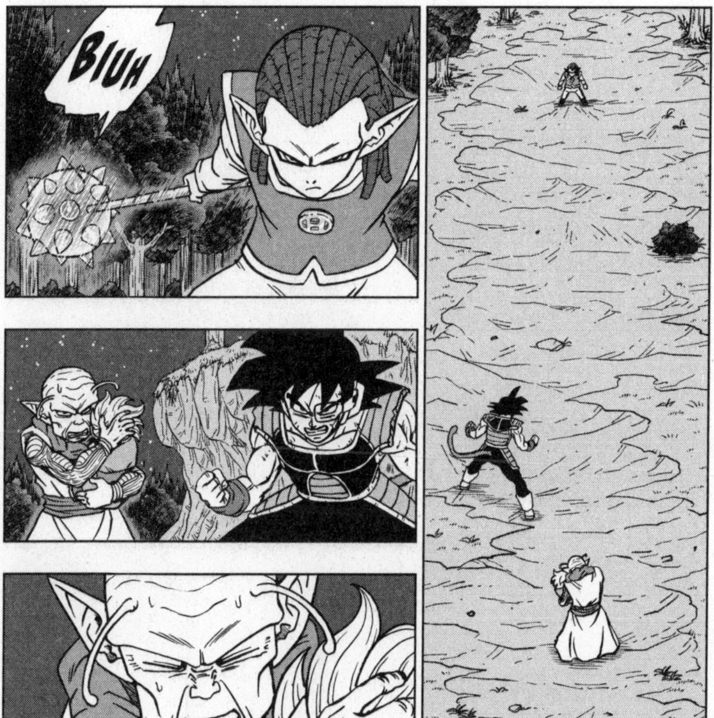

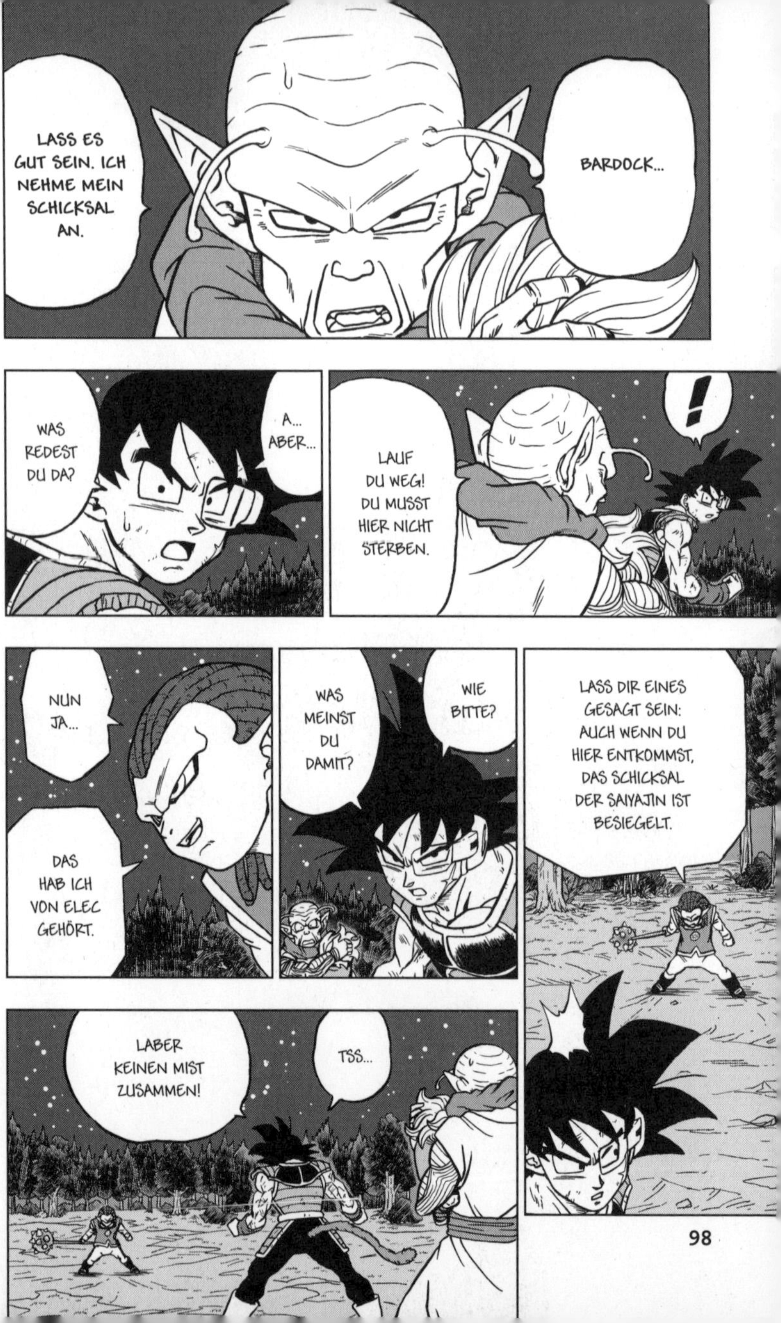
LASS ES GUT SEIN. ICH NEHME MEIN SCHICKSAL AN.
BARDOCK...
WAS REDEST DU DA?
A... ABER...
LAUF DU WEG! DU MUSST HIER NICHT STERBEN.
!
NUN JA...
DAS HAB ICH VON ELEC GEHÖRT.
WAS MEINST DU DAMIT?
WIE BITTE?
LASS DIR EINES GESAGT SEIN: AUCH WENN DU HIER ENTKOMMST, DAS SCHICKSAL DER SAIYAJIN IST BESIEGELT.
LABER KEINEN MIST ZUSAMMEN!
TSS...

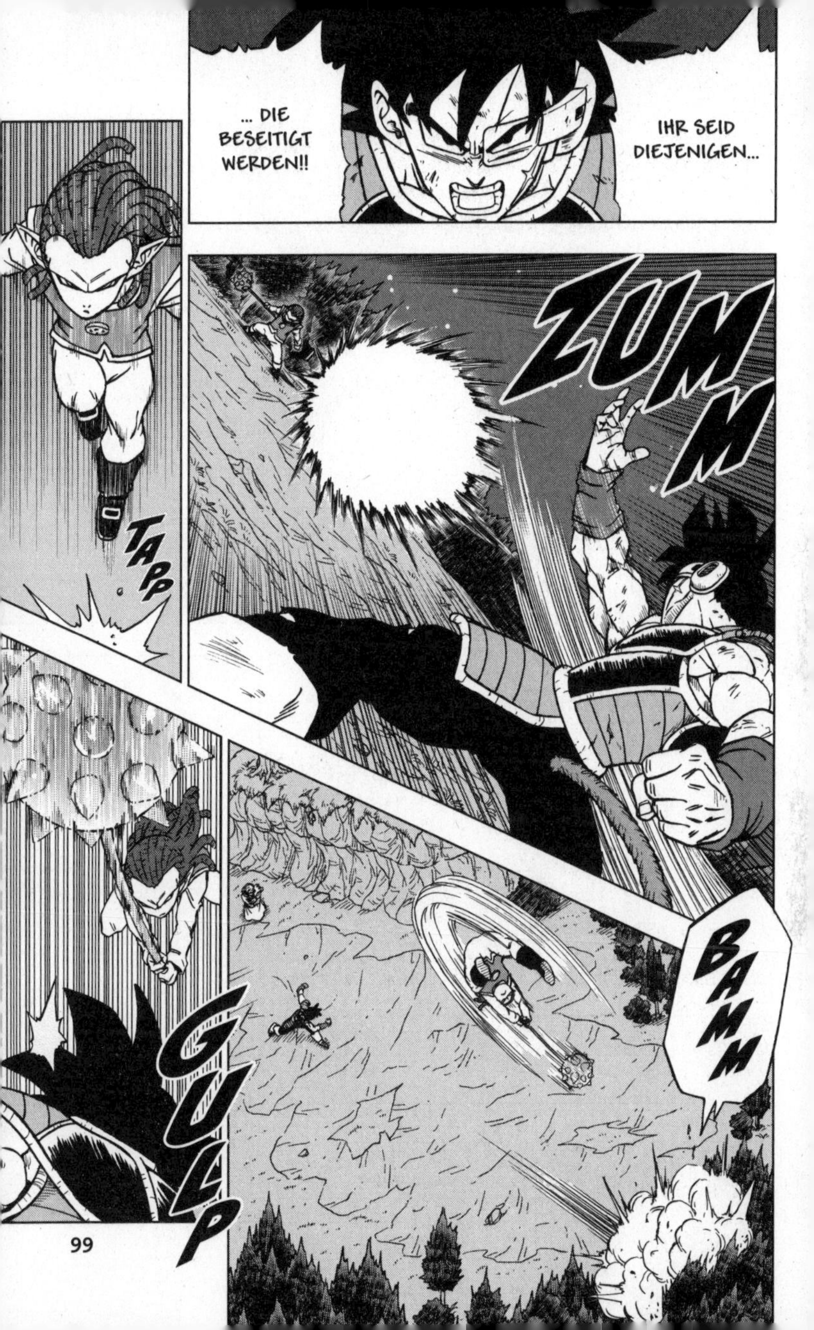
IHR SEID DIEJENIGEN...
... DIE BESEITIGT WERDEN!!
ZUMMM
TAPP
BAMMM
GULP

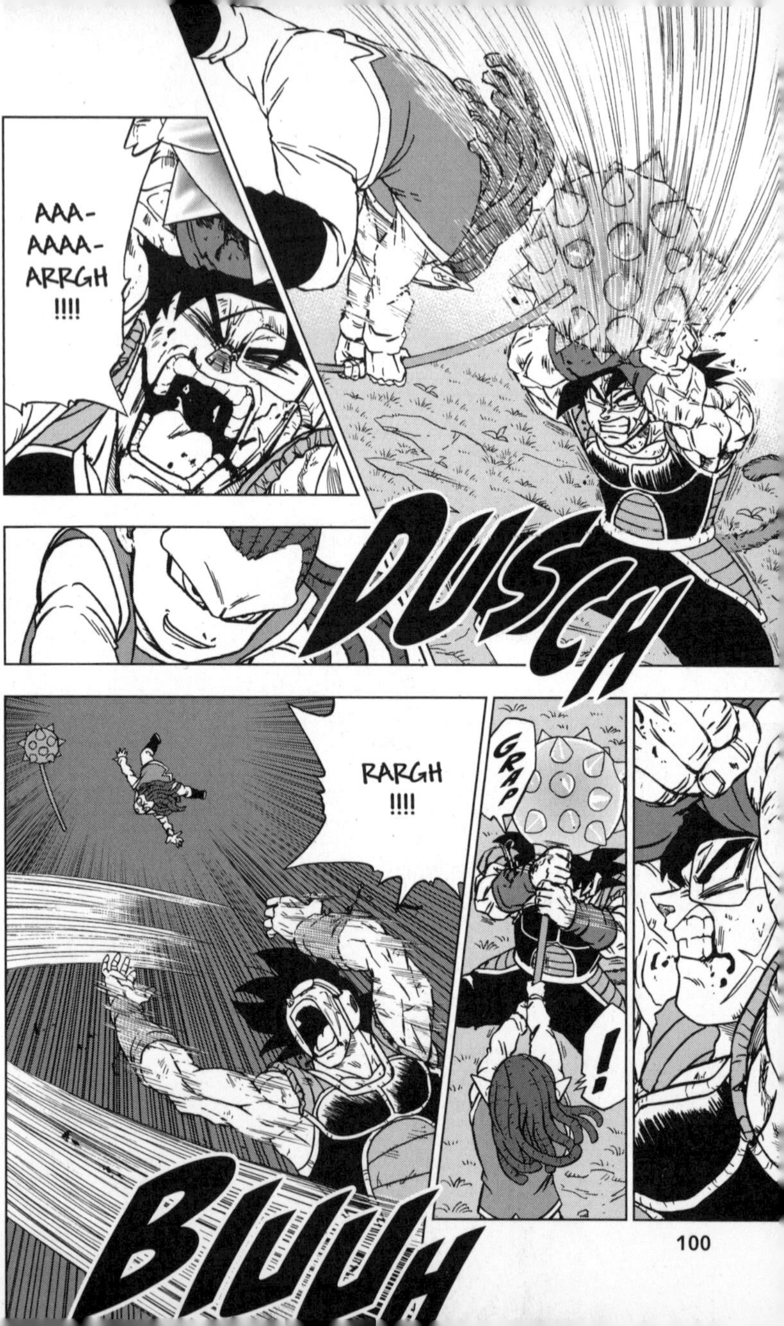
AAA-
AAAA-
ARRGH
!!!!
DUSCH
GRAP
!
RARGH
!!!!
BUUUH

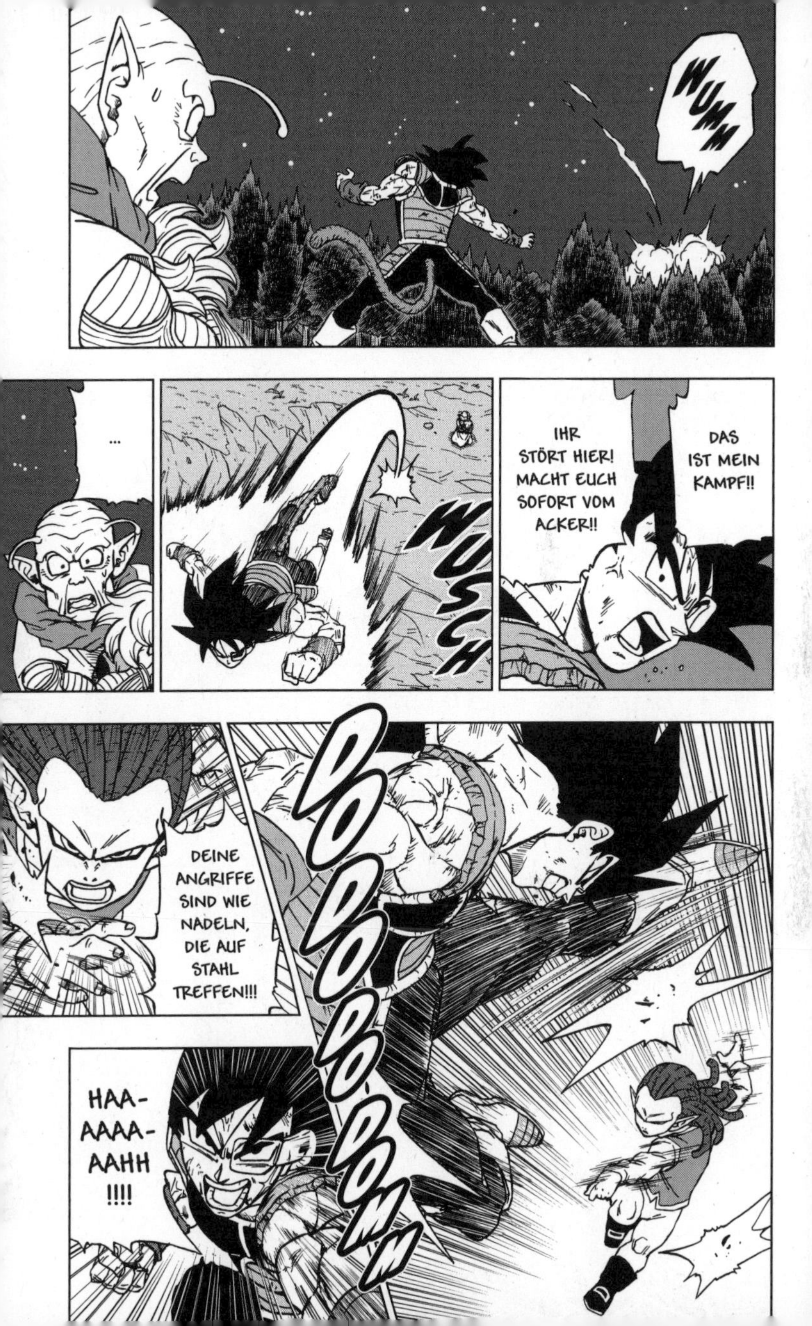
WUMM
DAS IST MEIN KAMPF!!
IHR STÖRT HIER! MACHT EUCH SOFORT VOM ACKER!!
WUSCH
...
DODODODOM
DEINE ANGRIFFE SIND WIE NADELN, DIE AUF STAHL TREFFEN!!!
HAA-AAAA-AAHH !!!!

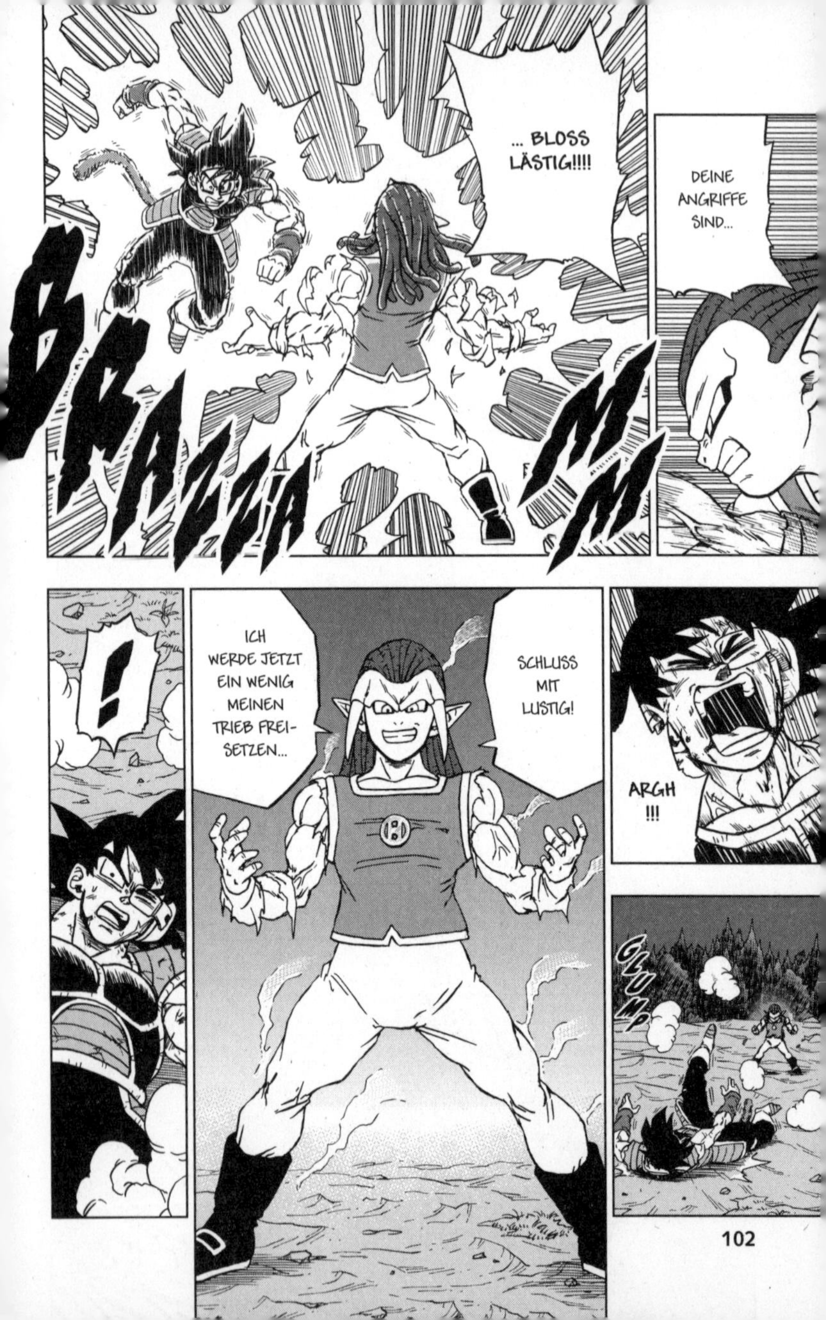
DEINE ANGRIFFE SIND...
... BLOSS LÄSTIG!!!!
BRAZZIAMM
ARGH !!!
SCHLUSS MIT LUSTIG!
ICH WERDE JETZT EIN WENIG MEINEN TRIEB FREI-SETZEN...
!
GLUMP

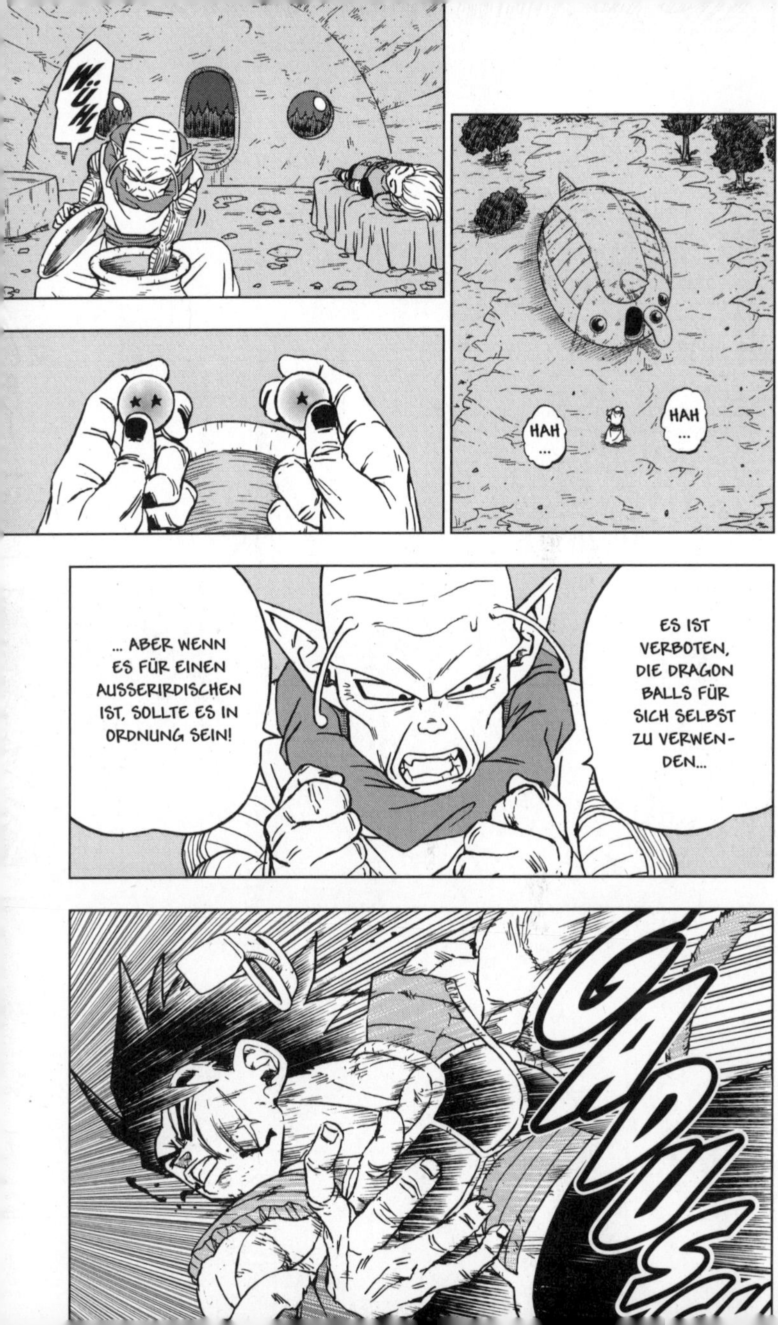
WÜHL
HAH ...
HAH ...
ES IST VERBOTEN, DIE DRAGON BALLS FÜR SICH SELBST ZU VERWENDEN...
... ABER WENN ES FÜR EINEN AUSSERIRDISCHEN IST, SOLLTE ES IN ORDNUNG SEIN!

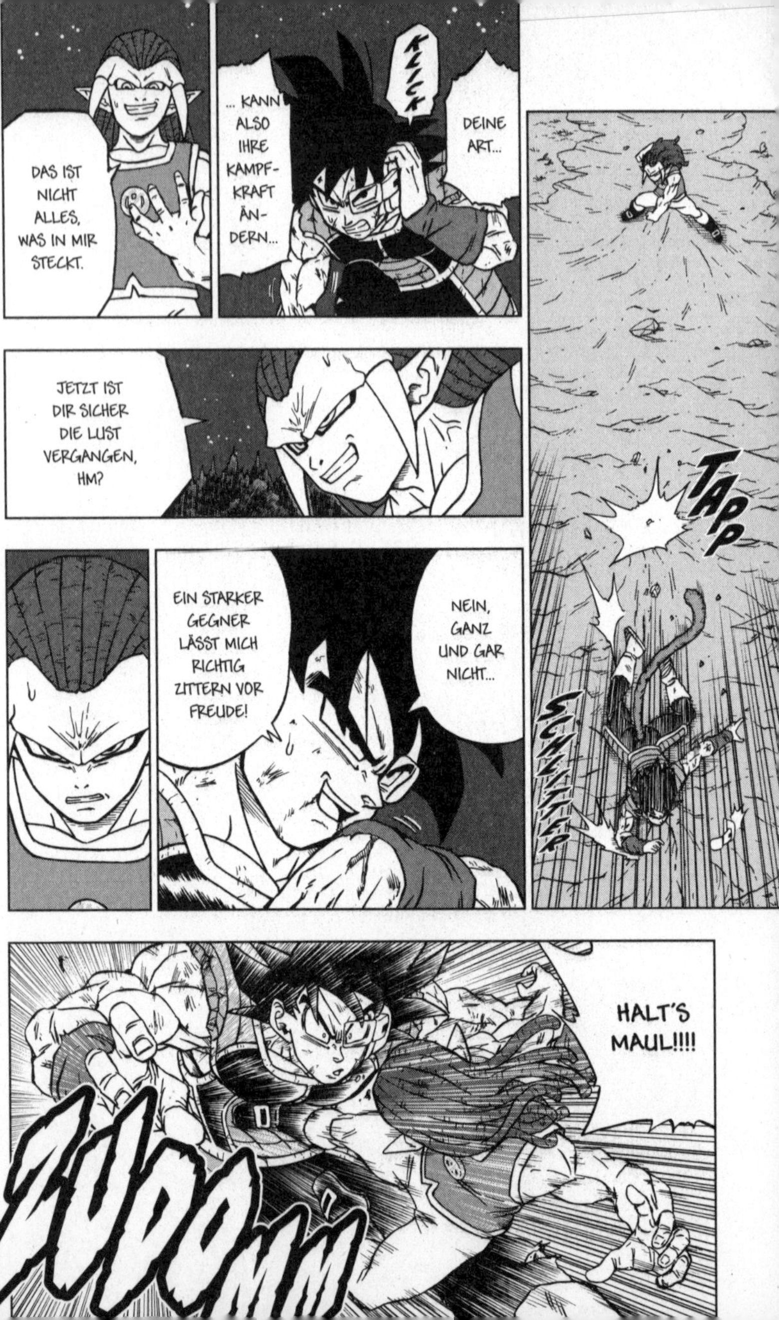

DEINE ART...
... KANN ALSO IHRE KAMPFKRAFT ÄNDERN...
KLICK
DAS IST NICHT ALLES, WAS IN MIR STECKT.
TAPP
JETZT IST DIR SICHER DIE LUST VERGANGEN, HM?
NEIN, GANZ UND GAR NICHT...
EIN STARKER GEGNER LÄSST MICH RICHTIG ZITTERN VOR FREUDE!
HALT'S MAUL!!!!
ZUDOMM

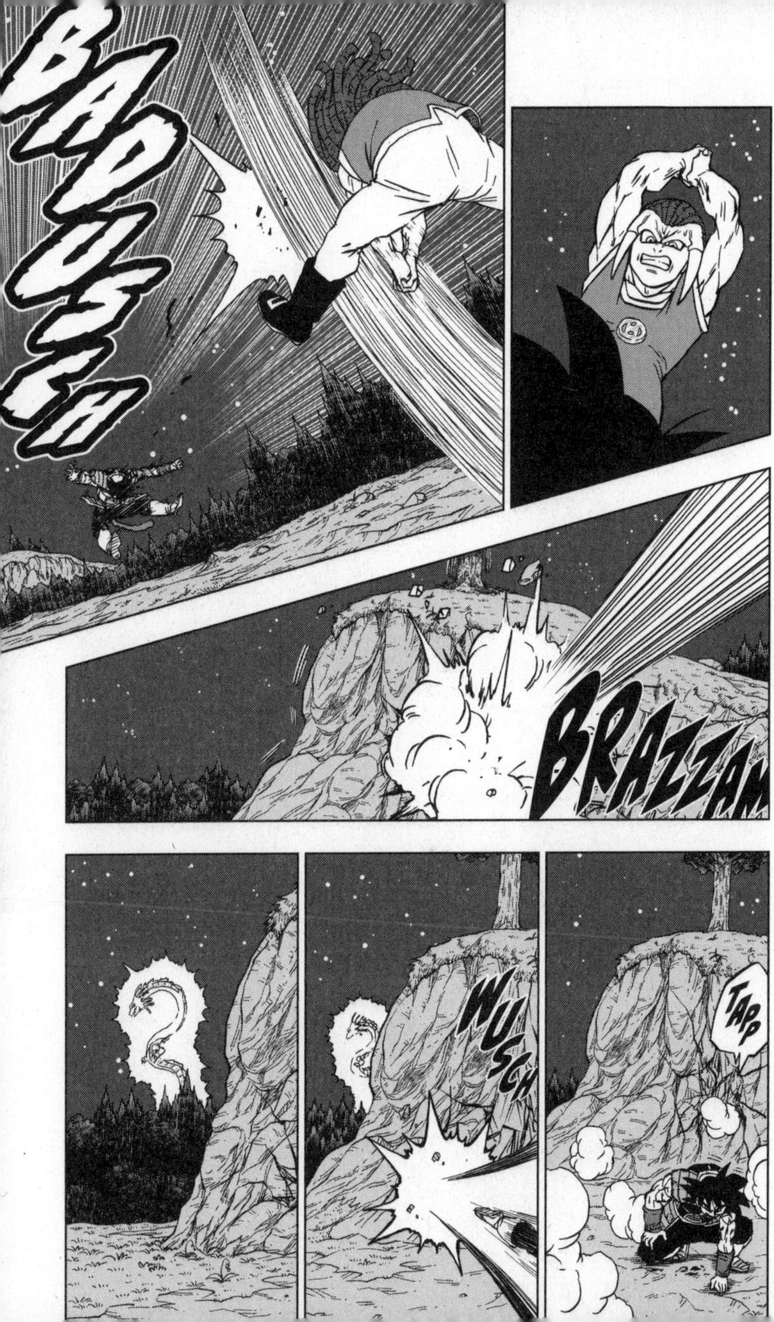
BADUSHA
BRAZZAM
WUSCH
TAPP

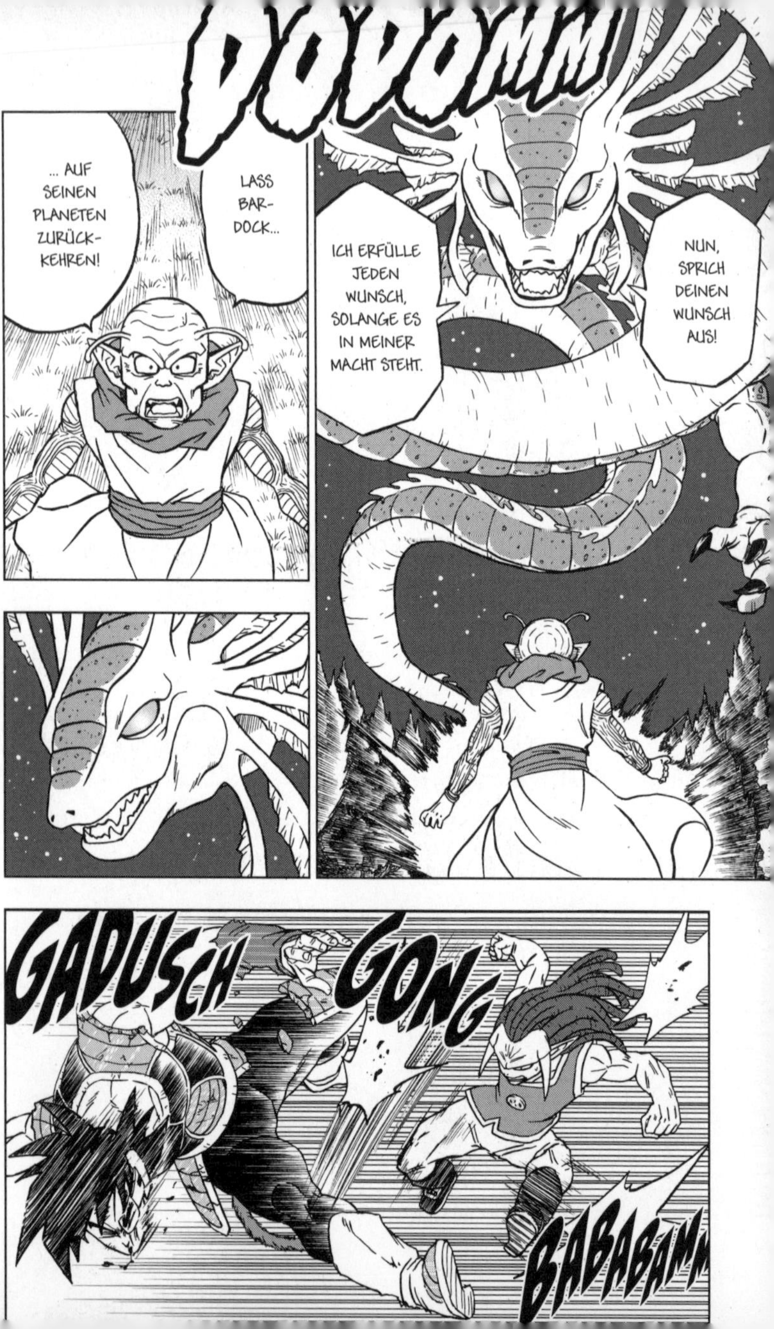
DODOMM
NUN, SPRICH DEINEN WUNSCH AUS!
ICH ERFÜLLE JEDEN WUNSCH, SOLANGE ES IN MEINER MACHT STEHT.
LASS BAR-DOCK...
... AUF SEINEN PLANETEN ZURÜCK-KEHREN!
GONG
GADUSCH
BABABAMM

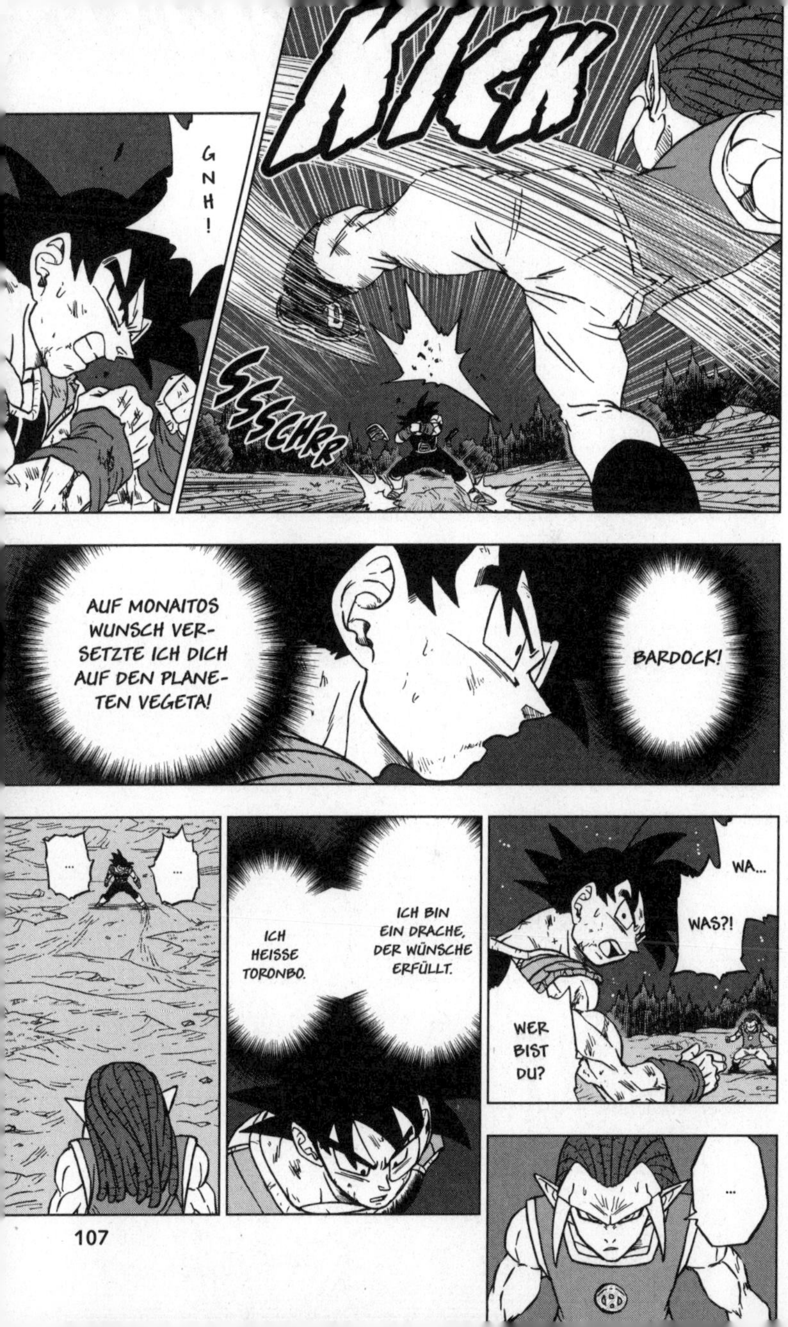
KICK
SSSCHRR
GNH!
BARDOCK!
AUF MONAITOS WUNSCH VERSETZTE ICH DICH AUF DEN PLANETEN VEGETA!
WA...
WAS?!
WER BIST DU?
ICH BIN EIN DRACHE, DER WÜNSCHE ERFÜLLT.
ICH HEISSE TORONBO.
...
...
...

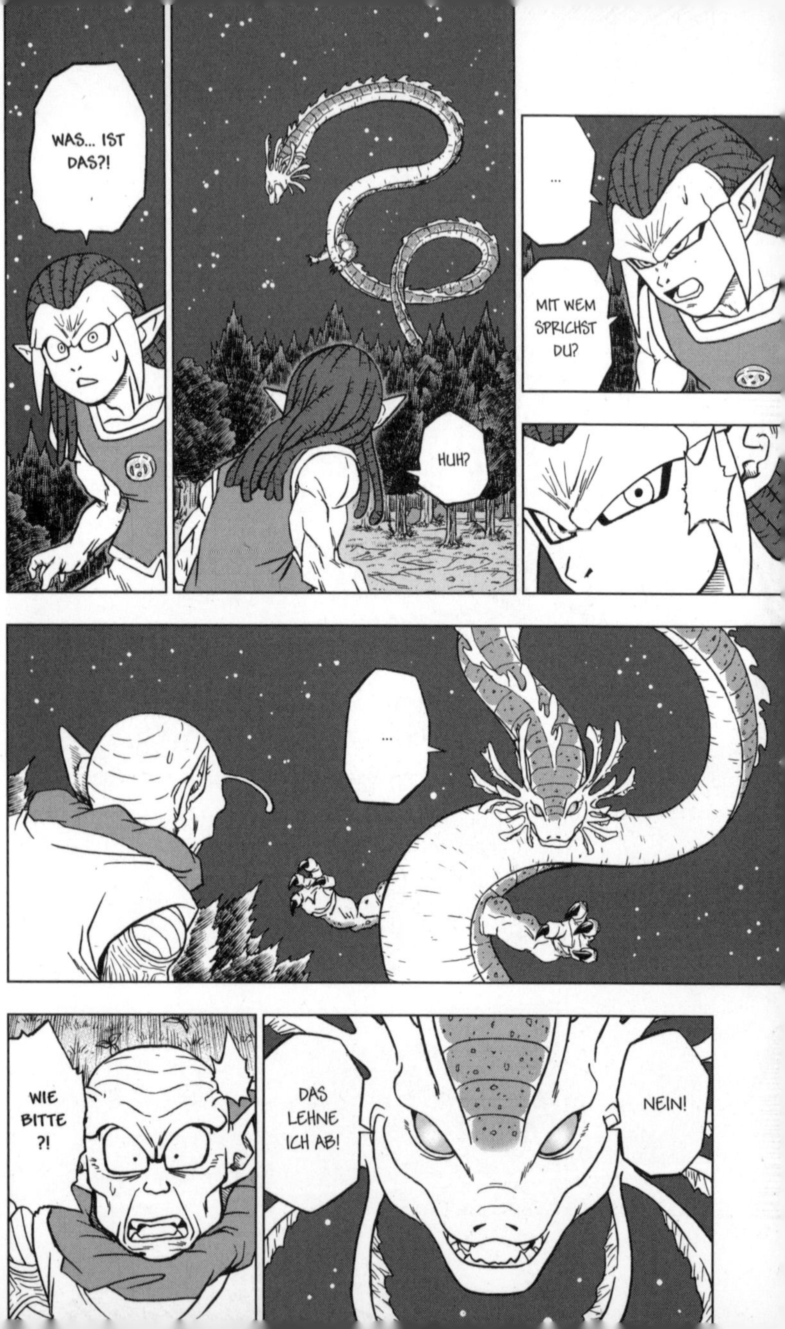
...
MIT WEM SPRICHST DU?
HUH?
WAS... IST DAS?!
...
NEIN!
DAS LEHNE ICH AB!
WIE BITTE?!

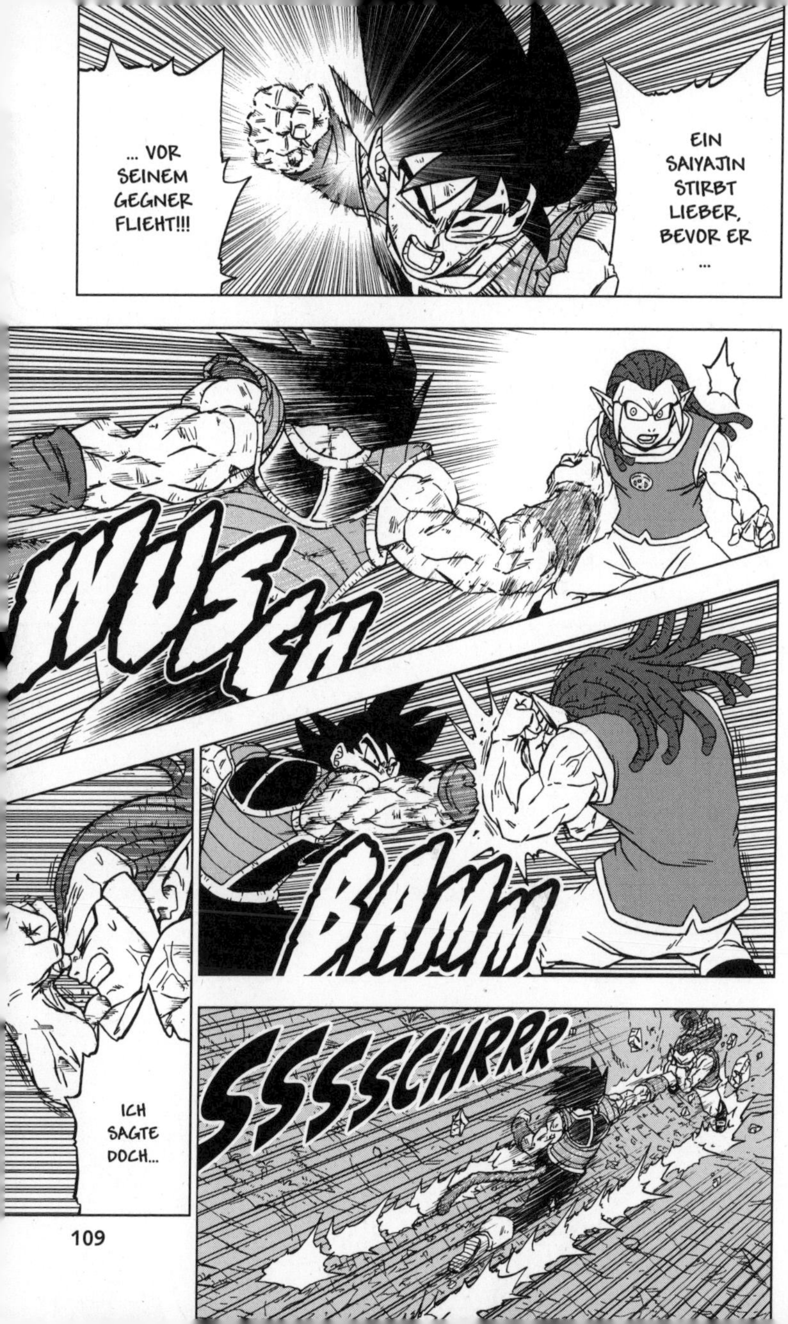
EIN SAIYAJIN STIRBT LIEBER, BEVOR ER ...
... VOR SEINEM GEGNER FLIEHT!!!
WUSCH
BAMM
ICH SAGTE DOCH...
SSSSSCHRRR

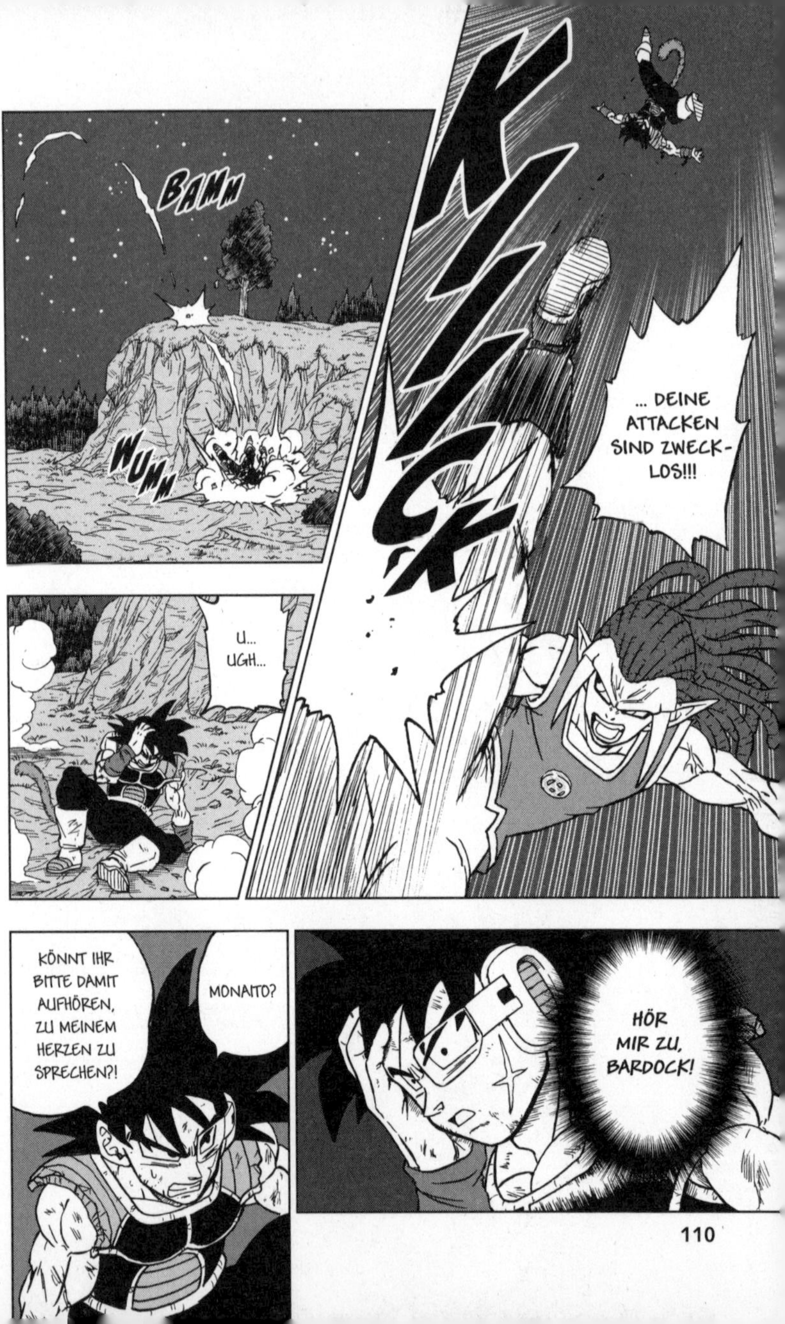
... DEINE ATTACKEN SIND ZWECK-LOS!!!
BAMM
WUMM
U... UGH...
HÖR MIR ZU, BARDOCK!
MONAITO?
KÖNNT IHR BITTE DAMIT AUFHÖREN, ZU MEINEM HERZEN ZU SPRECHEN?!

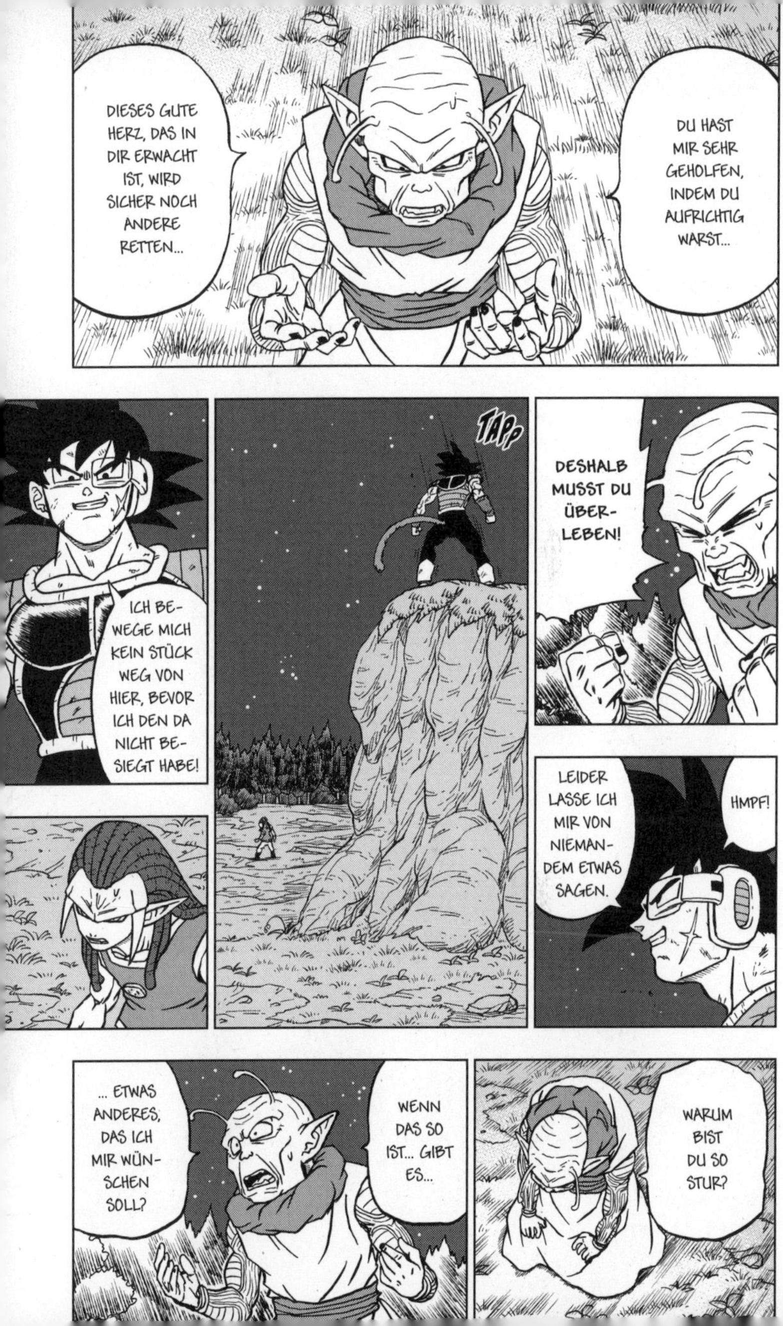
DU HAST MIR SEHR GEHOLFEN, INDEM DU AUFRICHTIG WARST...
DIESES GUTE HERZ, DAS IN DIR ERWACHT IST, WIRD SICHER NOCH ANDERE RETTEN...
DESHALB MUSST DU ÜBER-LEBEN!
TAPP
ICH BE-WEGE MICH KEIN STÜCK WEG VON HIER, BEVOR ICH DEN DA NICHT BE-SIEGT HABE!
HMPF!
LEIDER LASSE ICH MIR VON NIEMAN-DEM ETWAS SAGEN.
WARUM BIST DU SO STUR?
WENN DAS SO IST... GIBT ES...
... ETWAS ANDERES, DAS ICH MIR WÜN-SCHEN SOLL?

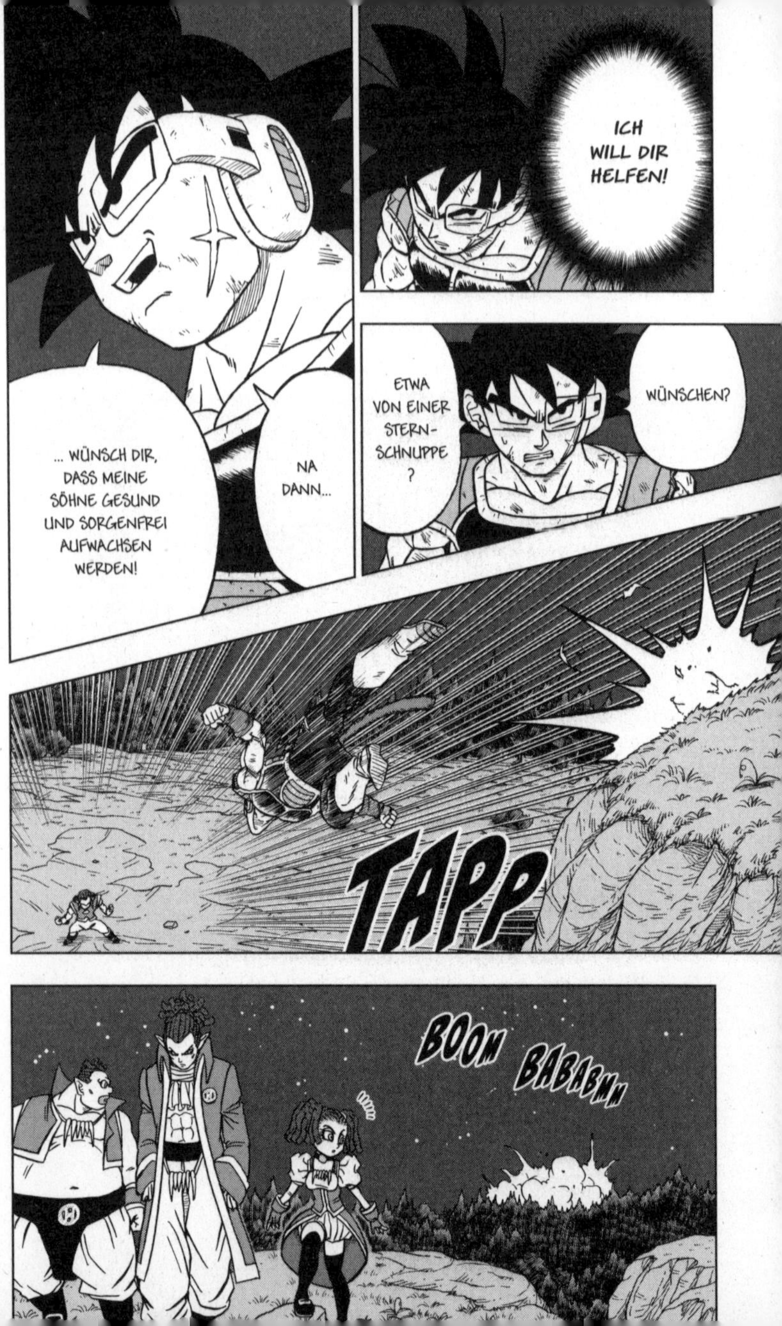
ICH WILL DIR HELFEN!
WÜNSCHEN?
ETWA VON EINER STERN-SCHNUPPE?
NA DANN...
... WÜNSCH DIR, DASS MEINE SÖHNE GESUND UND SORGENFREI AUFWACHSEN WERDEN!
TAPP
BOOM
BABABMM

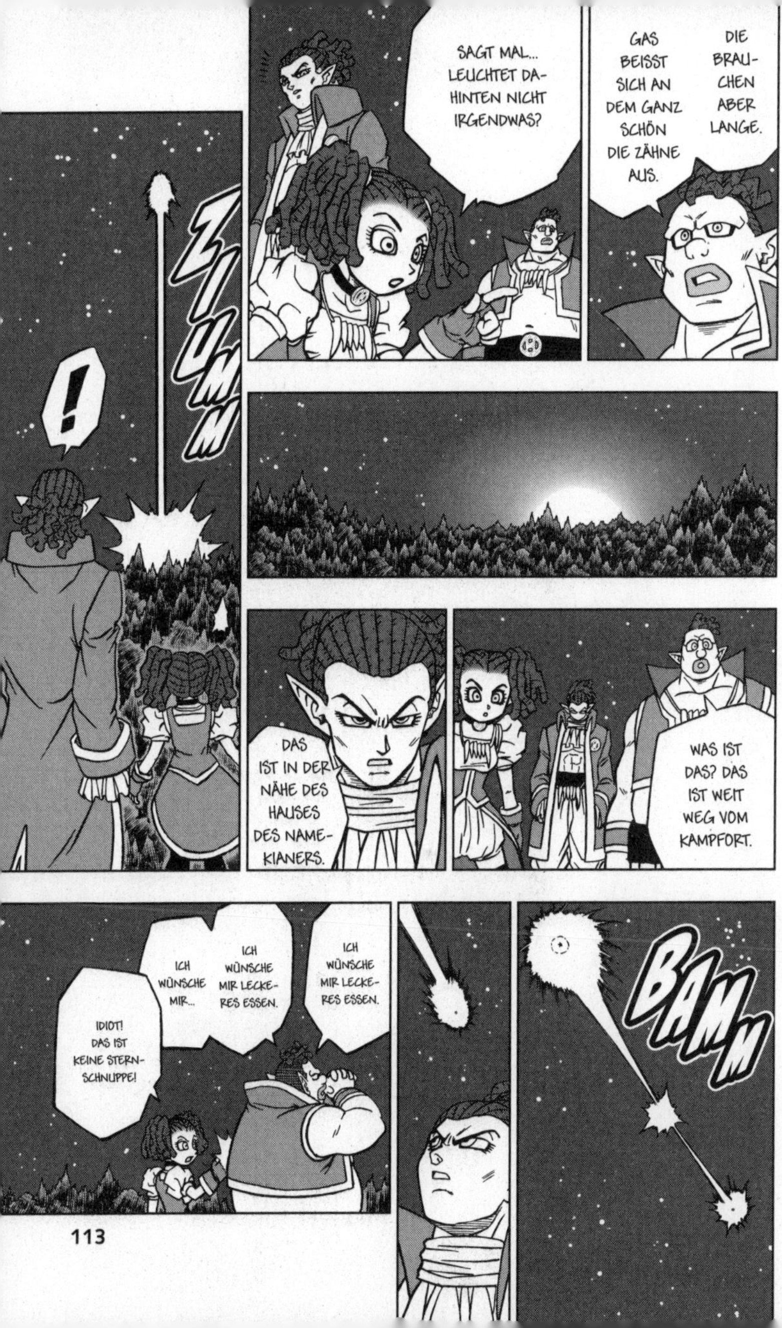
DIE BRAUCHEN ABER LANGE.
GAS BEISST SICH AN DEM GANZ SCHÖN DIE ZÄHNE AUS.
SAGT MAL... LEUCHTET DAHINTEN NICHT IRGENDWAS?
WAS IST DAS? DAS IST WEIT WEG VOM KAMPFORT.
DAS IST IN DER NÄHE DES HAUSES DES NAMEKIANERS.
ZIUUMM
!
BAMM
ICH WÜNSCHE MIR LECKERES ESSEN.
ICH WÜNSCHE MIR LECKERES ESSEN.
ICH WÜNSCHE MIR...
IDIOT! DAS IST KEINE STERNSCHNUPPE!

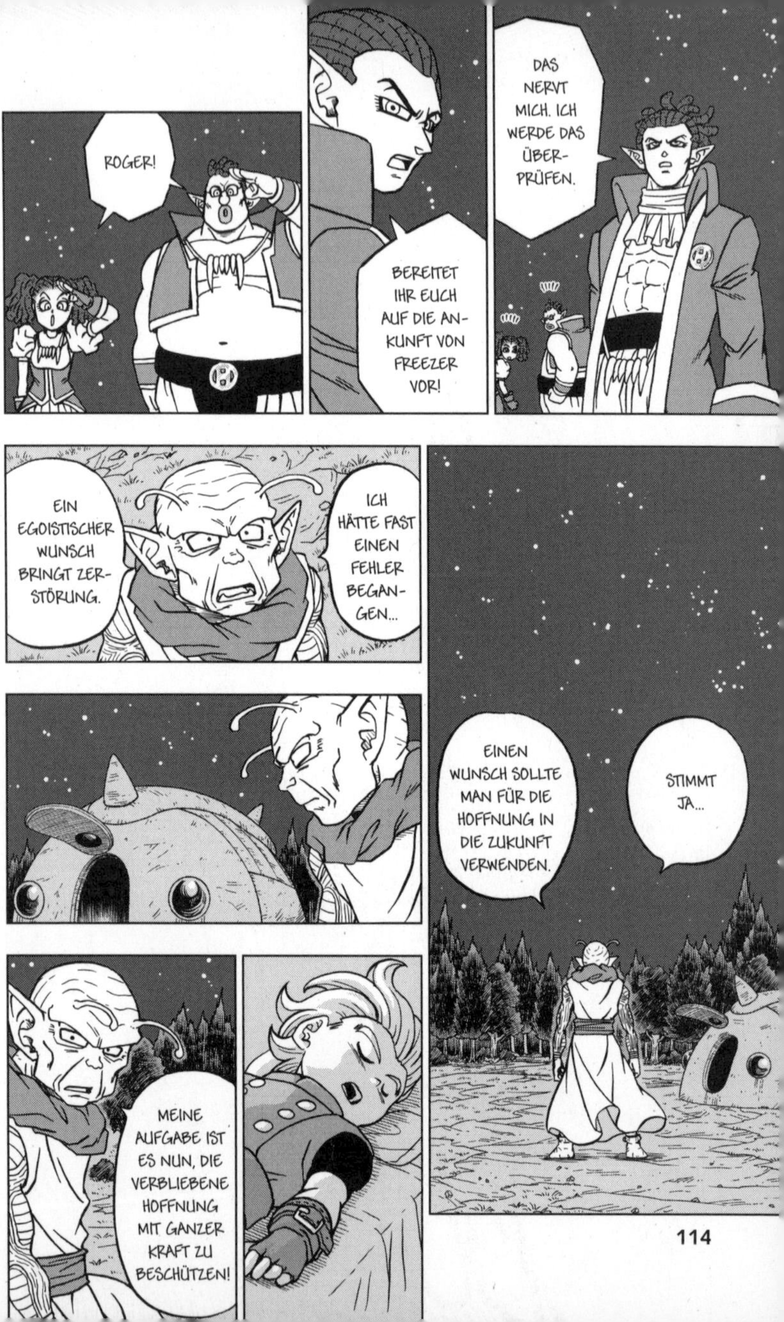

DAS NERVT MICH. ICH WERDE DAS ÜBERPRÜFEN.
BEREITET IHR EUCH AUF DIE ANKUNFT VON FREEZER VOR!
ROGER!
STIMMT JA...
EINEN WUNSCH SOLLTE MAN FÜR DIE HOFFNUNG IN DIE ZUKUNFT VERWENDEN.
ICH HÄTTE FAST EINEN FEHLER BEGANGEN...
EIN EGOISTISCHER WUNSCH BRINGT ZERSTÖRUNG.
MEINE AUFGABE IST ES NUN, DIE VERBLIEBENE HOFFNUNG MIT GANZER KRAFT ZU BESCHÜTZEN!

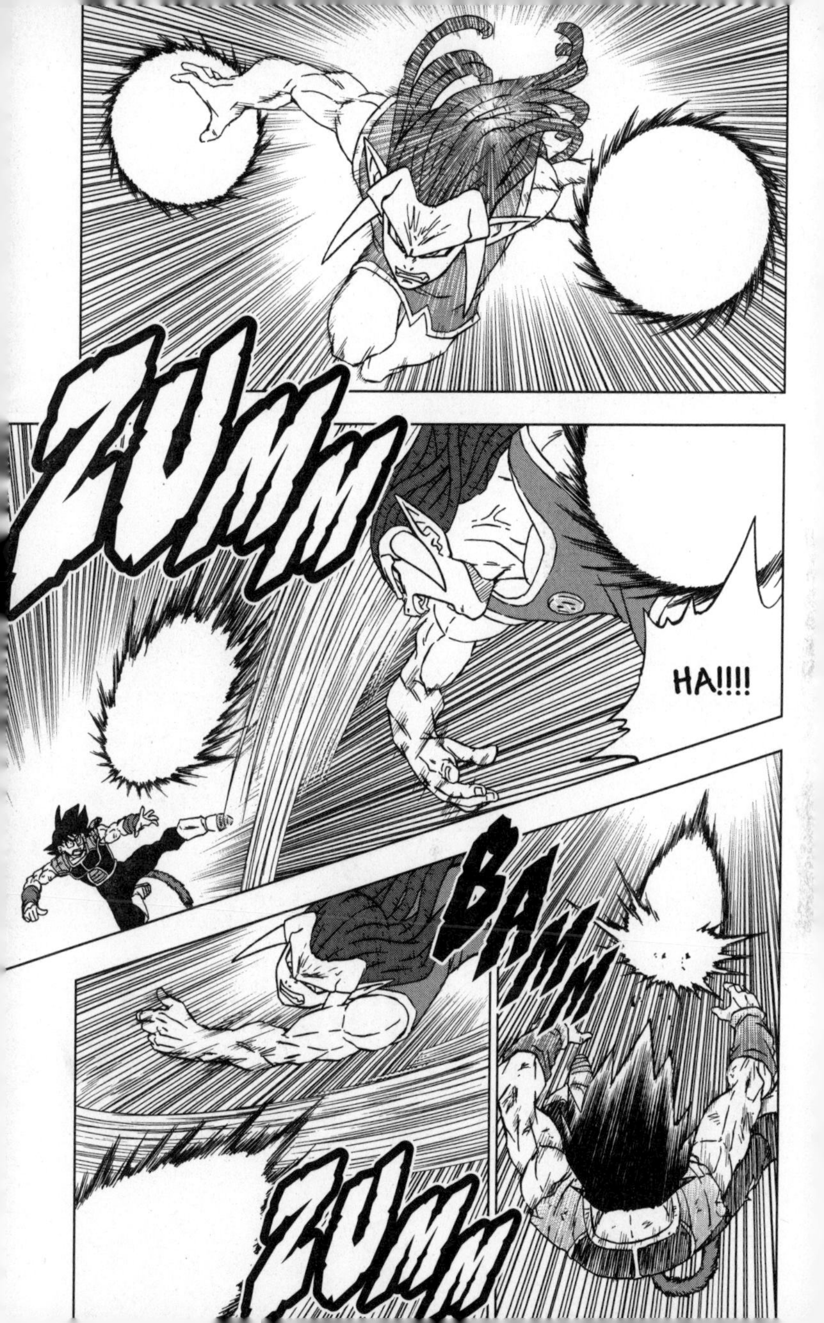
ZUMM
HA!!!!
BAMM
ZUMM

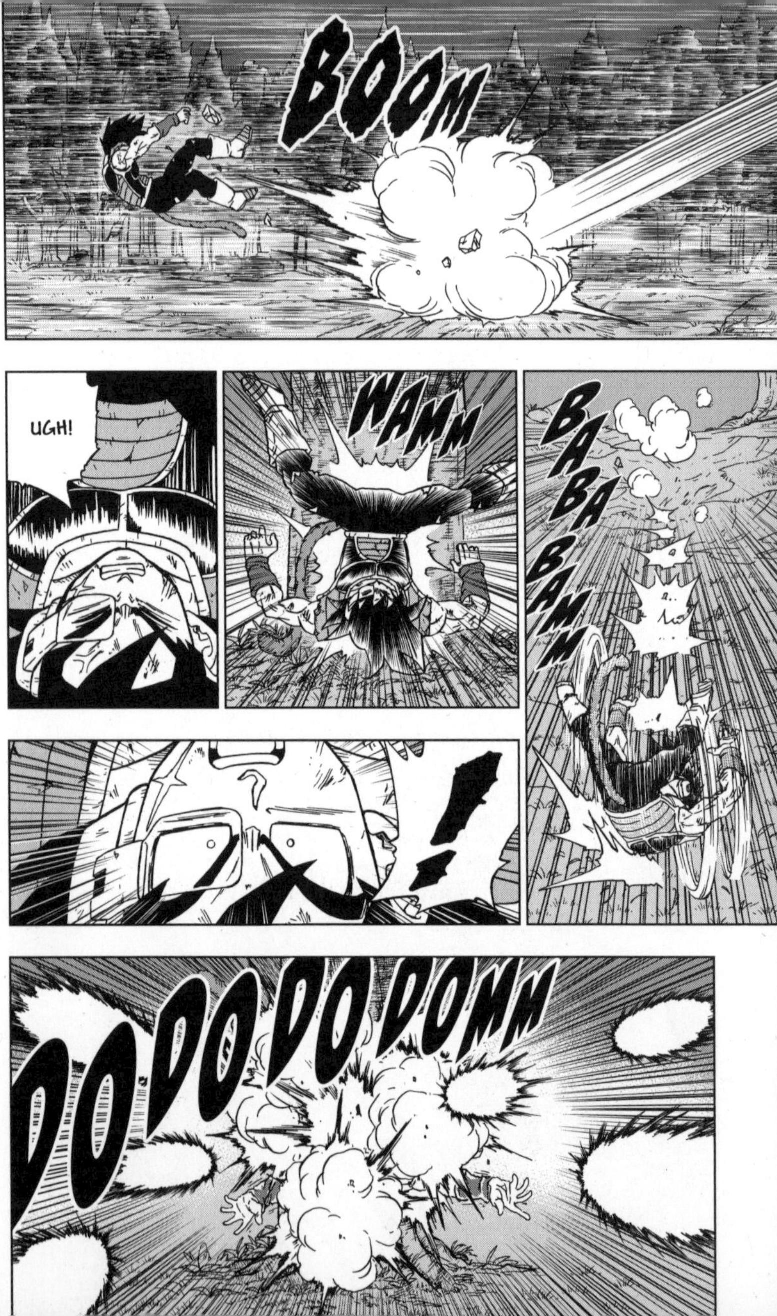
BOOM
BABABAMM
WAMM
UGH!
!
DODODODOMM

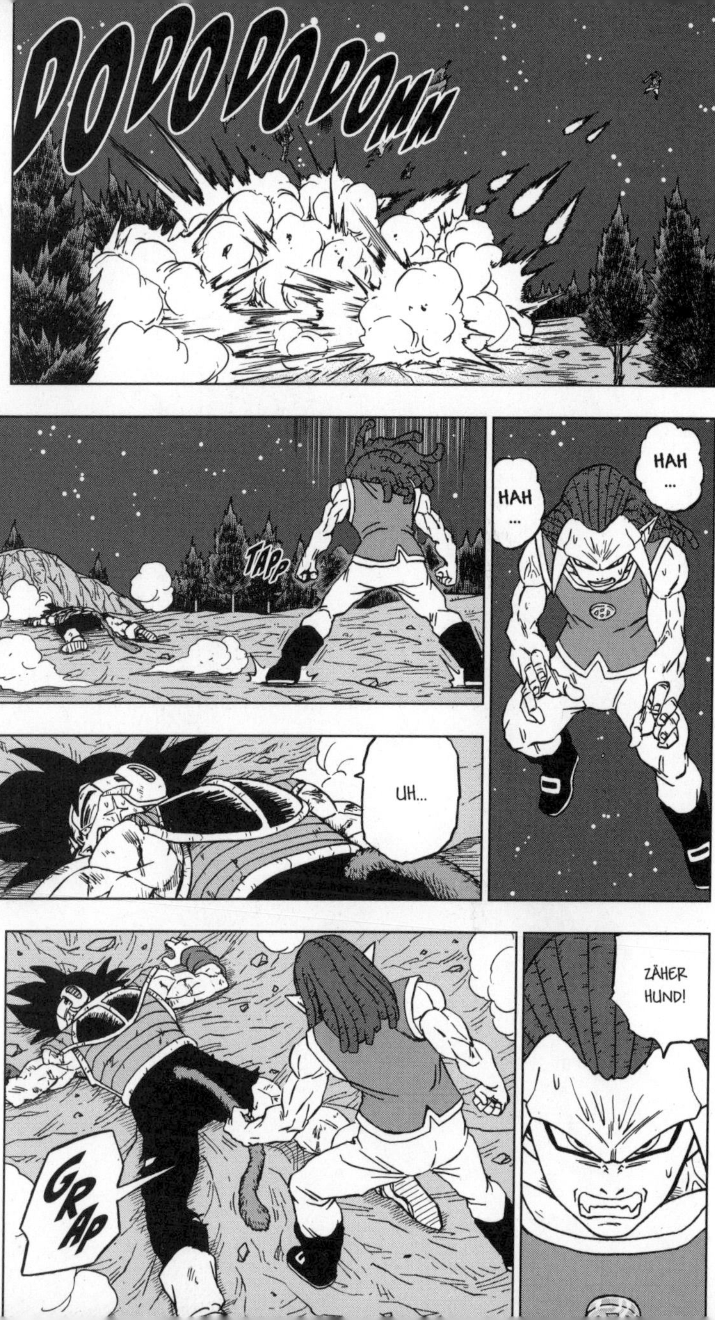
DODODODOMM
TAPP
HAH ...
HAH ...
UH...
GRAP
ZÄHER HUND!

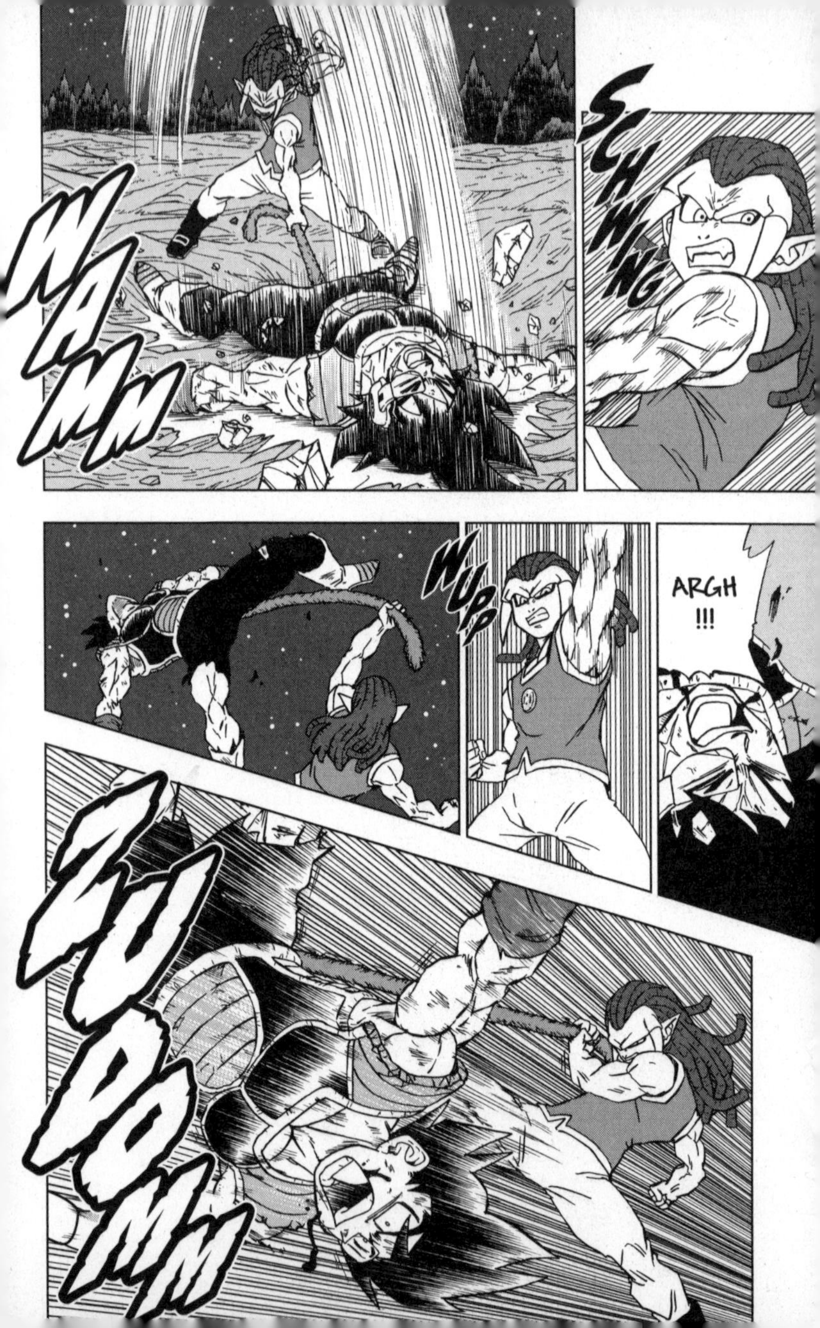
SCHWING
WAHAMMM
ARGH !!!
WUPP
ZUDOMM

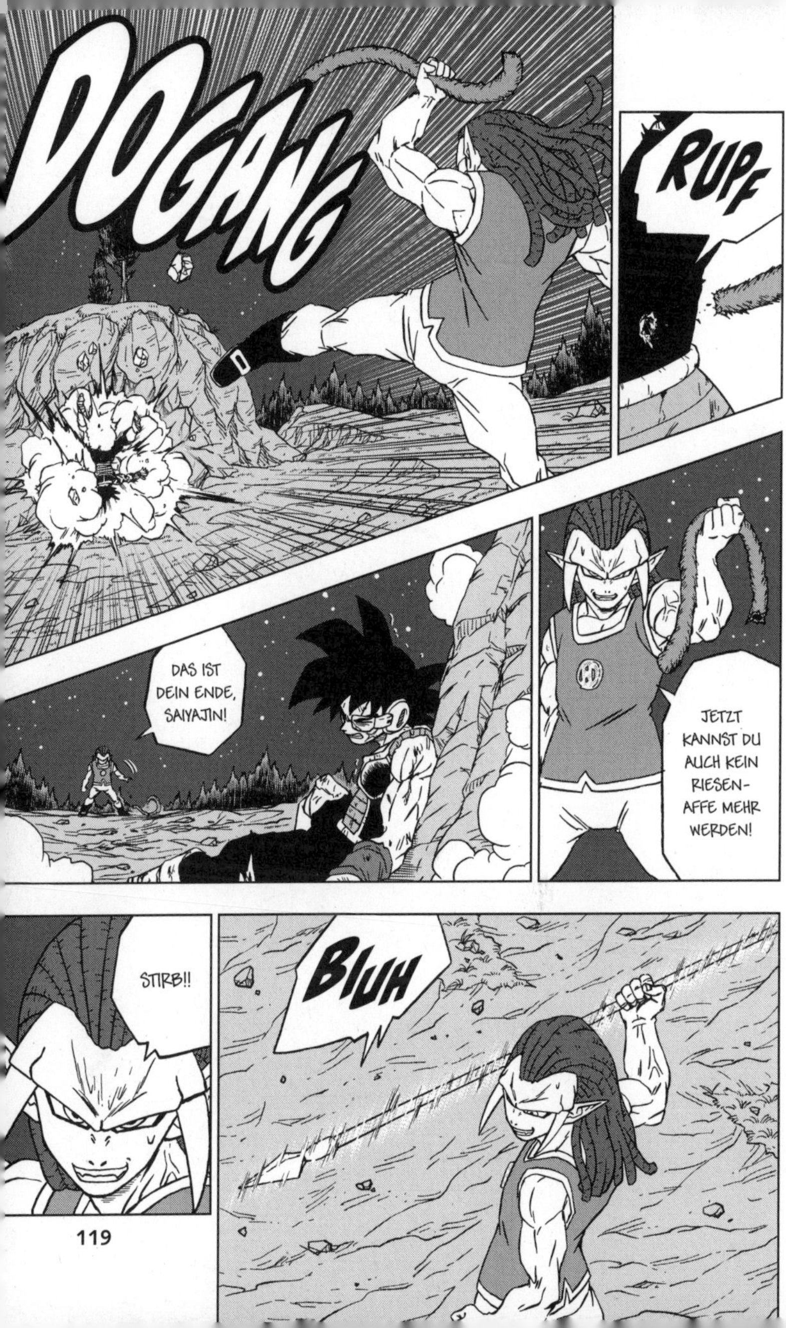
RUPF
DOGANG
JETZT KANNST DU AUCH KEIN RIESEN-AFFE MEHR WERDEN!
DAS IST DEIN ENDE, SAIYAJIN!
BIUH
STIRB!!

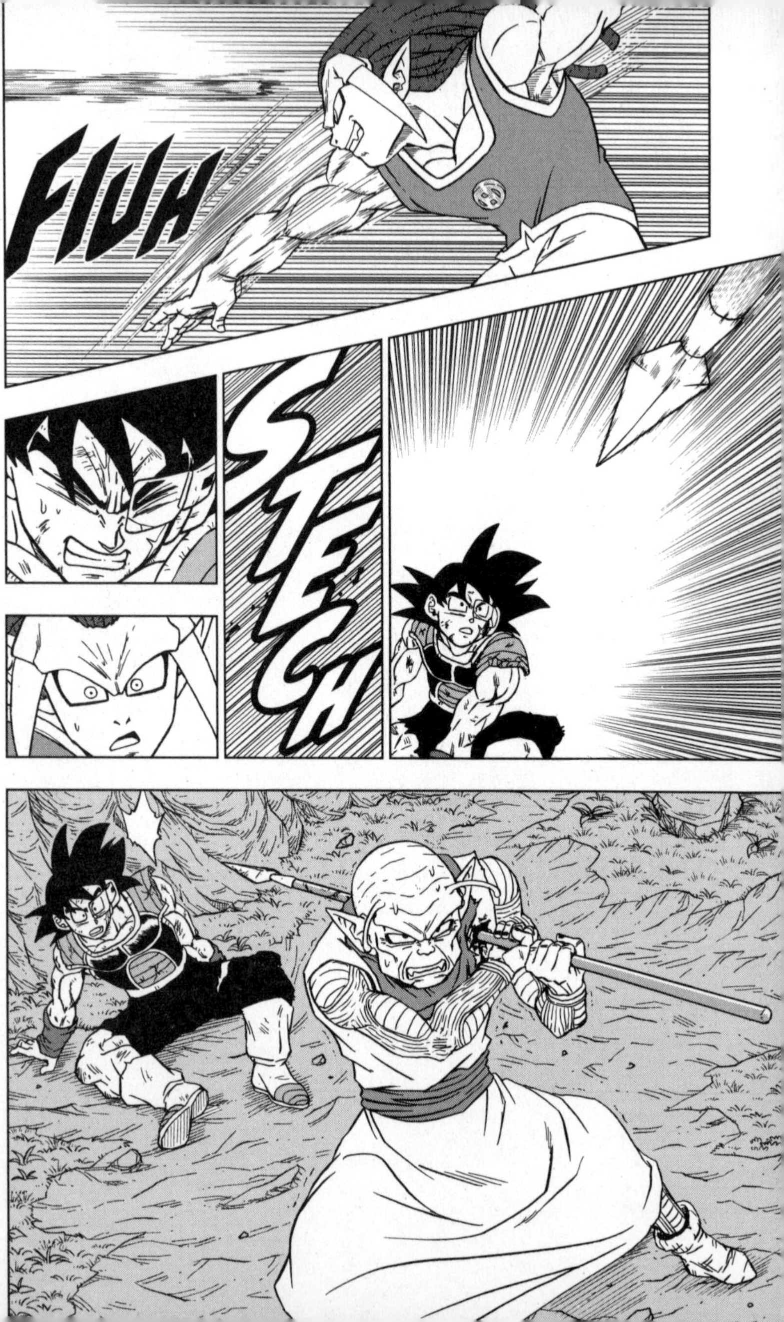
FLUH
STECH

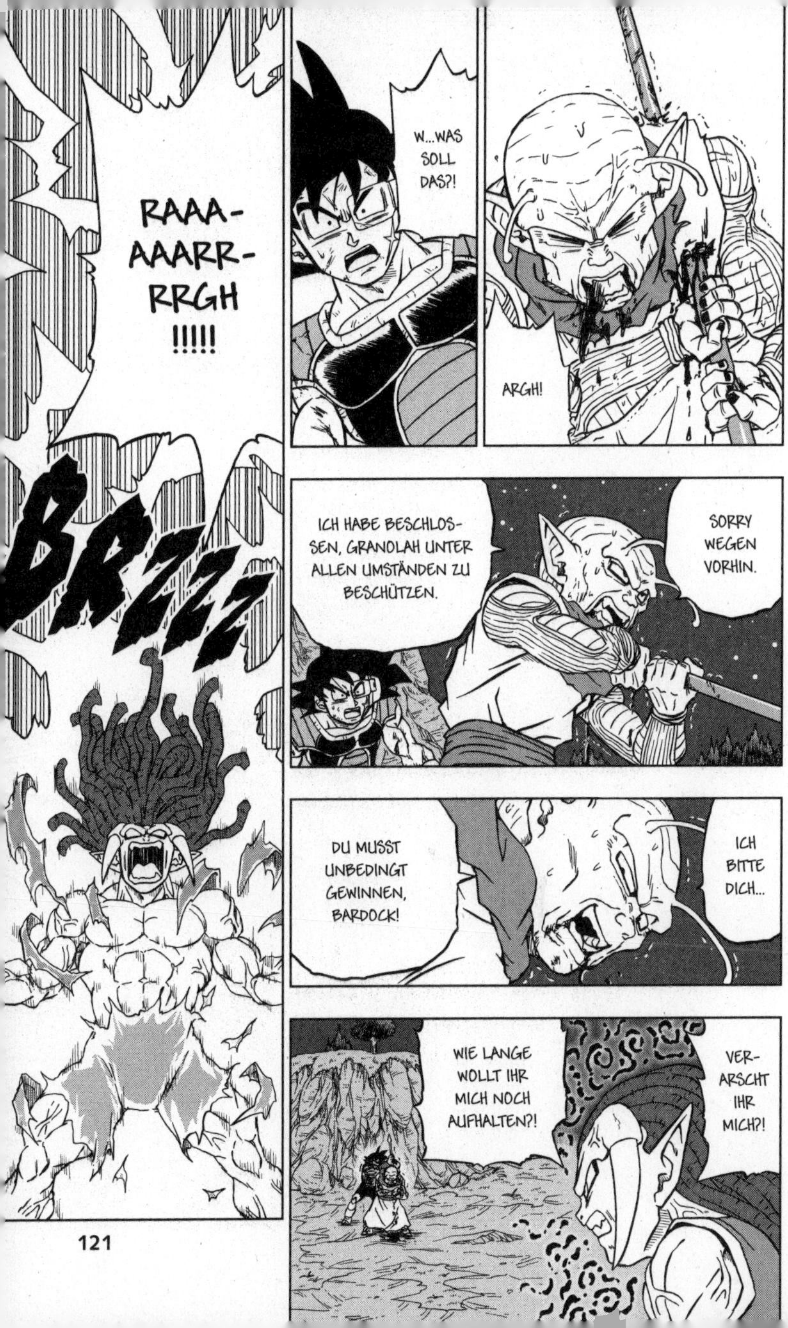
ARGH!
W...WAS SOLL DAS?!
SORRY WEGEN VORHIN.
ICH HABE BESCHLOSSEN, GRANOLAH UNTER ALLEN UMSTÄNDEN ZU BESCHÜTZEN.
ICH BITTE DICH...
DU MUSST UNBEDINGT GEWINNEN, BARDOCK!
VERARSCHT IHR MICH?!
WIE LANGE WOLLT IHR MICH NOCH AUFHALTEN?!
RAAAAAARRRRGH!!!!!
BRZZZ

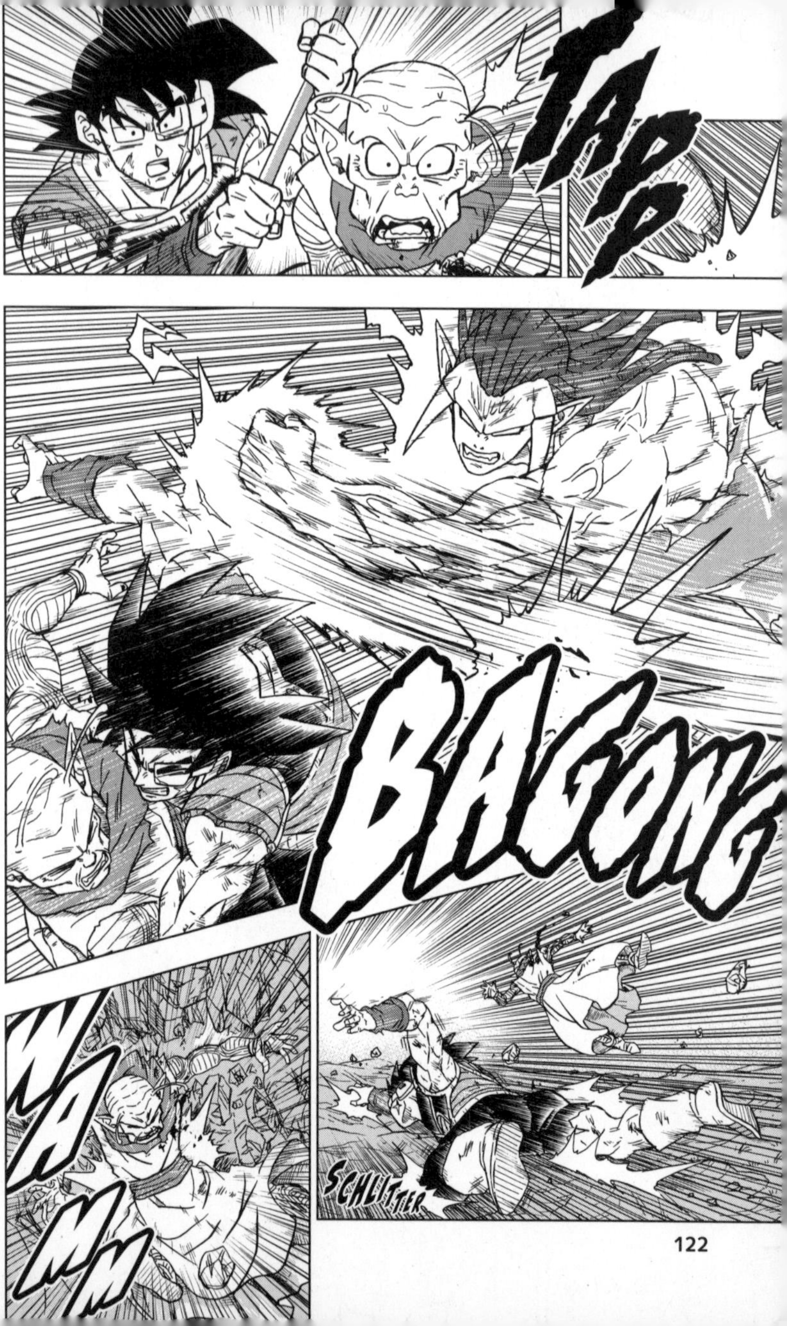
TAPP
SCHLITTER

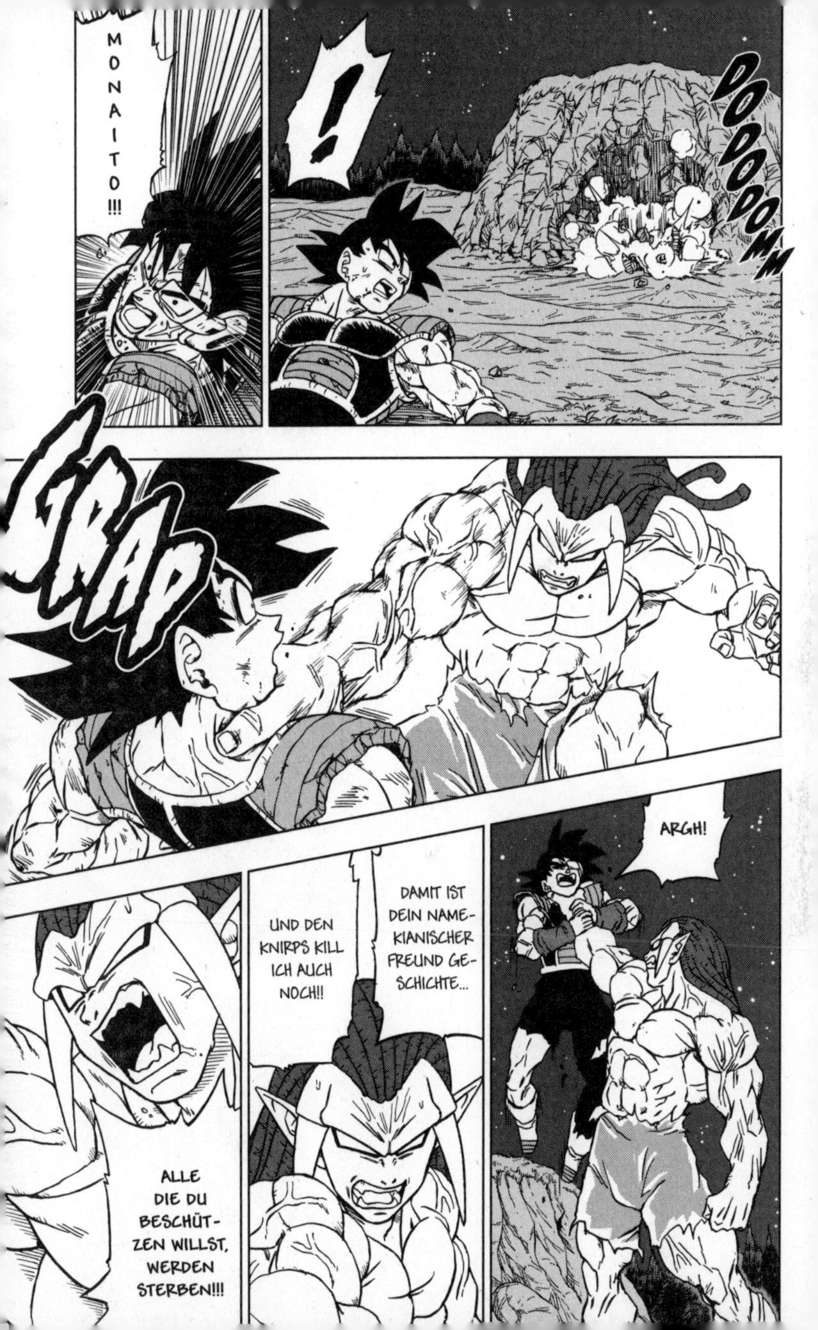

DODODOMM
!
MONAITO!!!
GRAP
ARGH!
DAMIT IST DEIN NAME-KIANISCHER FREUND GE-SCHICHTE...
UND DEN KNIRPS KILL ICH AUCH NOCH!!
ALLE DIE DU BESCHÜT-ZEN WILLST, WERDEN STERBEN!!!

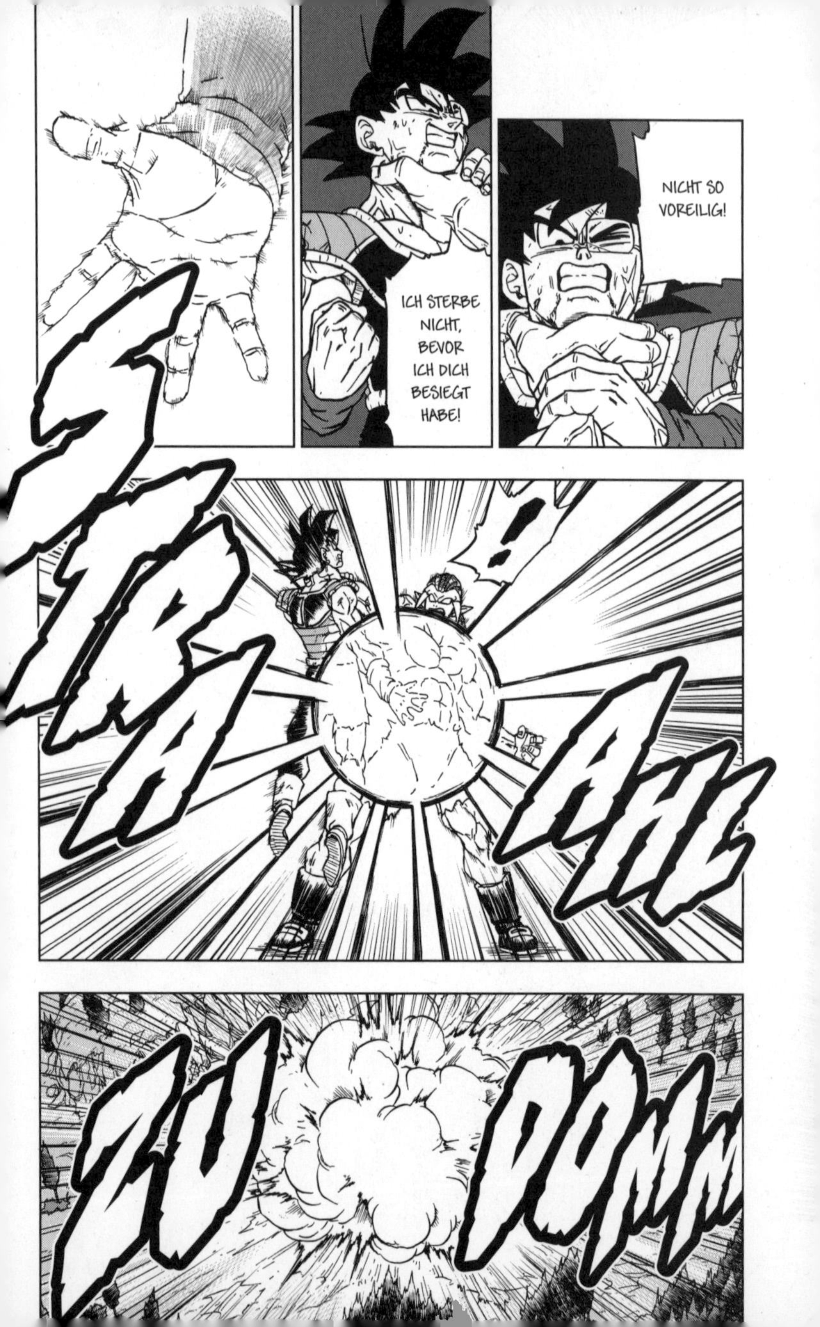
NICHT SO VOREILIG!
ICH STERBE NICHT, BEVOR ICH DICH BESIEGT HABE!

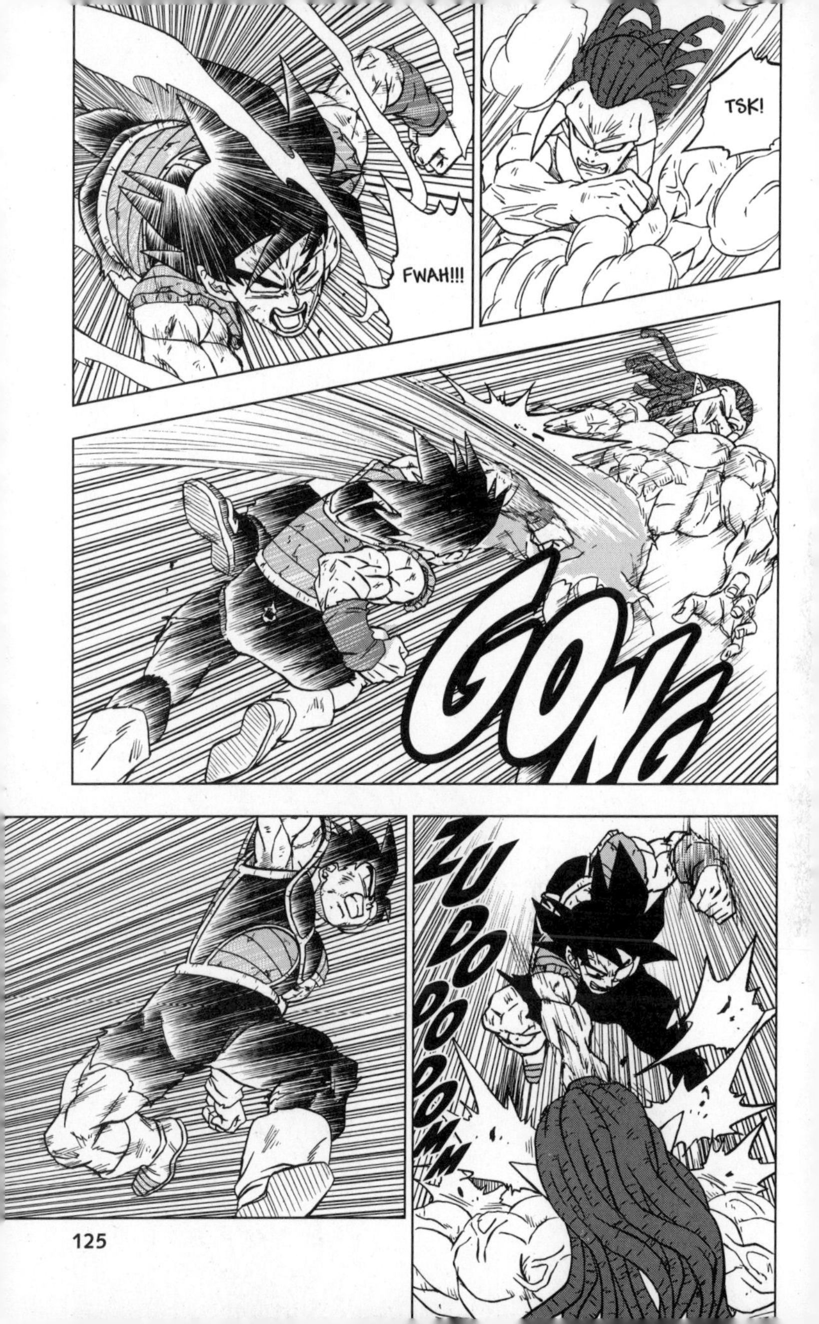
FWAH!!!
TSK!
GONG
ZUDODODOOMM

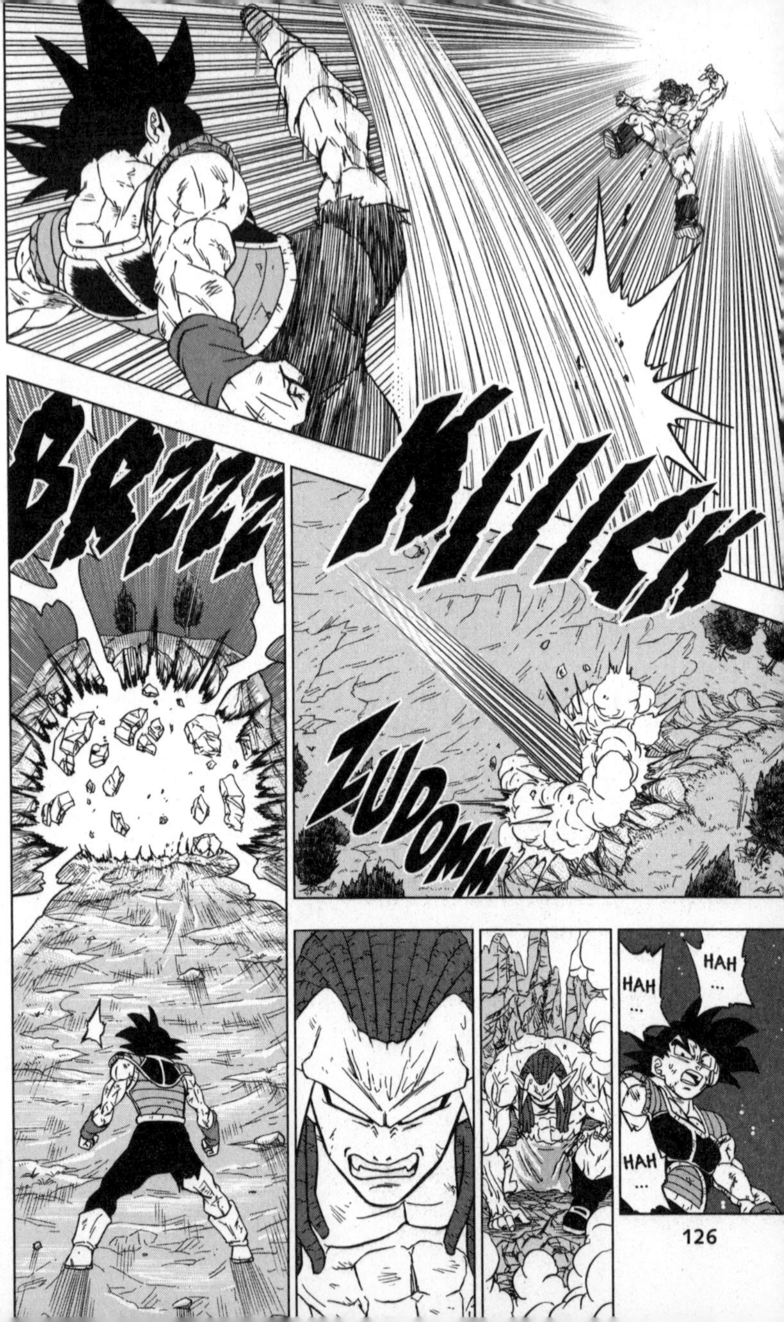
KLLICK
BRZZZ
ZUDOMM
HAH ...
HAH ...
HAH ...

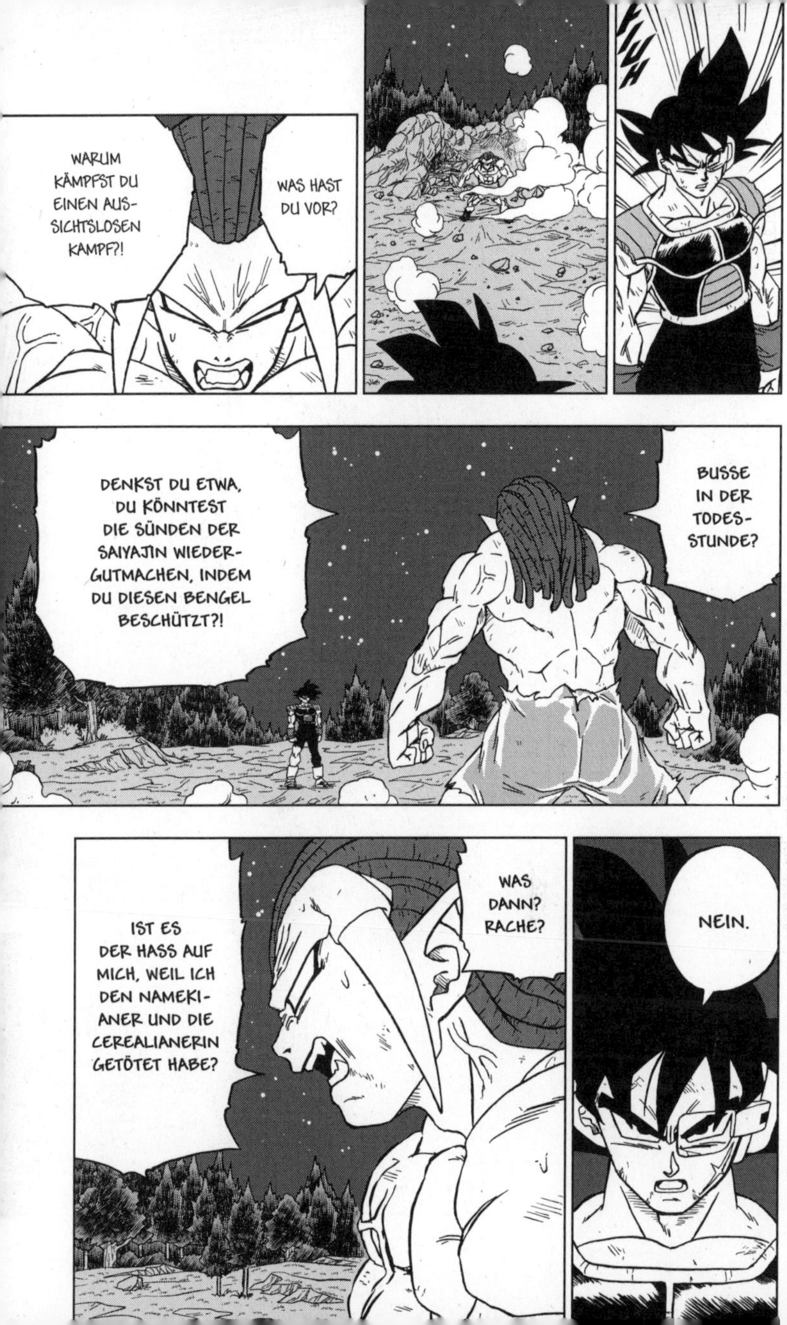
VUUH
WAS HAST DU VOR?
WARUM KÄMPFST DU EINEN AUS-SICHTSLOSEN KAMPF?!
BUSSE IN DER TODES-STUNDE?
DENKST DU ETWA, DU KÖNNTEST DIE SÜNDEN DER SAIYAJIN WIEDER-GUTMACHEN, INDEM DU DIESEN BENGEL BESCHÜTZT?!
NEIN.
WAS DANN? RACHE?
IST ES DER HASS AUF MICH, WEIL ICH DEN NAMEKI-ANER UND DIE CEREALIANERIN GETÖTET HABE?

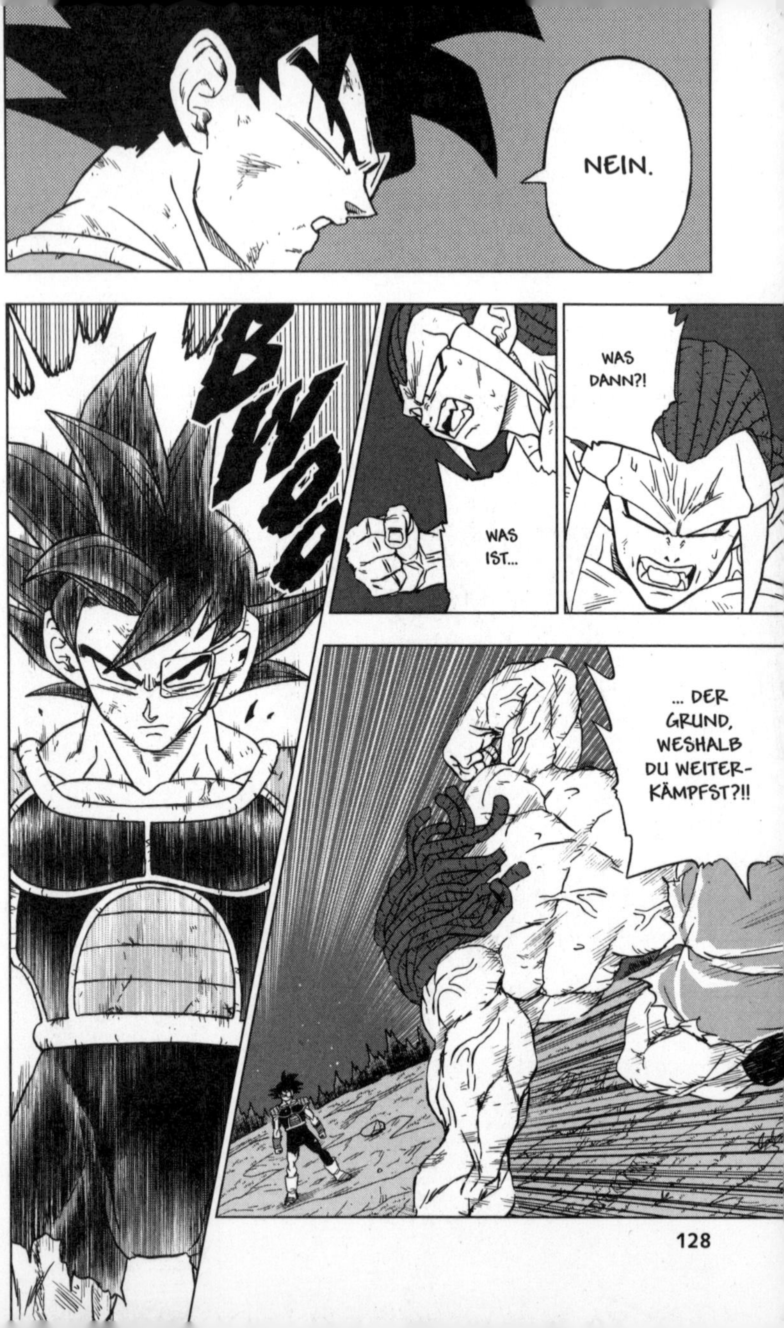
NEIN.
WAS DANN?!
WAS IST...
... DER GRUND, WESHALB DU WEITER-KÄMPFST?!!

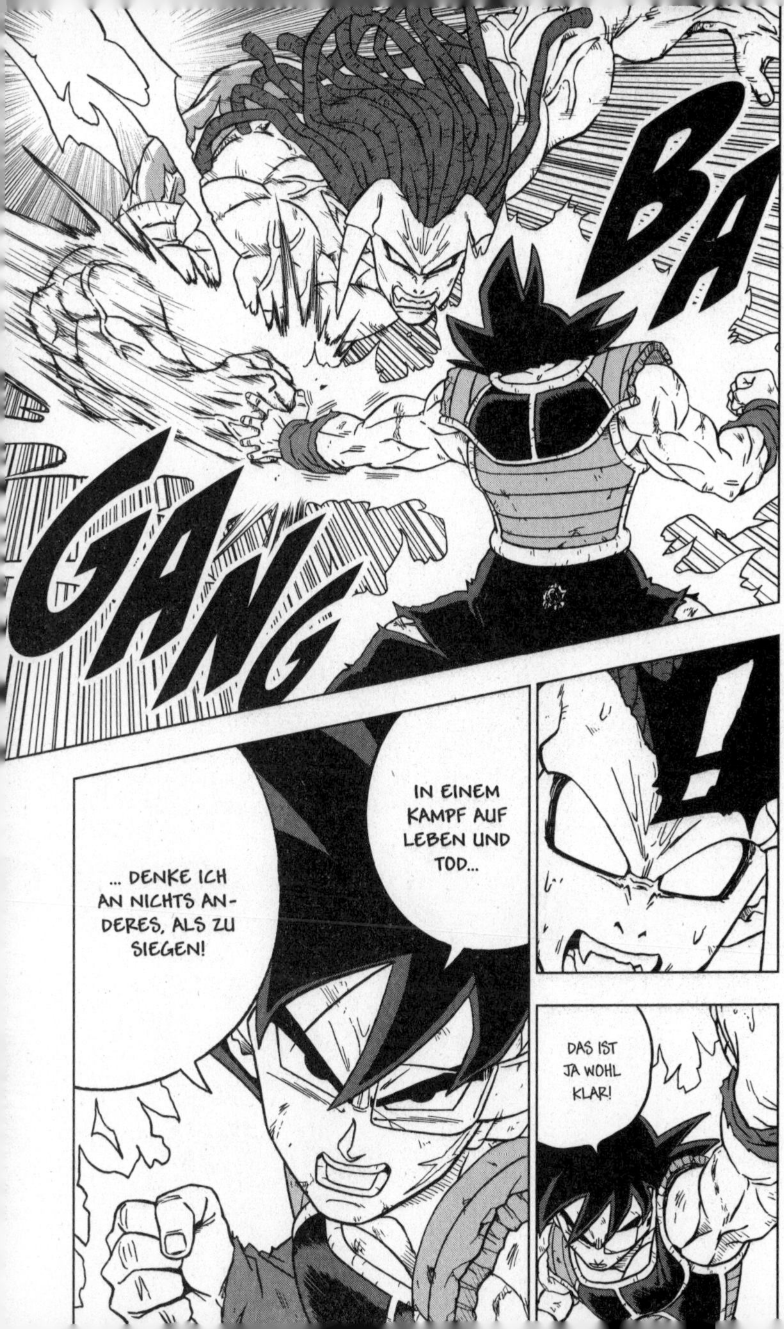
BA
GANG
!
IN EINEM KAMPF AUF LEBEN UND TOD...
... DENKE ICH AN NICHTS ANDERES, ALS ZU SIEGEN!
DAS IST JA WOHL KLAR!

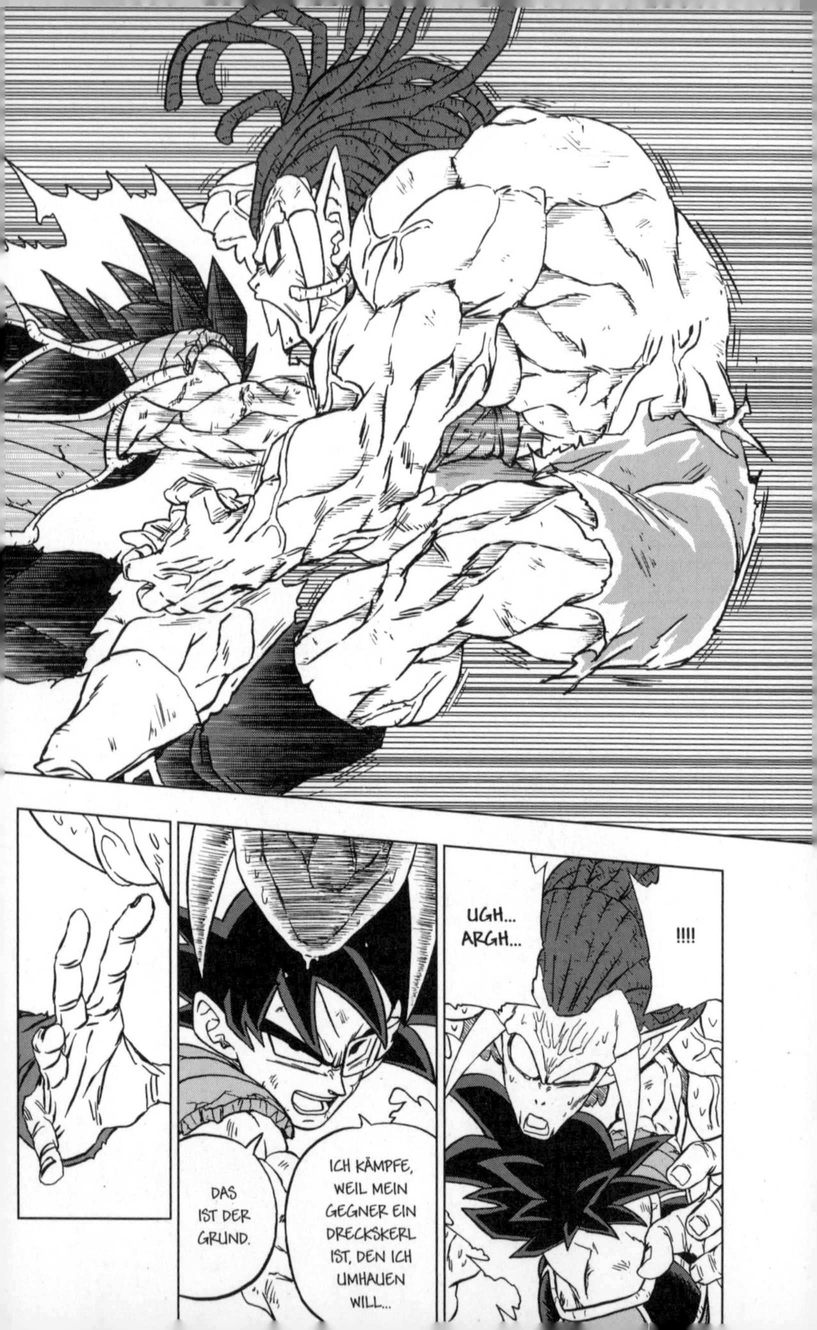
!!!!
UGH... ARGH...
ICH KÄMPFE, WEIL MEIN GEGNER EIN DRECKSKERL IST, DEN ICH UMHAUEN WILL...
DAS IST DER GRUND.

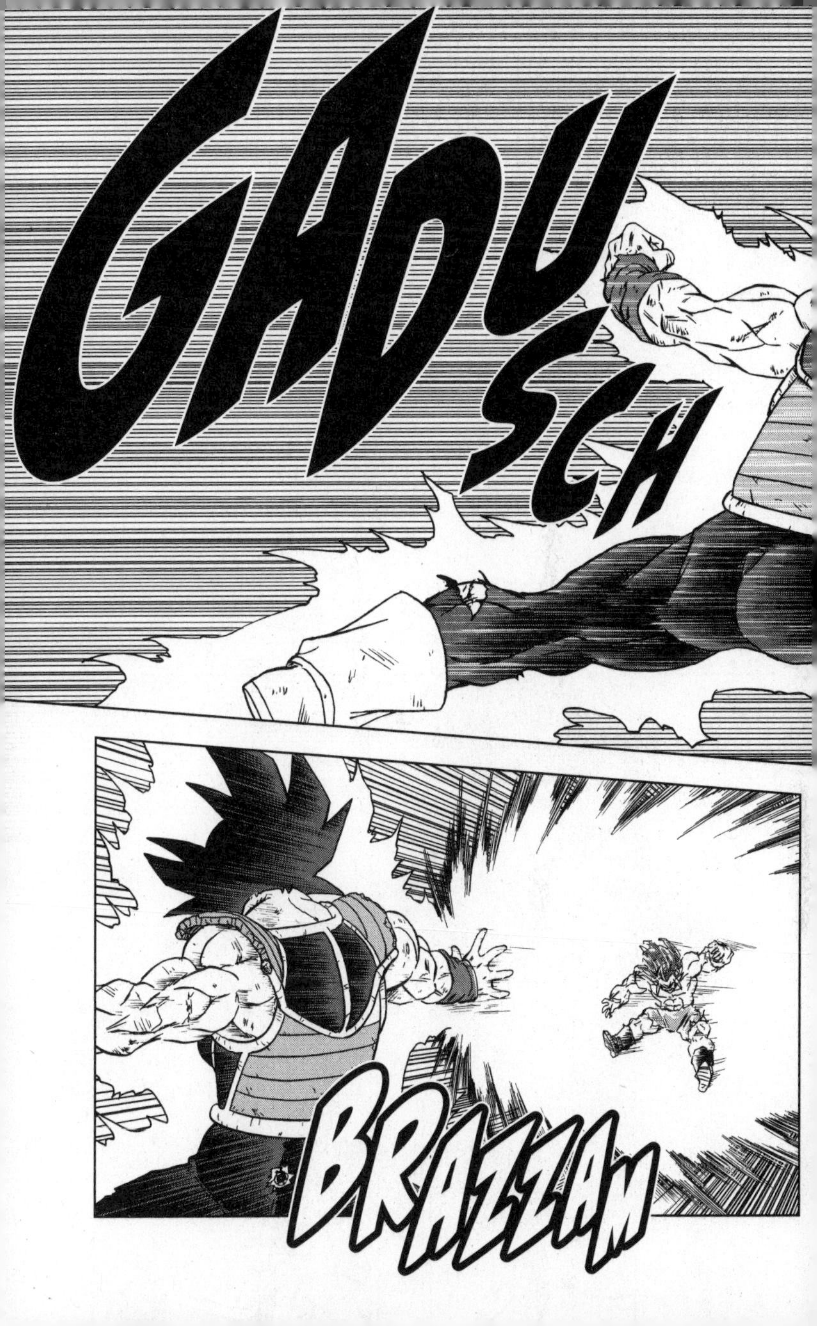
GADUSCH
BRAZZAM

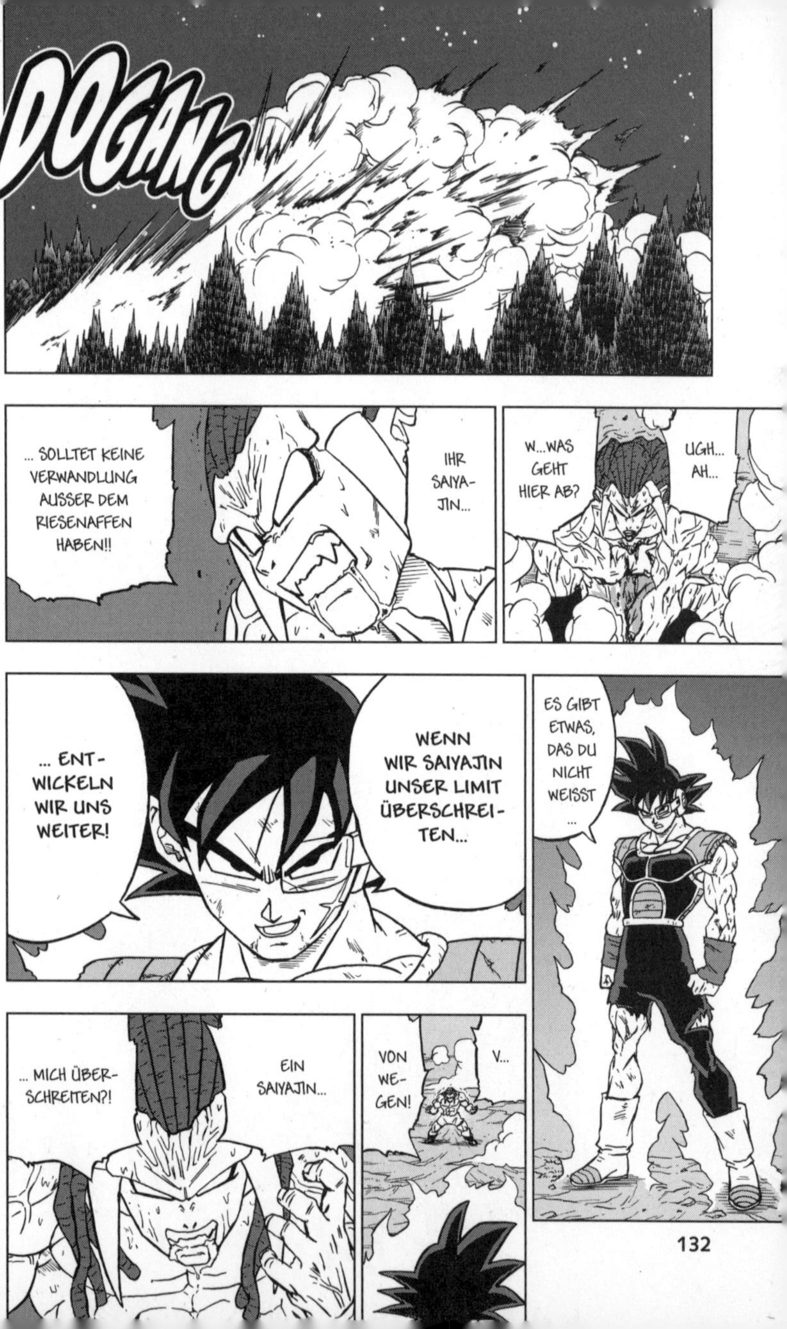
DOGANG
UGH... AH...
W...WAS GEHT HIER AB?
IHR SAIYA-JIN...
... SOLLTET KEINE VERWANDLUNG AUSSER DEM RIESENAFFEN HABEN!!
ES GIBT ETWAS, DAS DU NICHT WEISST ...
WENN WIR SAIYAJIN UNSER LIMIT ÜBERSCHREI-TEN...
... ENT-WICKELN WIR UNS WEITER!
V...
VON WE-GEN!
EIN SAIYAJIN...
... MICH ÜBER-SCHREITEN?!

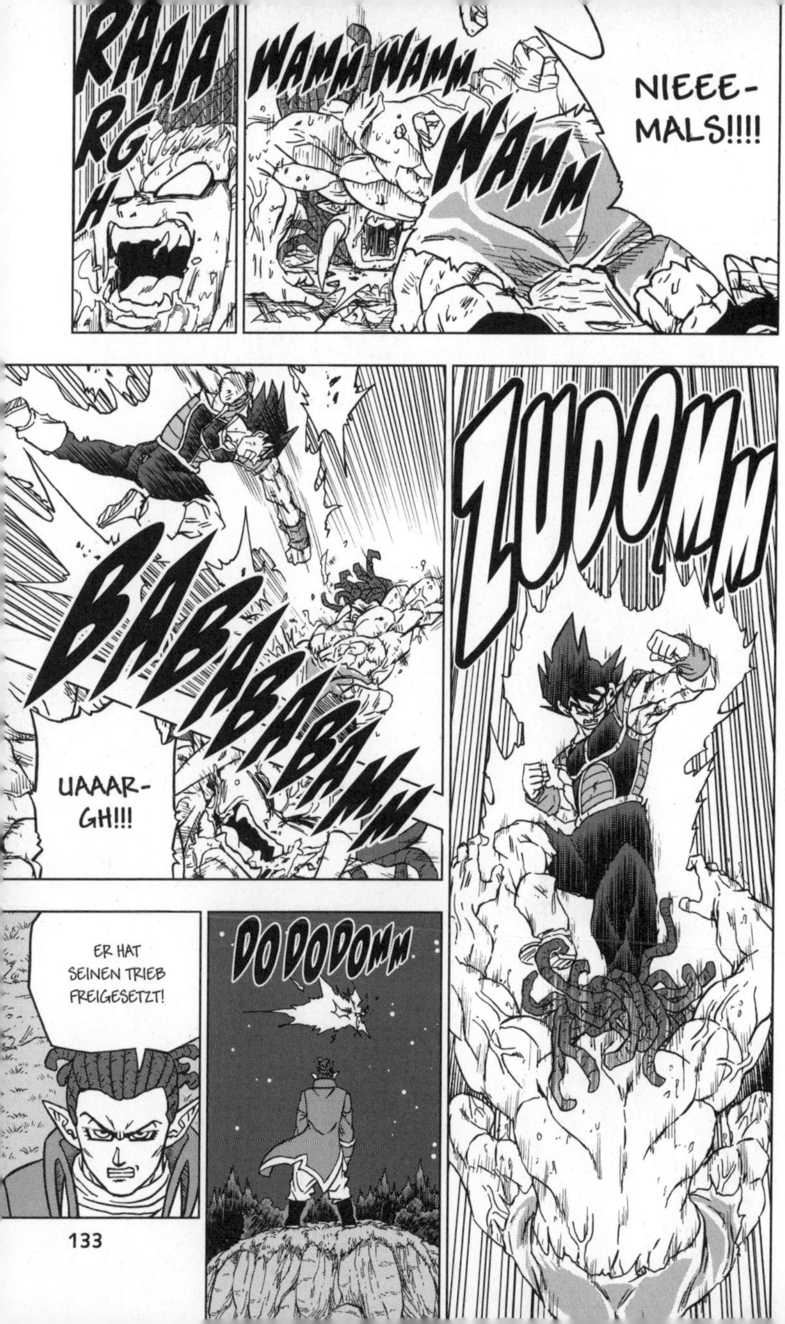
NIEEE-
MALS!!!!
WAMM WAMM
WAMM WAMM
RAAARRGH
ZUDOMM
BABABABABAMM
UAAAR-
GH!!!
DODODOMM
ER HAT
SEINEN TRIEB
FREIGESETZT!

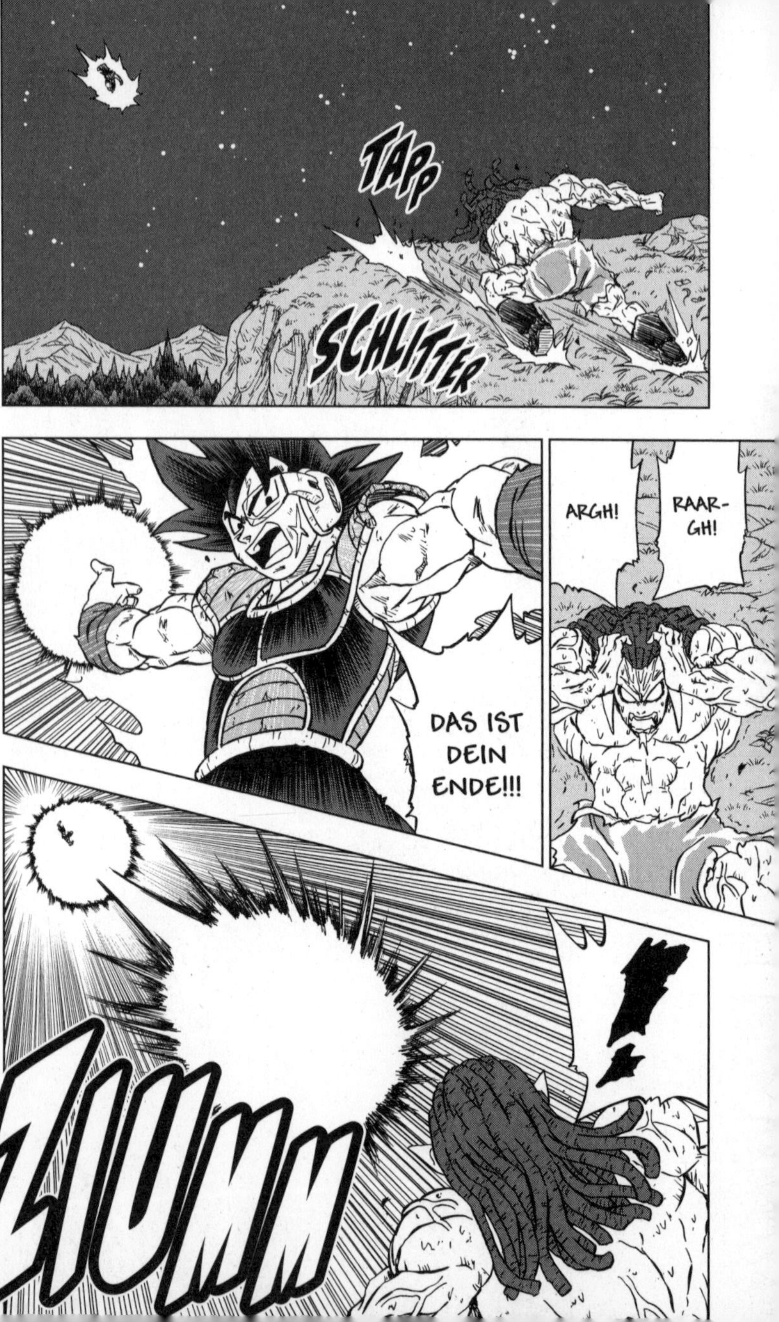
TAPP
SCHLITTER
RAAR-GH!
ARGH!
DAS IST DEIN ENDE!!!
ZOOMM

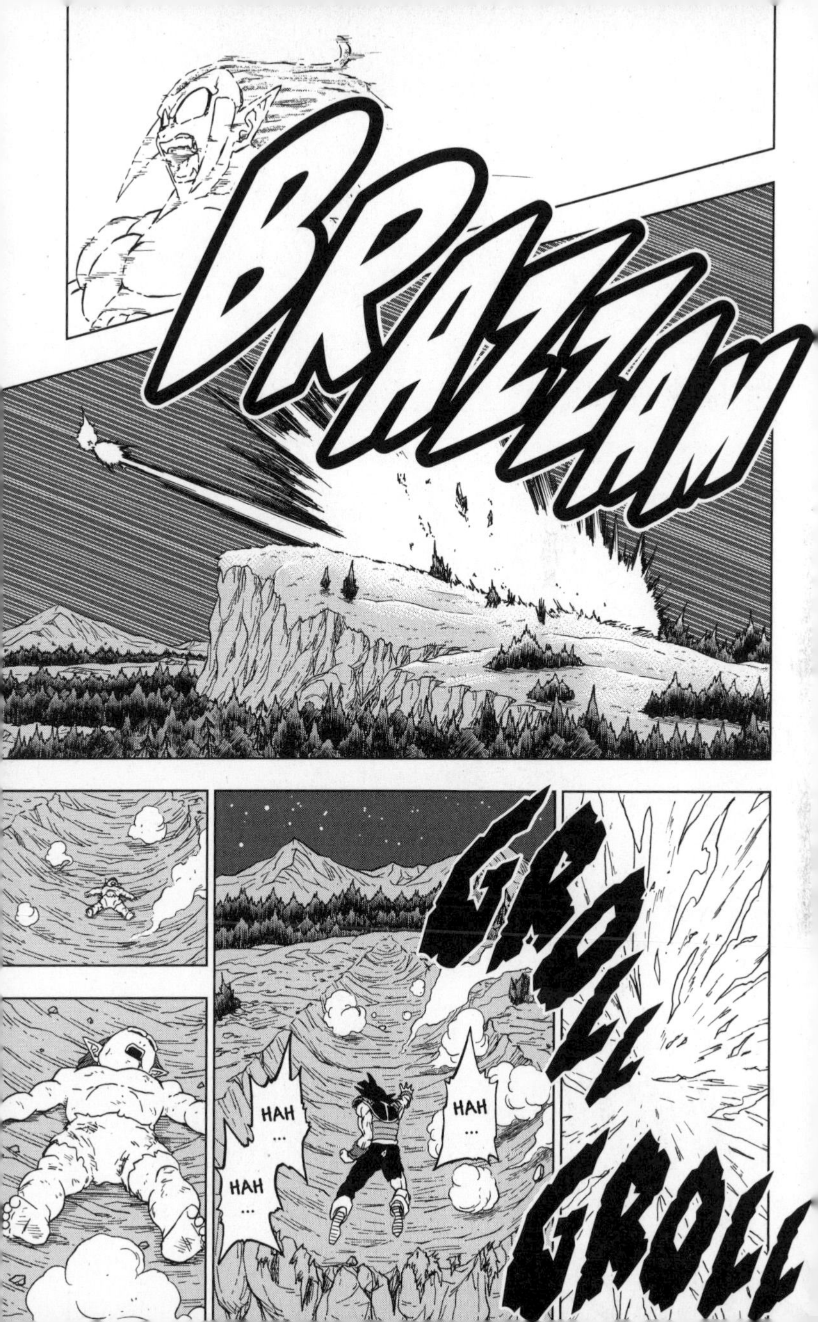
BRAZZAM
HAH ...
HAH ...
HAH ...
GROLL

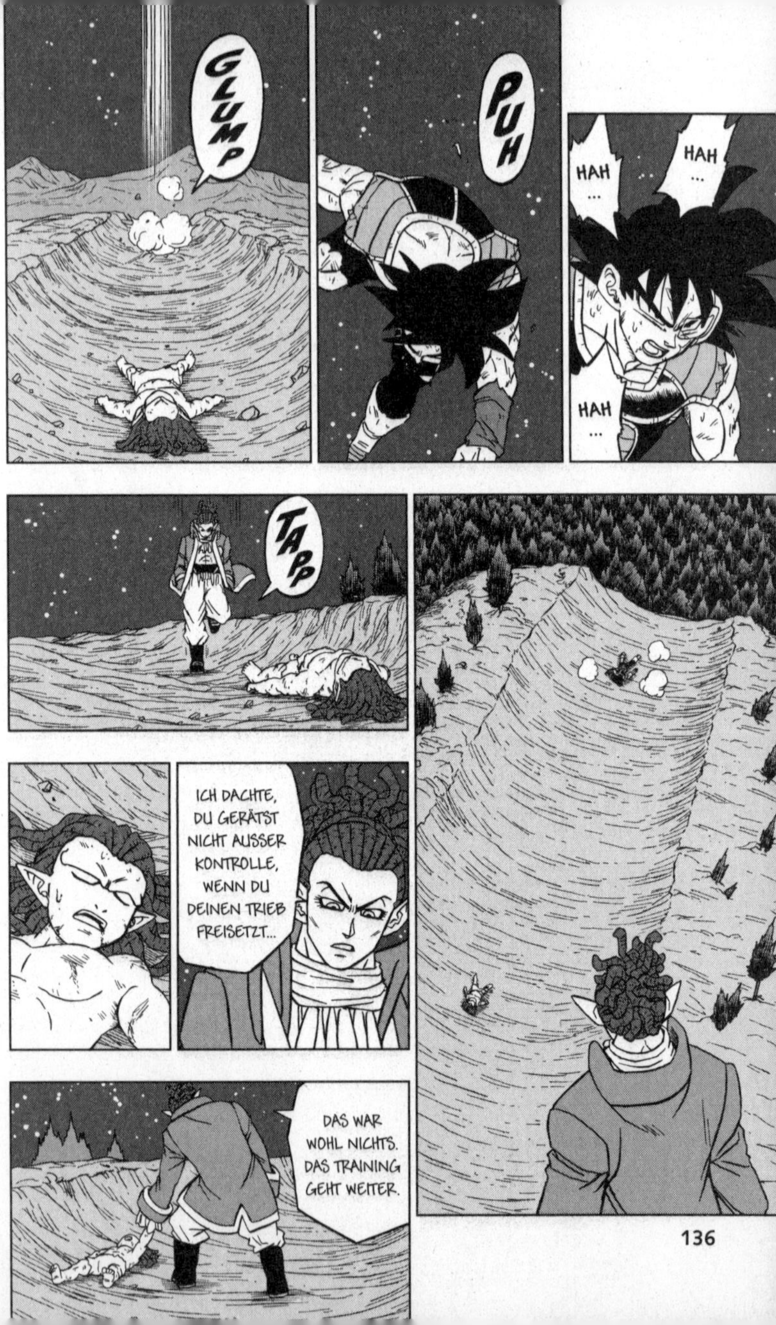
HAH ...
HAH ...
HAH ...
PUH
GLUMP
TAPP
ICH DACHTE, DU GERÄTST NICHT AUSSER KONTROLLE, WENN DU DEINEN TRIEB FREISETZT...
DAS WAR WOHL NICHTS. DAS TRAINING GEHT WEITER.

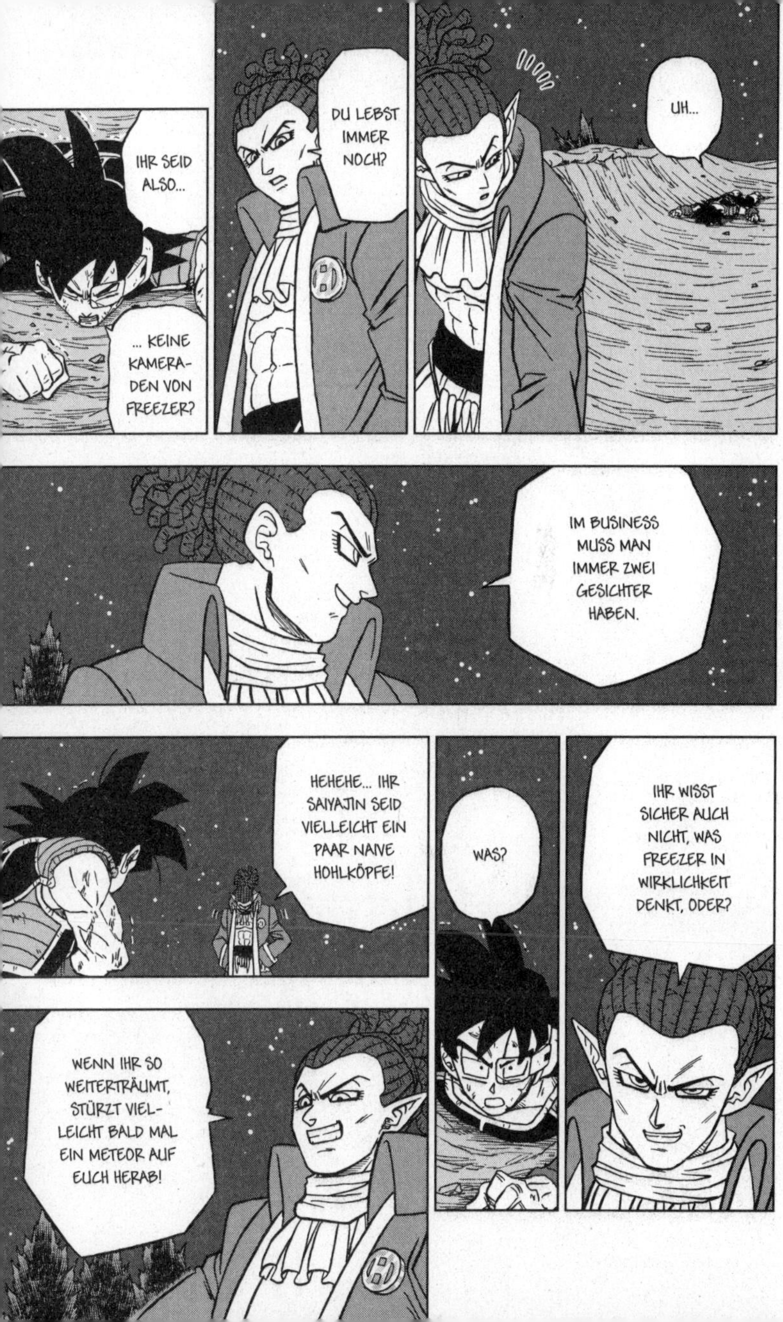

UH...
DU LEBST IMMER NOCH?
IHR SEID ALSO...
... KEINE KAMERA-DEN VON FREEZER?
IM BUSINESS MUSS MAN IMMER ZWEI GESICHTER HABEN.
IHR WISST SICHER AUCH NICHT, WAS FREEZER IN WIRKLICHKEIT DENKT, ODER?
WAS?
HEHEHE... IHR SAIYAJIN SEID VIELLEICHT EIN PAAR NAIVE HOHLKÖPFE!
WENN IHR SO WEITERTRÄUMT, STÜRZT VIEL-LEICHT BALD MAL EIN METEOR AUF EUCH HERAB!

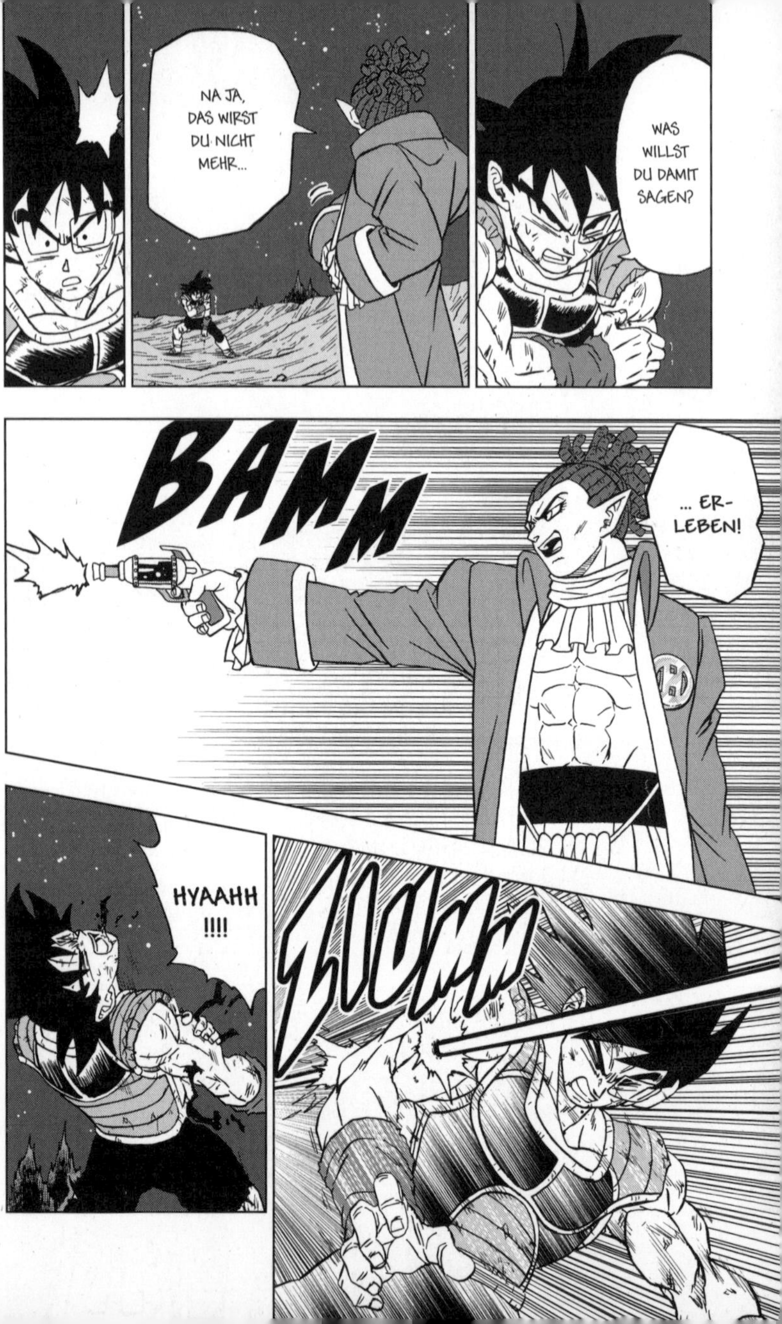
WAS WILLST DU DAMIT SAGEN?
NA JA, DAS WIRST DU NICHT MEHR...
... ER-LEBEN!
BAMM
HYAAHH !!!!
ZOOMM

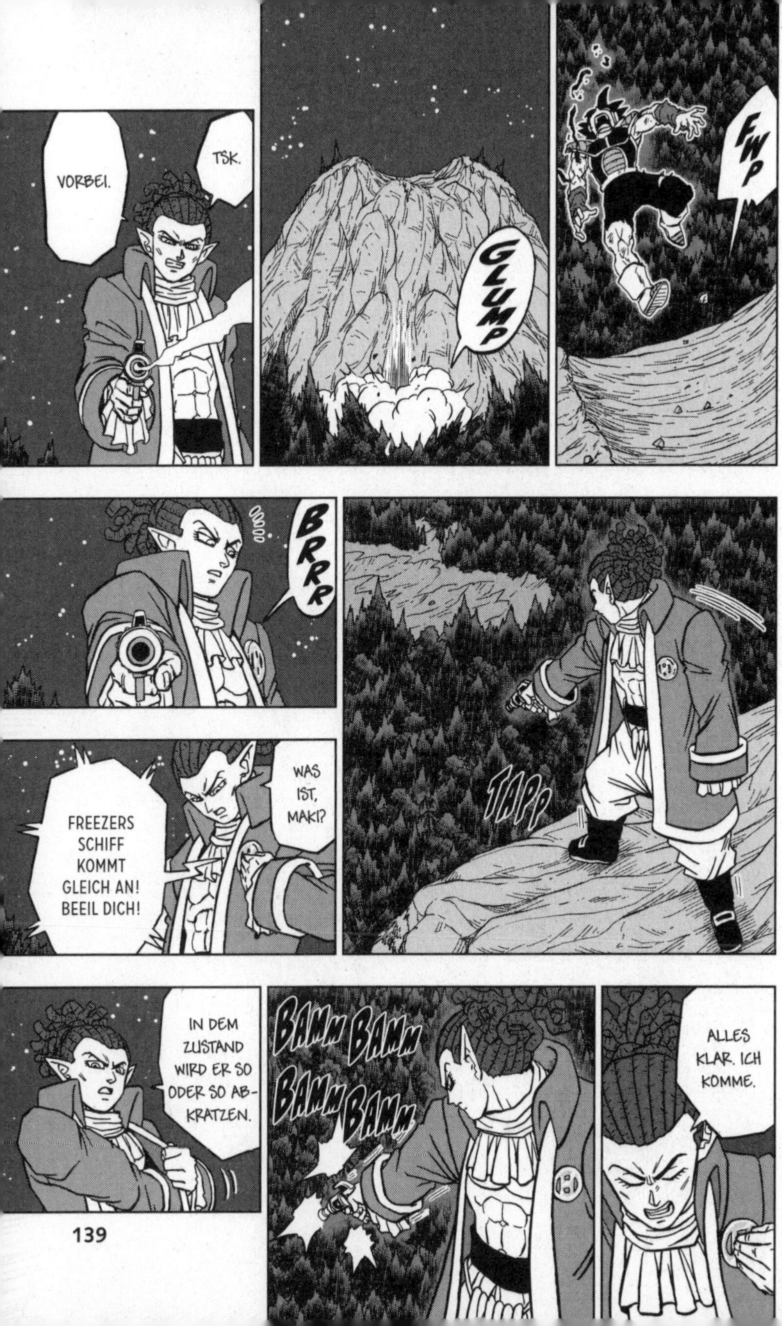
FWP
GLUMP
TSK.
VORBEI.
TAPP
BRRR
WAS IST, MAKI?
FREEZERS SCHIFF KOMMT GLEICH AN! BEEIL DICH!
ALLES KLAR. ICH KOMME.
BAMM BAMM BAMM BAMM
IN DEM ZUSTAND WIRD ER SO ODER SO AB-KRATZEN.

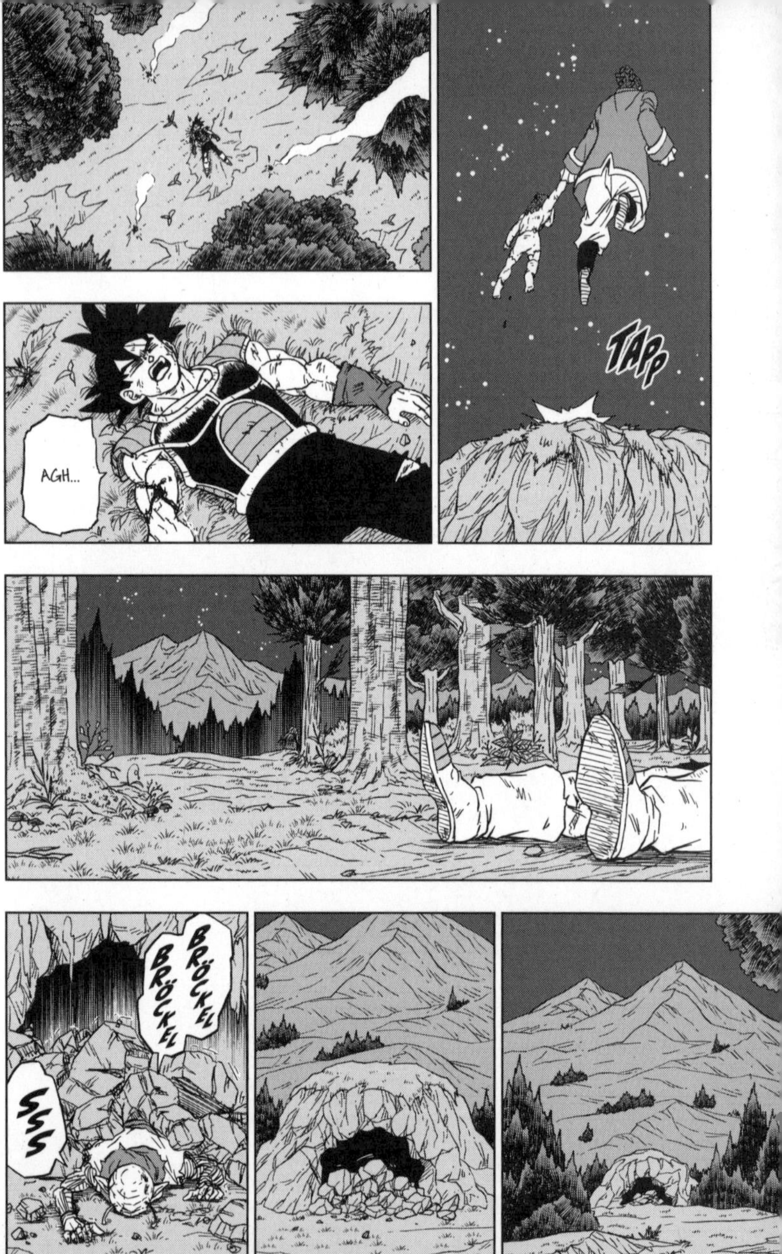
AGH...
TAPP
BRÖCKEL
BRÖCKEL
SSS

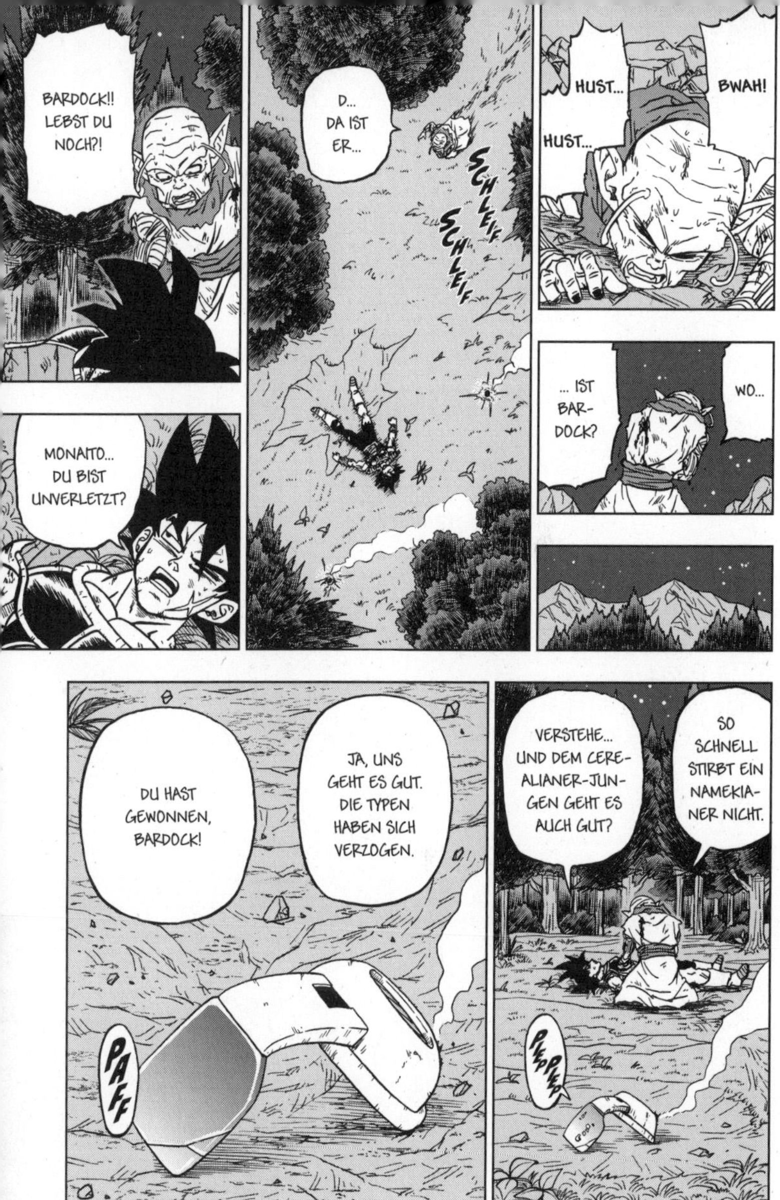
BWAH!
HUST...
HUST...
WO...
... IST BARDOCK?
D... DA IST ER...
SCHLEIF
SCHLEIF
BARDOCK!! LEBST DU NOCH?!
MONAITO... DU BIST UNVERLETZT?
SO SCHNELL STIRBT EIN NAMEKIANER NICHT.
VERSTEHE... UND DEM CEREALIANER-JUNGEN GEHT ES AUCH GUT?
PIEP PIEP
JA, UNS GEHT ES GUT. DIE TYPEN HABEN SICH VERZOGEN.
DU HAST GEWONNEN, BARDOCK!
PAFF

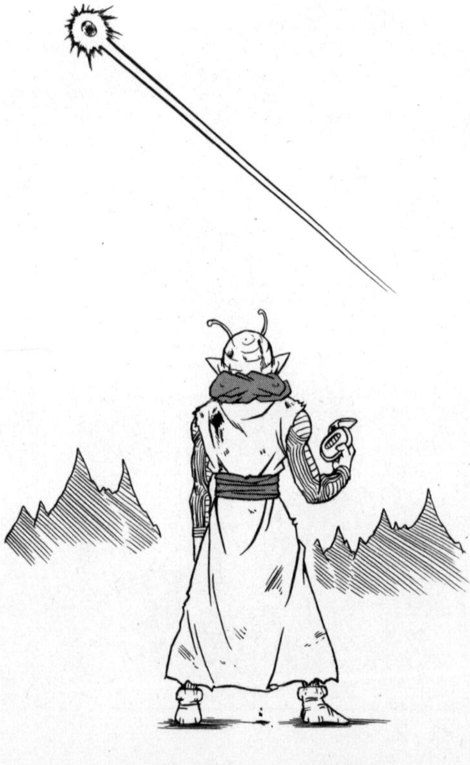

KAPITEL 84: DER STOLZ DES VOLKES

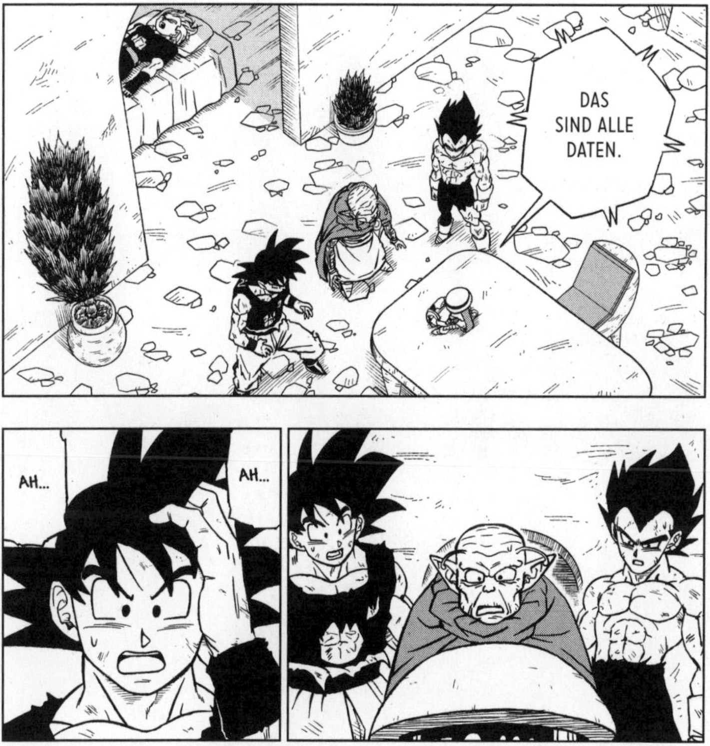

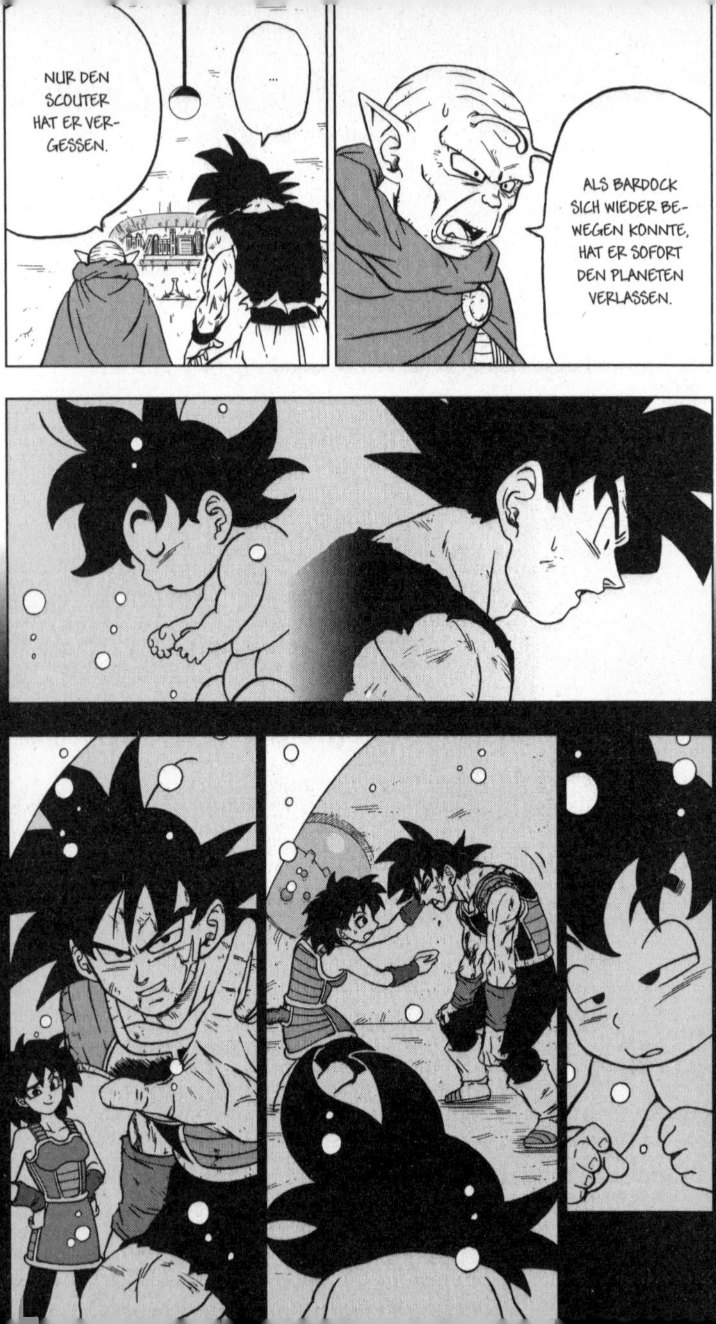
NUR DEN SCOUTER HAT ER VERGESSEN.
...
ALS BARDOCK SICH WIEDER BEWEGEN KONNTE, HAT ER SOFORT DEN PLANETEN VERLASSEN.

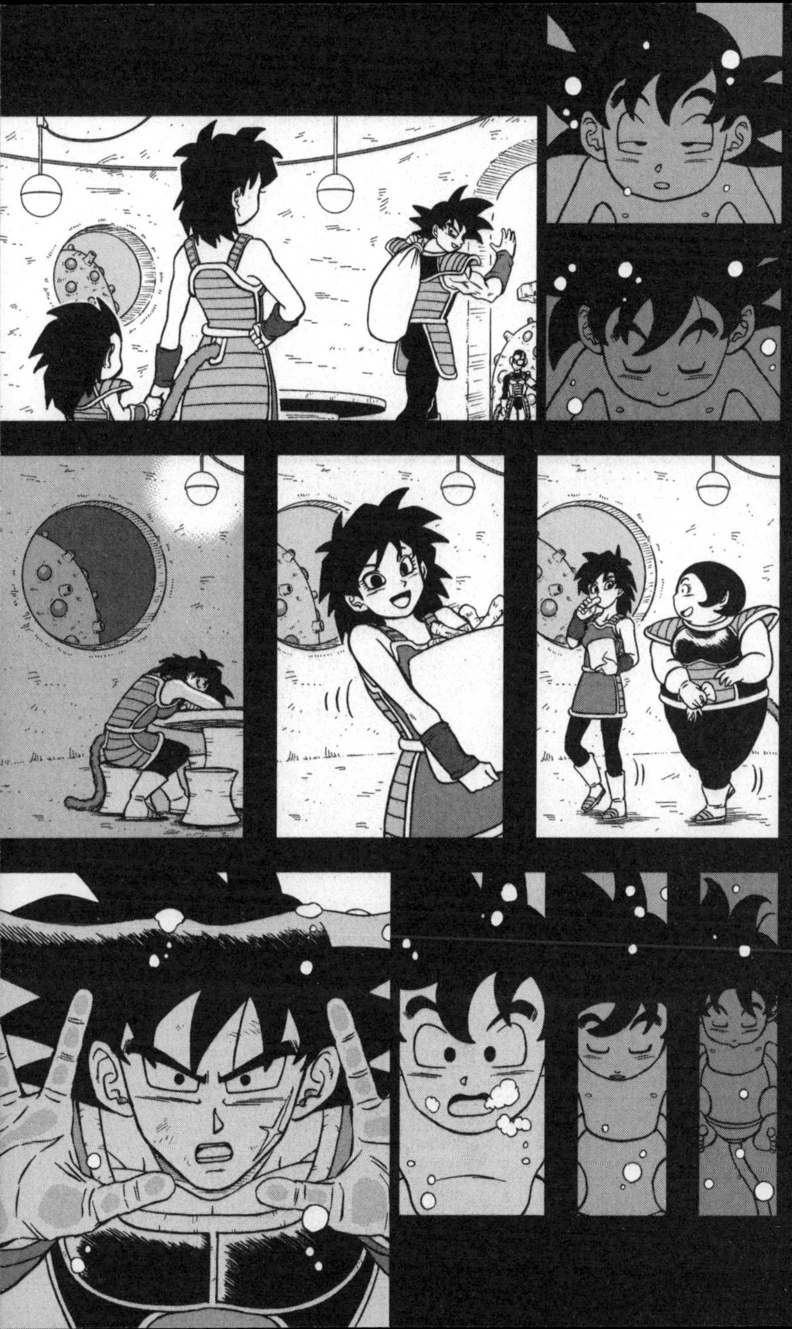

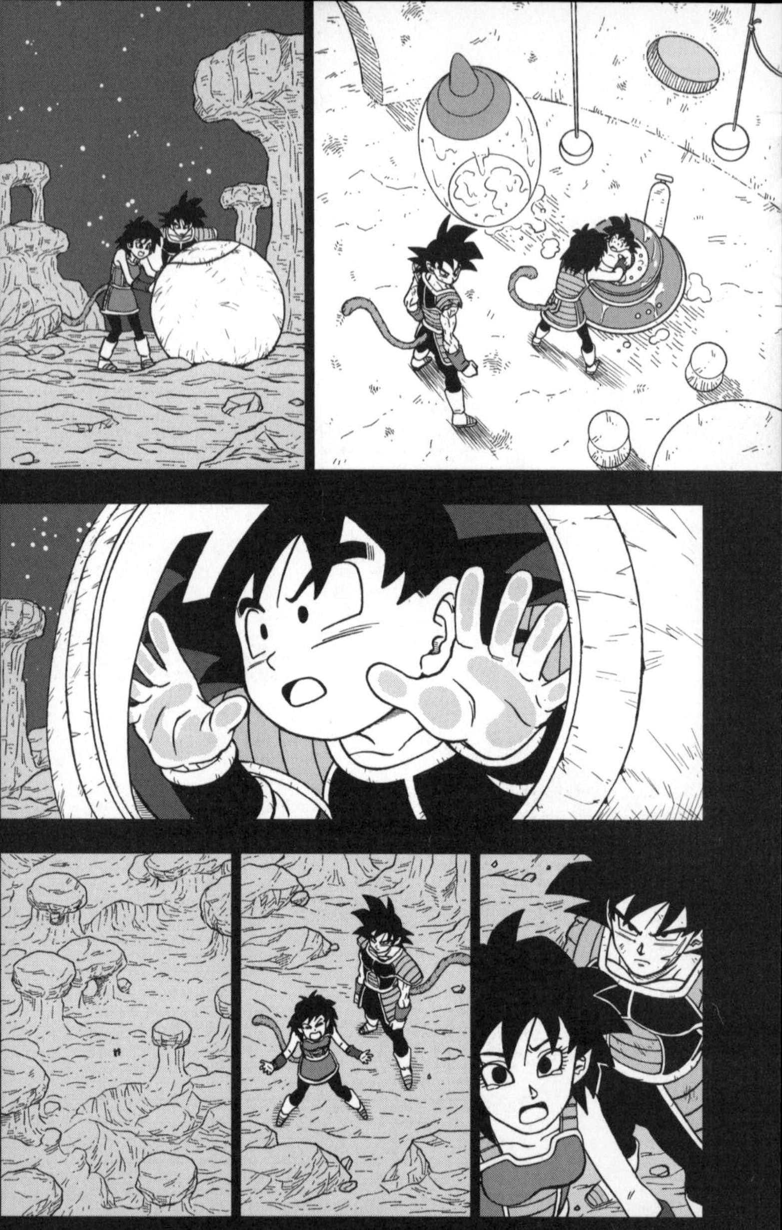

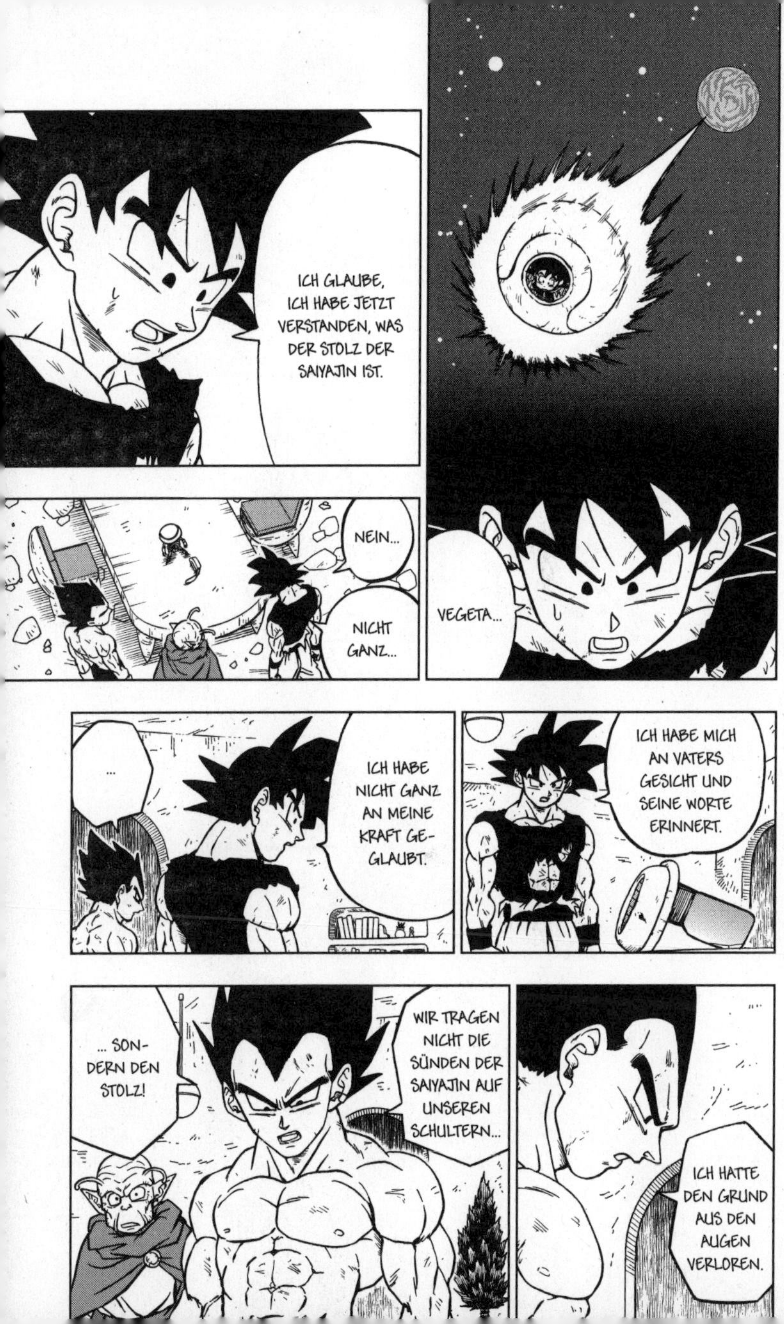
VEGETA...
ICH GLAUBE, ICH HABE JETZT VERSTANDEN, WAS DER STOLZ DER SAIYAJIN IST.
NEIN...
NICHT GANZ...
ICH HABE MICH AN VATERS GESICHT UND SEINE WORTE ERINNERT.
ICH HABE NICHT GANZ AN MEINE KRAFT GE-GLAUBT.
...
ICH HATTE DEN GRUND AUS DEN AUGEN VERLOREN.
WIR TRAGEN NICHT DIE SÜNDEN DER SAIYAJIN AUF UNSEREN SCHULTERN...
... SON-DERN DEN STOLZ!

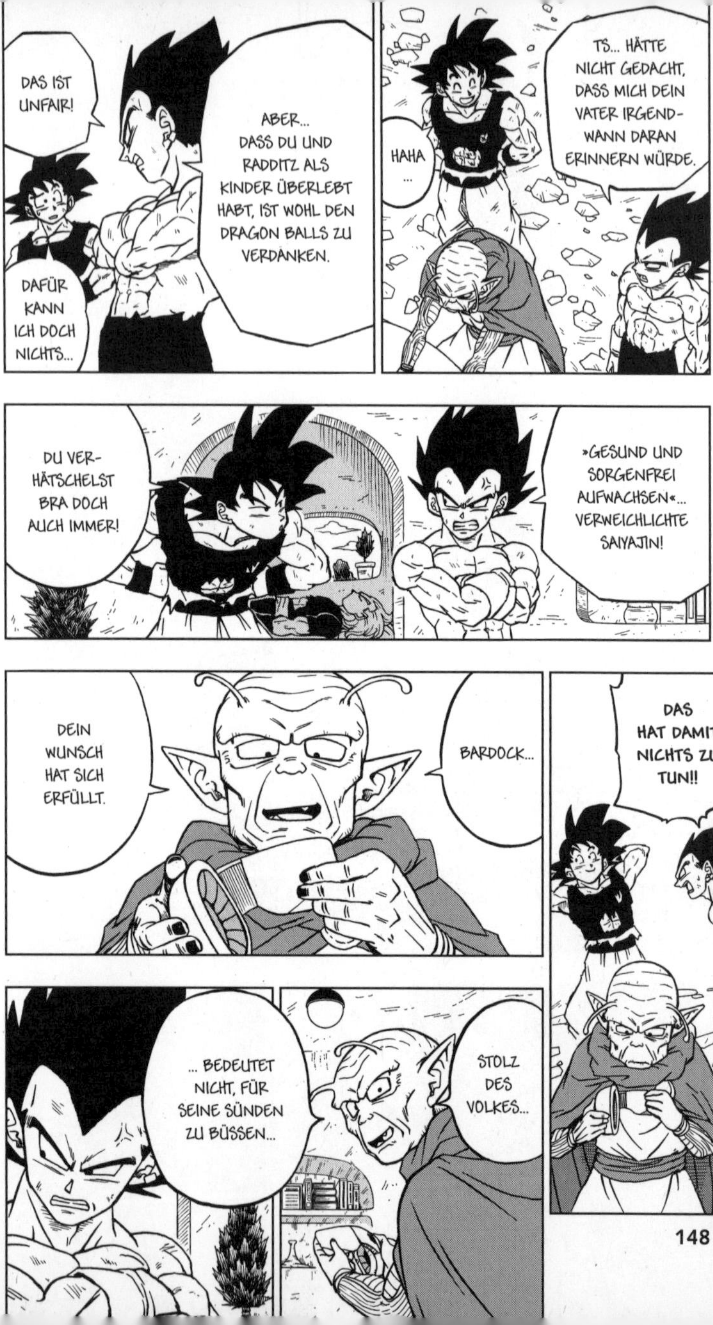
DAS IST UNFAIR!
ABER... DASS DU UND RADDITZ ALS KINDER ÜBERLEBT HABT, IST WOHL DEN DRAGON BALLS ZU VERDANKEN.
DAFÜR KANN ICH DOCH NICHTS...
HAHA ...
TS... HÄTTE NICHT GEDACHT, DASS MICH DEIN VATER IRGEND-WANN DARAN ERINNERN WÜRDE.
DU VER-HÄTSCHELST BRA DOCH AUCH IMMER!
»GESUND UND SORGENFREI AUFWACHSEN«... VERWEICHLICHTE SAIYAJIN!
DEIN WUNSCH HAT SICH ERFÜLLT.
BARDOCK...
DAS HAT DAMIT NICHTS ZU TUN!!
STOLZ DES VOLKES...
... BEDEUTET NICHT, FÜR SEINE SÜNDEN ZU BÜSSEN...

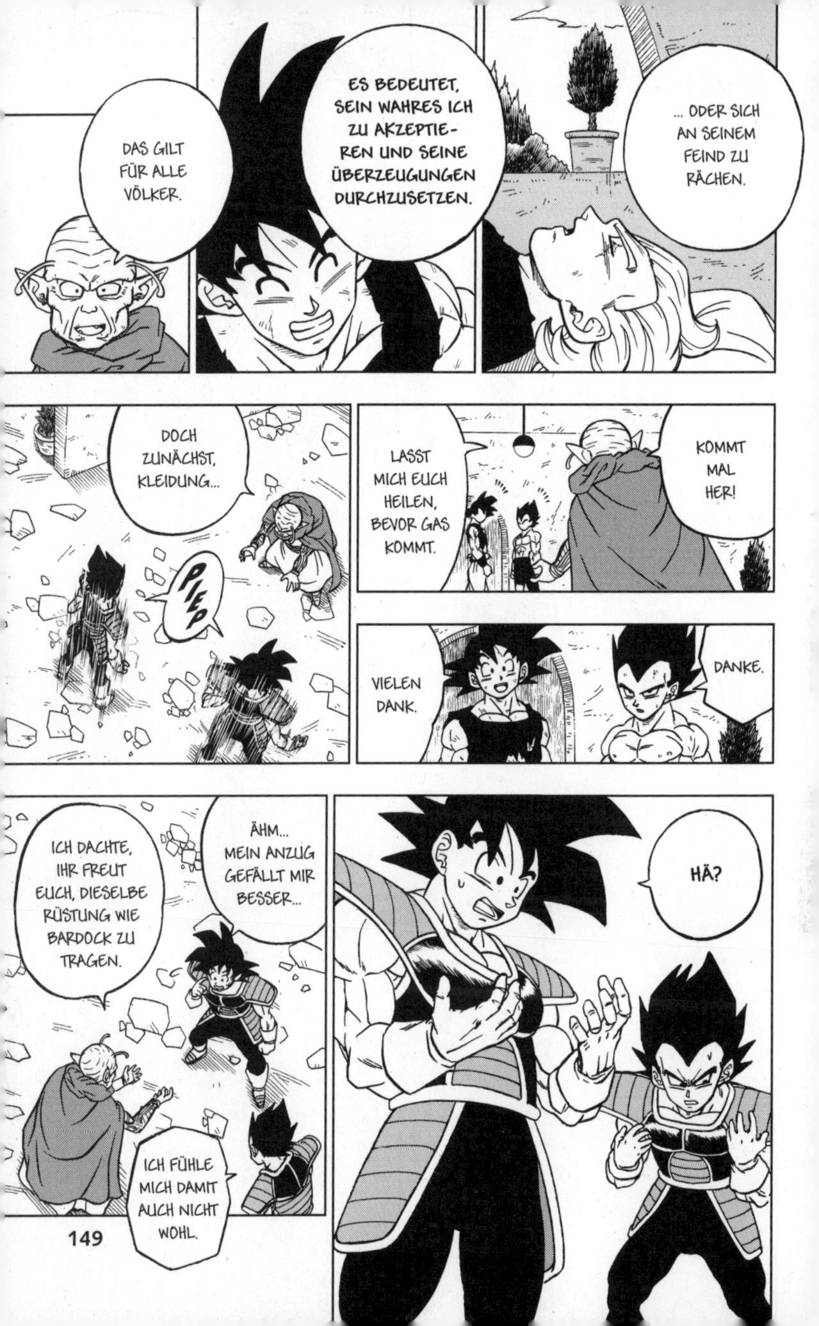
... ODER SICH AN SEINEM FEIND ZU RÄCHEN.
ES BEDEUTET, SEIN WAHRES ICH ZU AKZEPTIEREN UND SEINE ÜBERZEUGUNGEN DURCHZUSETZEN.
DAS GILT FÜR ALLE VÖLKER.
KOMMT MAL HER!
LASST MICH EUCH HEILEN, BEVOR GAS KOMMT.
DANKE.
VIELEN DANK.
DOCH ZUNÄCHST, KLEIDUNG...
PIEP
HÄ?
ÄHM... MEIN ANZUG GEFÄLLT MIR BESSER...
ICH DACHTE, IHR FREUT EUCH, DIESELBE RÜSTUNG WIE BARDOCK ZU TRAGEN.
ICH FÜHLE MICH DAMIT AUCH NICHT WOHL.

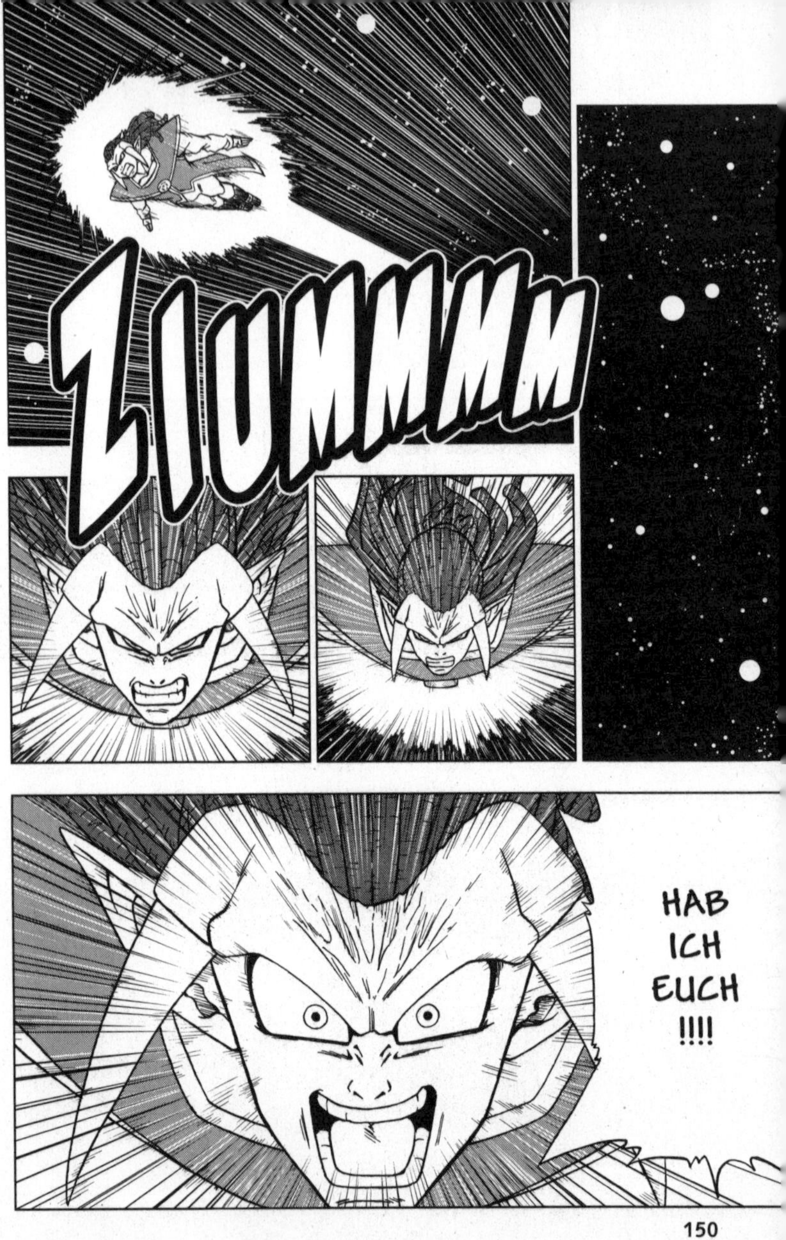
ZIUMMMM
HAB ICH EUCH !!!!

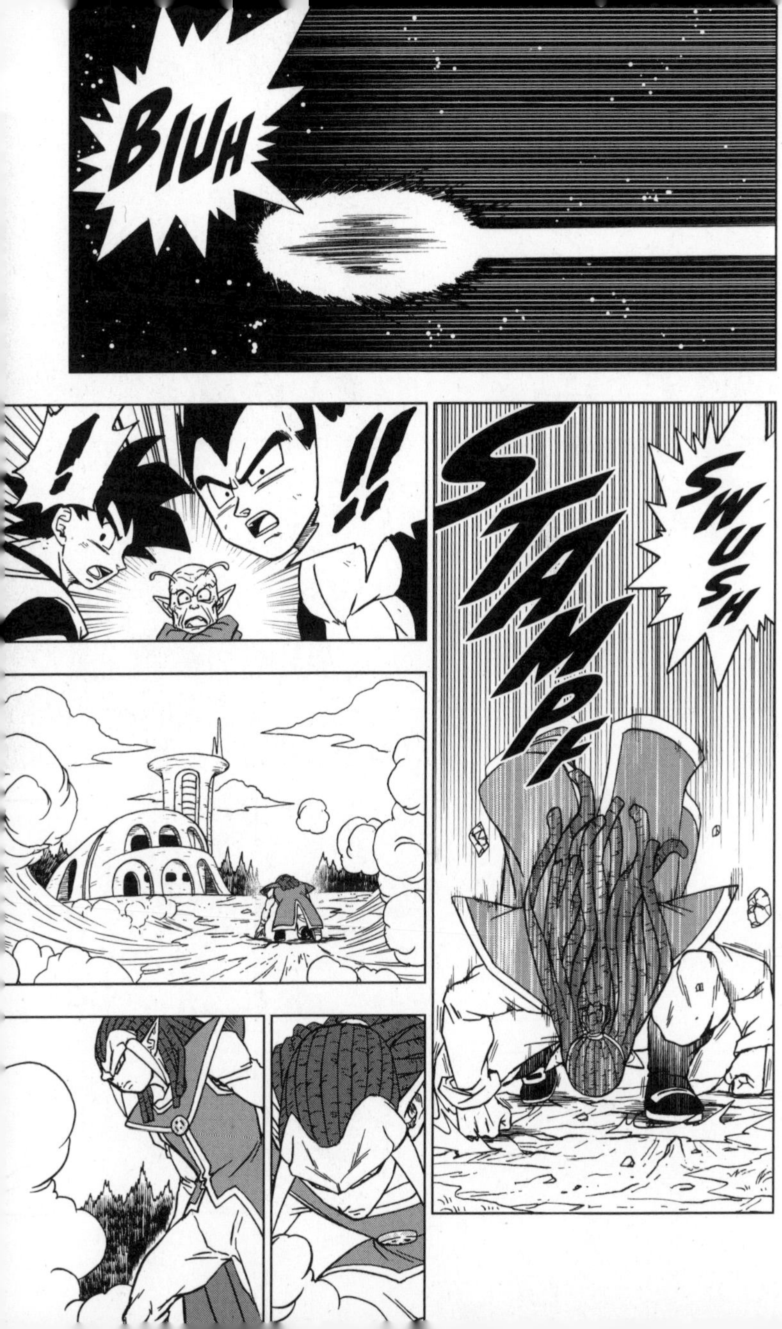
BIUH
!
!!
STAMPF
SWUSH

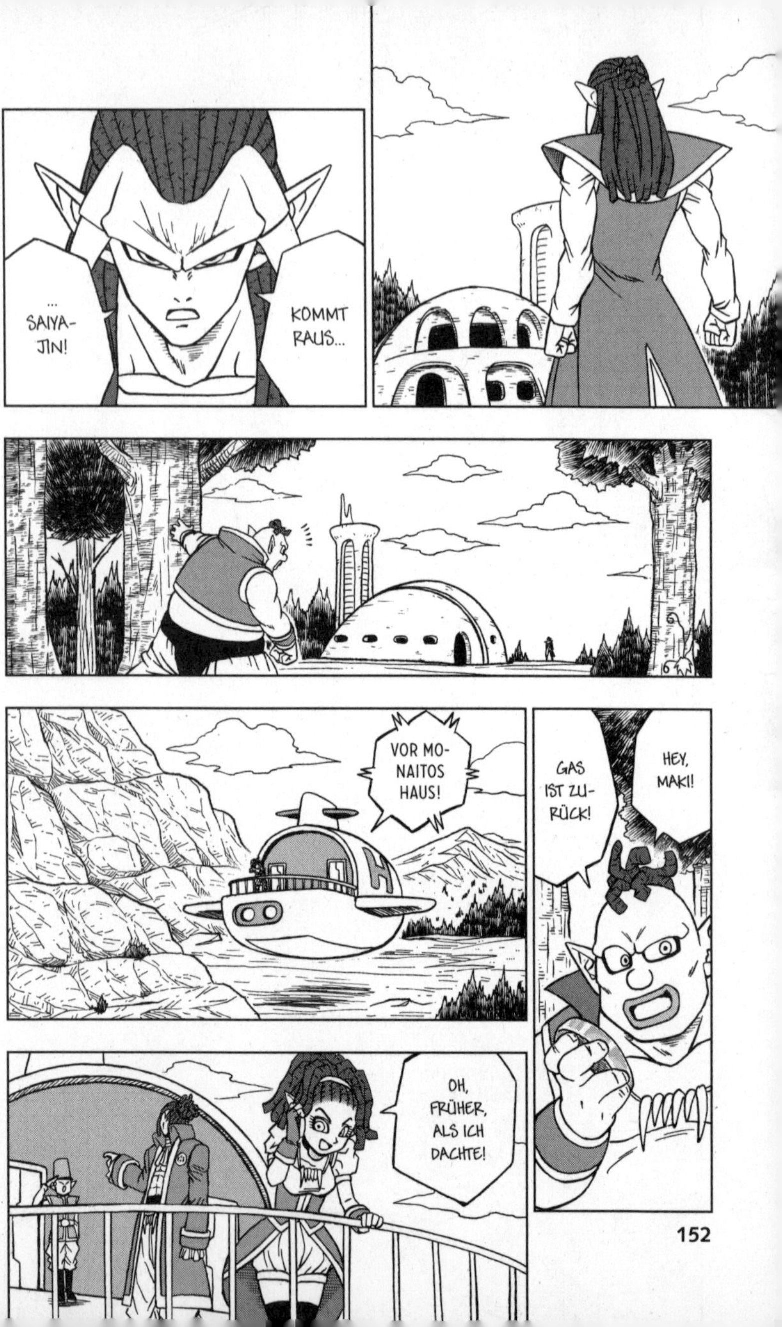
KOMMT RAUS...
... SAIYAJIN!
HEY, MAKI!
GAS IST ZURÜCK!
VOR MONAITOS HAUS!
OH, FRÜHER, ALS ICH DACHTE!

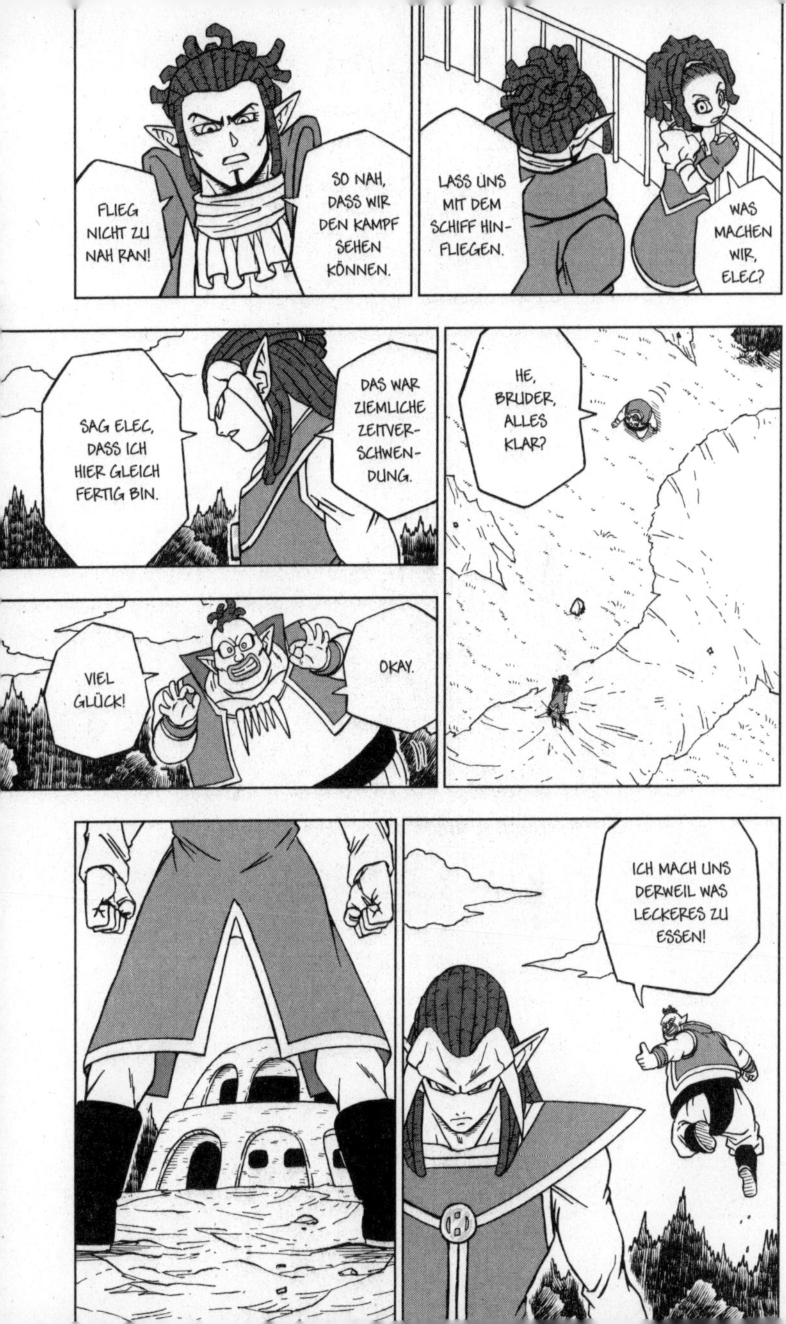
WAS MACHEN WIR, ELEC?
LASS UNS MIT DEM SCHIFF HIN-FLIEGEN.
SO NAH, DASS WIR DEN KAMPF SEHEN KÖNNEN.
FLIEG NICHT ZU NAH RAN!
HE, BRUDER, ALLES KLAR?
DAS WAR ZIEMLICHE ZEITVER-SCHWEN-DUNG.
SAG ELEC, DASS ICH HIER GLEICH FERTIG BIN.
OKAY.
VIEL GLÜCK!
ICH MACH UNS DERWEIL WAS LECKERES ZU ESSEN!

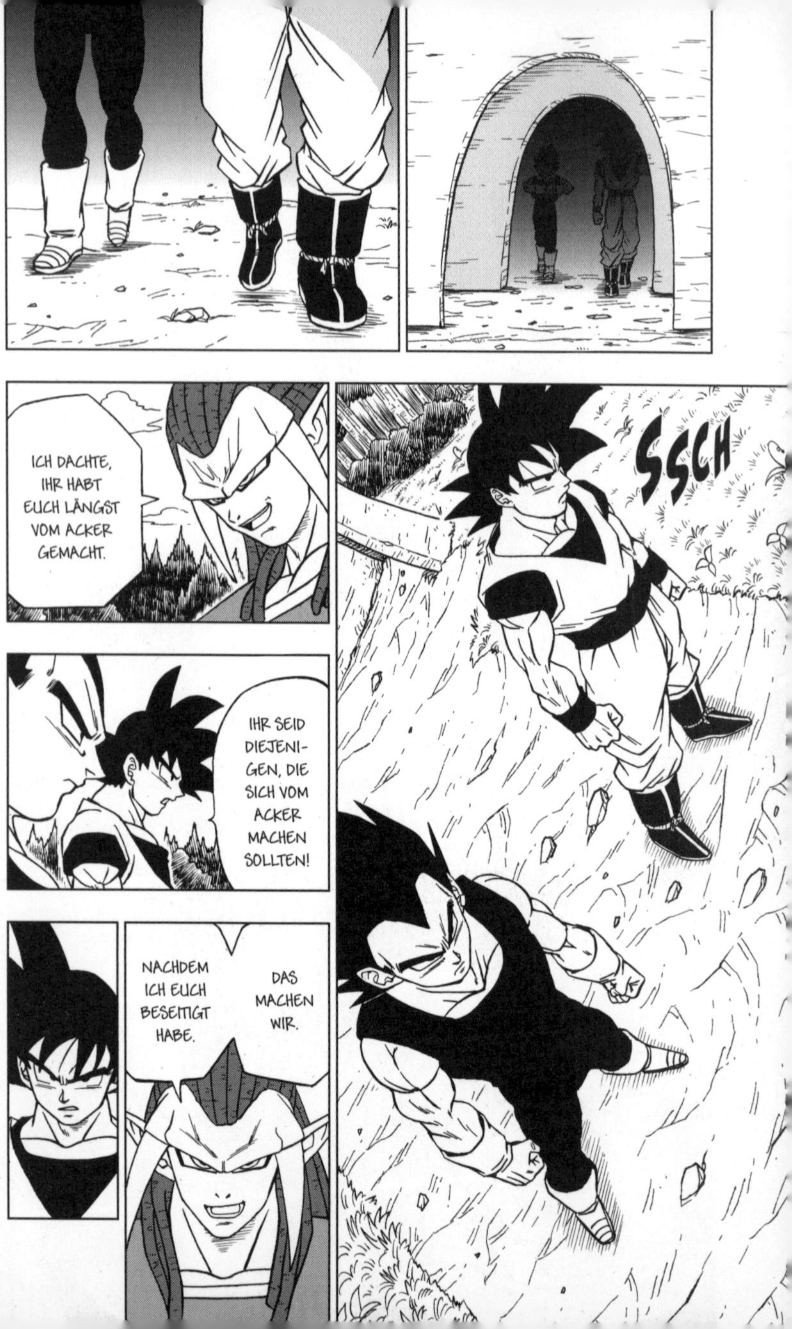
ICH DACHTE, IHR HABT EUCH LÄNGST VOM ACKER GEMACHT.
SSCH
IHR SEID DIEJENIGEN, DIE SICH VOM ACKER MACHEN SOLLTEN!
DAS MACHEN WIR.
NACHDEM ICH EUCH BESEITIGT HABE.

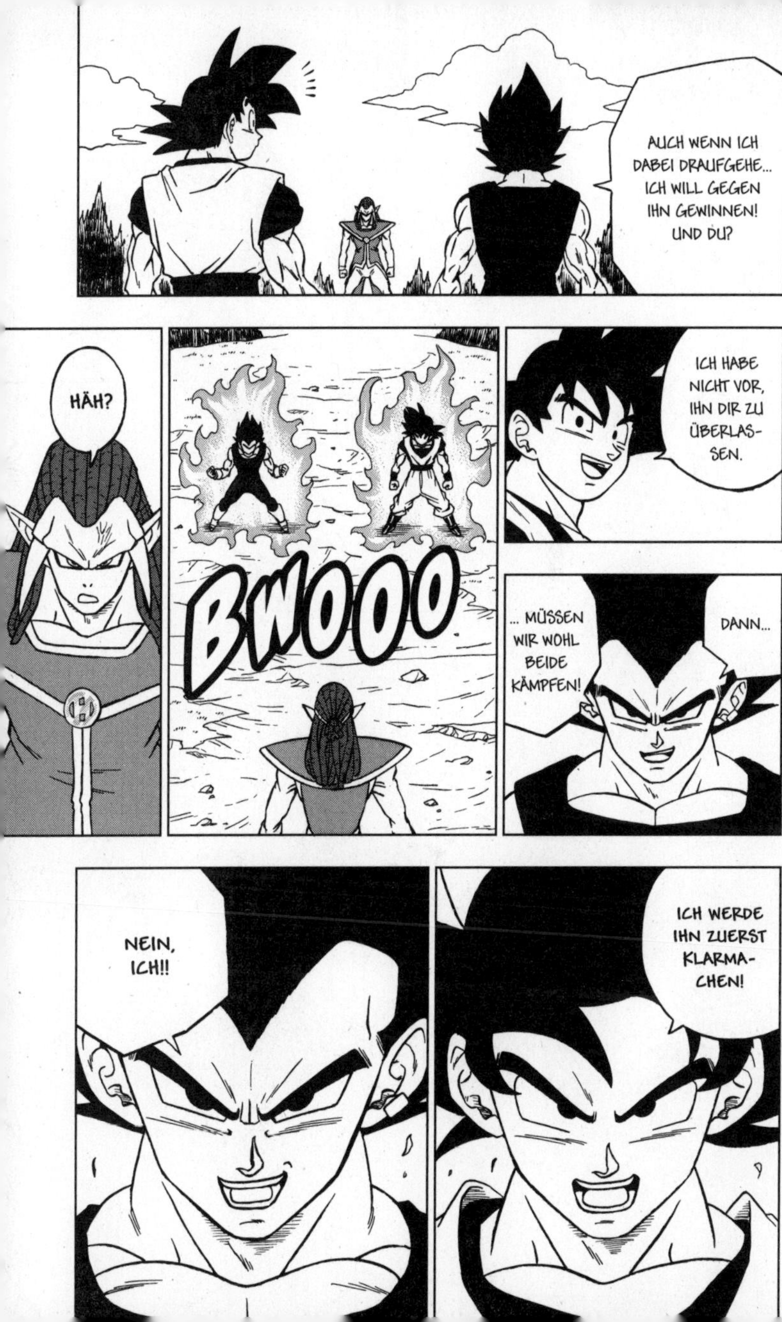
AUCH WENN ICH DABEI DRAUFGEHE... ICH WILL GEGEN IHN GEWINNEN! UND DU?
ICH HABE NICHT VOR, IHN DIR ZU ÜBERLASSEN.
DANN...
... MÜSSEN WIR WOHL BEIDE KÄMPFEN!
BWOOO
HÄH?
ICH WERDE IHN ZUERST KLARMACHEN!
NEIN, ICH!!

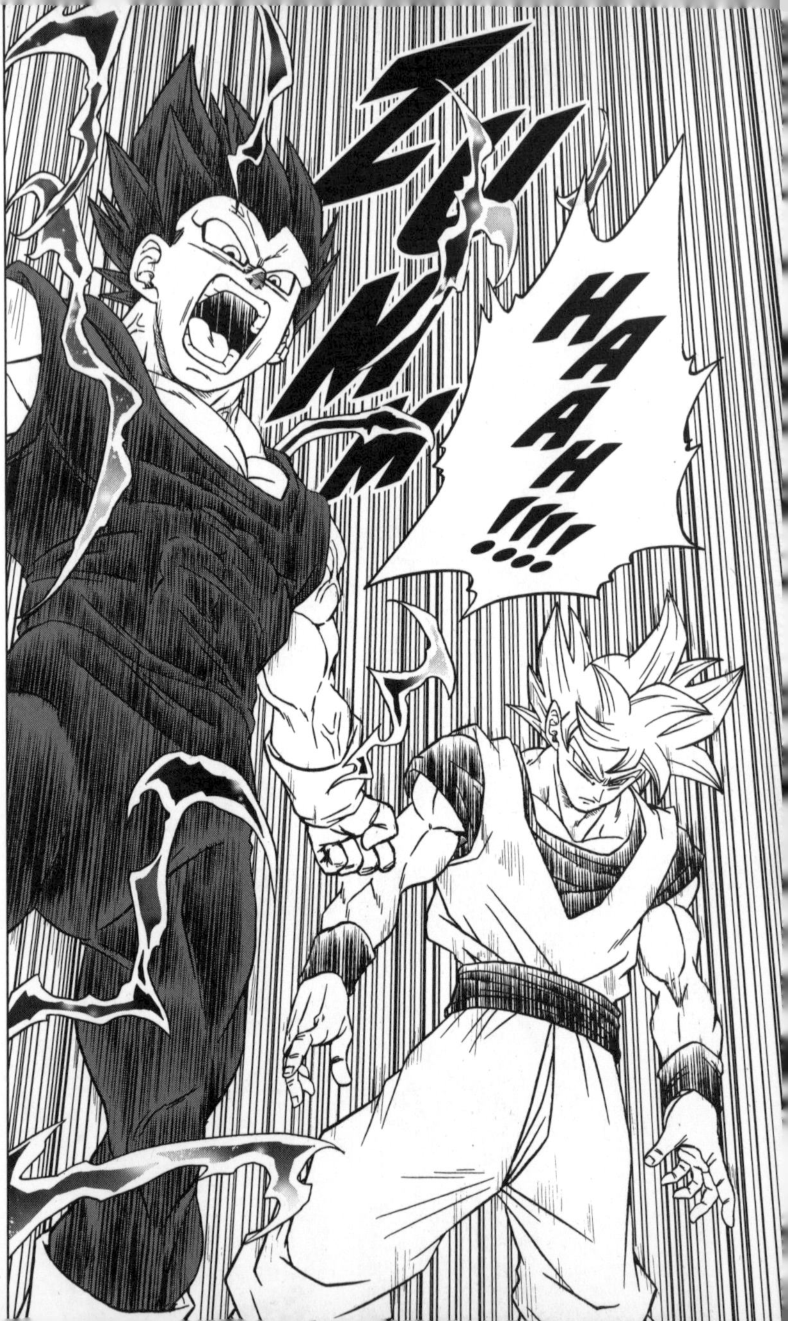
HAAAH!!!!

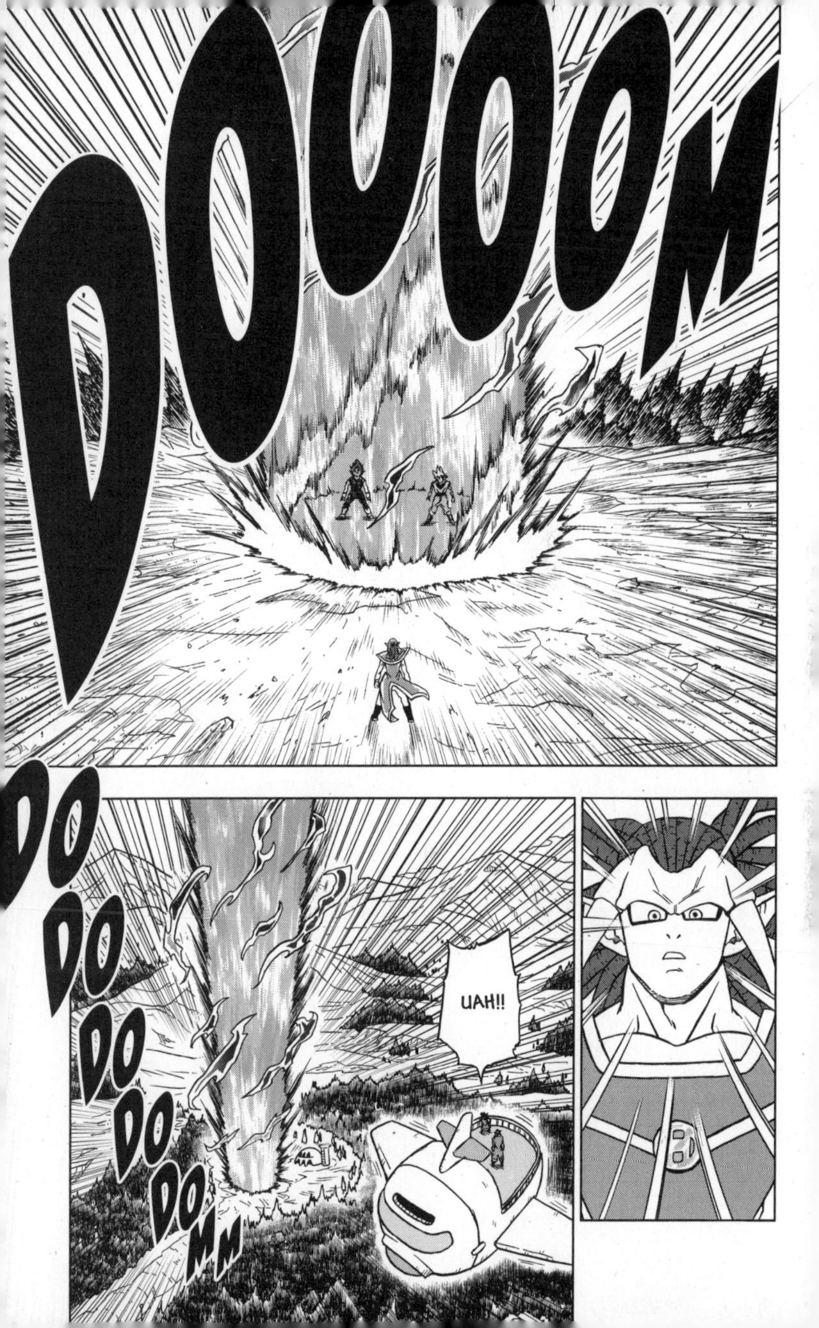
DOOOOM
DO DO DO DO DO DO DOMM
UAH!!

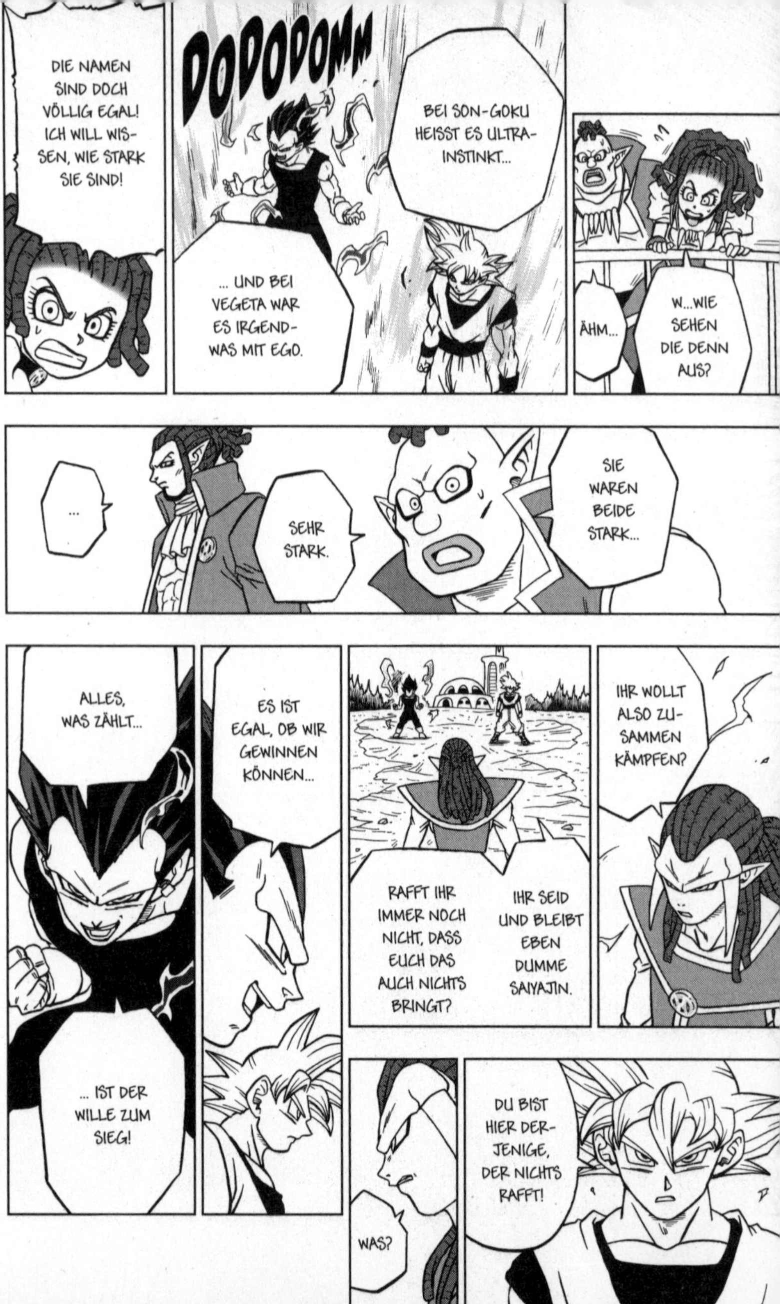
W...WIE SEHEN DIE DENN AUS?
ÄHM...
BEI SON-GOKU HEISST ES ULTRA-INSTINKT...
DODODOMM
... UND BEI VEGETA WAR ES IRGEND-WAS MIT EGO.
DIE NAMEN SIND DOCH VÖLLIG EGAL! ICH WILL WIS-SEN, WIE STARK SIE SIND!
SIE WAREN BEIDE STARK...
SEHR STARK.
...
IHR WOLLT ALSO ZU-SAMMEN KÄMPFEN?
IHR SEID UND BLEIBT EBEN DUMME SAIYAJIN.
RAFFT IHR IMMER NOCH NICHT, DASS EUCH DAS AUCH NICHTS BRINGT?
ES IST EGAL, OB WIR GEWINNEN KÖNNEN...
ALLES, WAS ZÄHLT...
... IST DER WILLE ZUM SIEG!
DU BIST HIER DER-JENIGE, DER NICHTS RAFFT!
WAS?

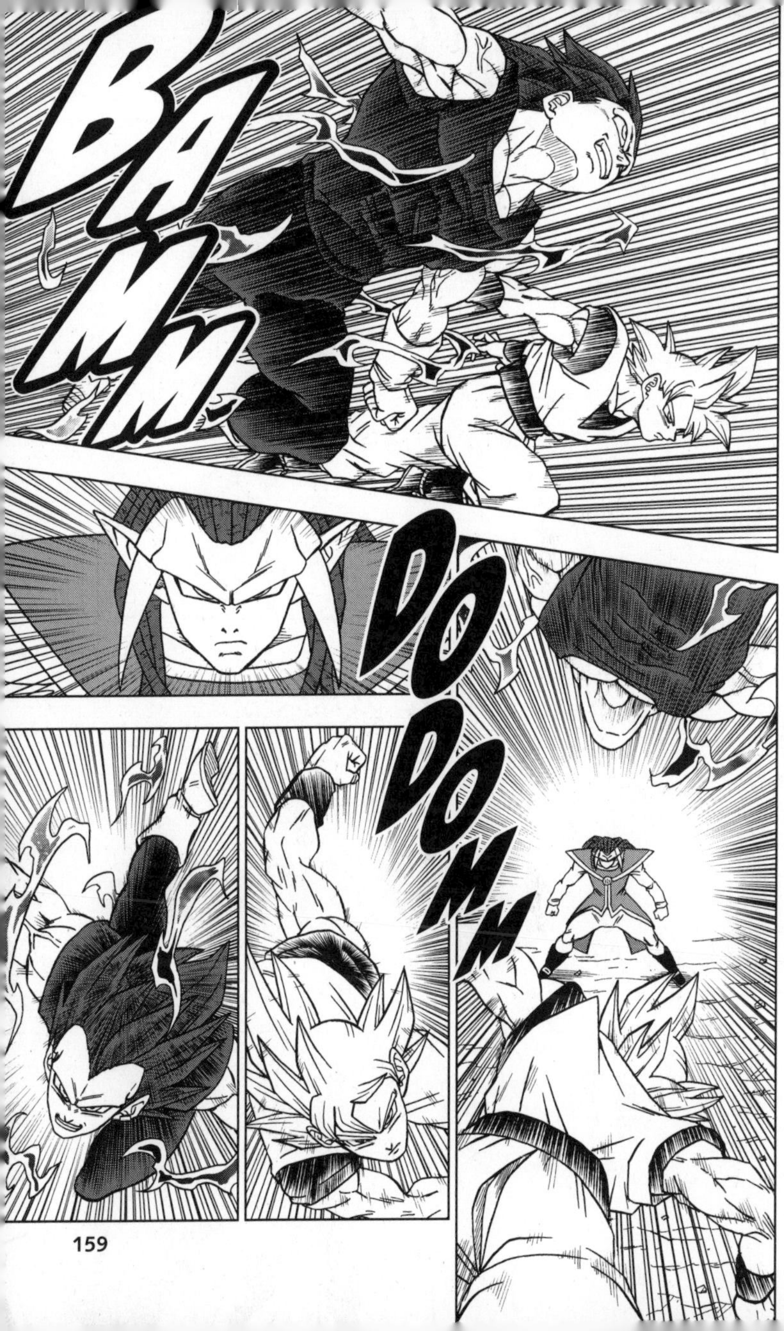
BAMM
DODOMM

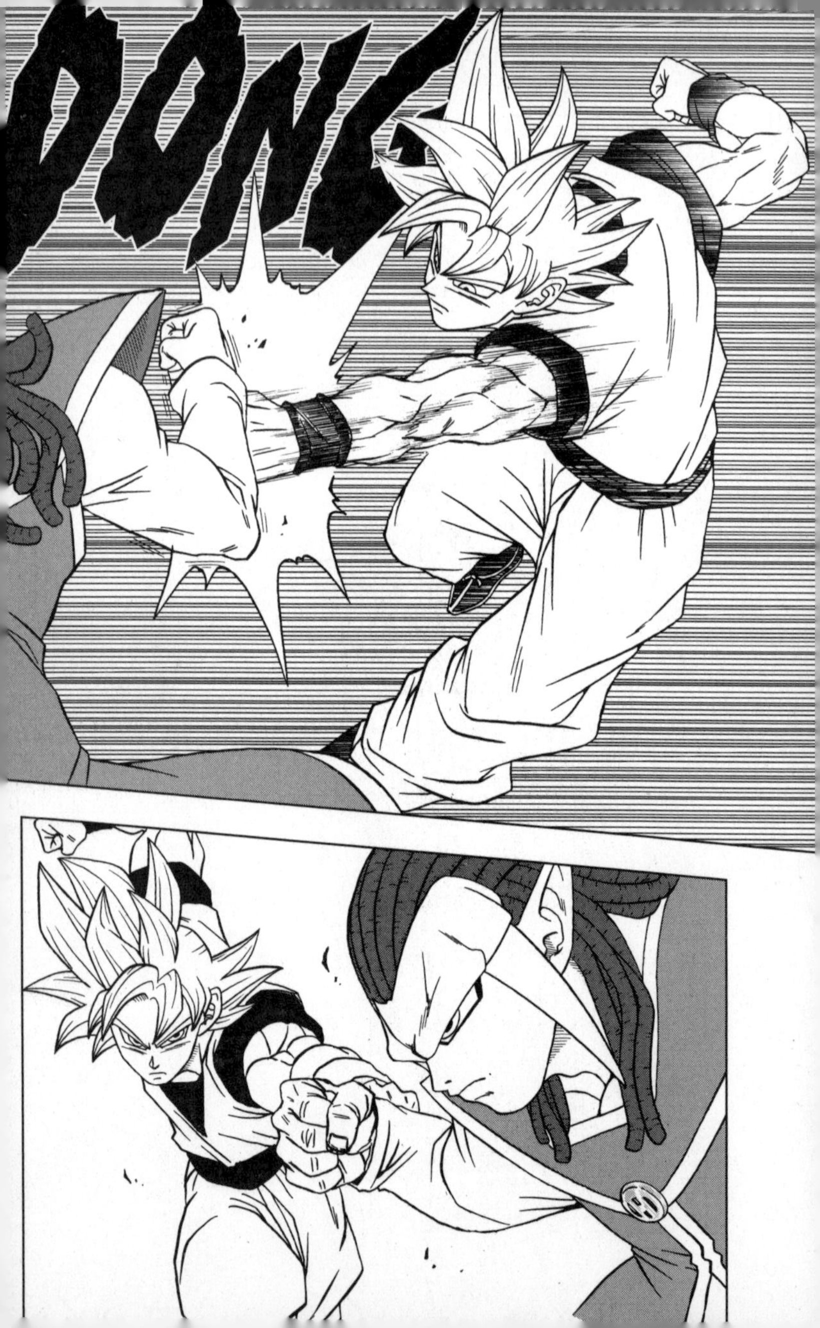
DONG

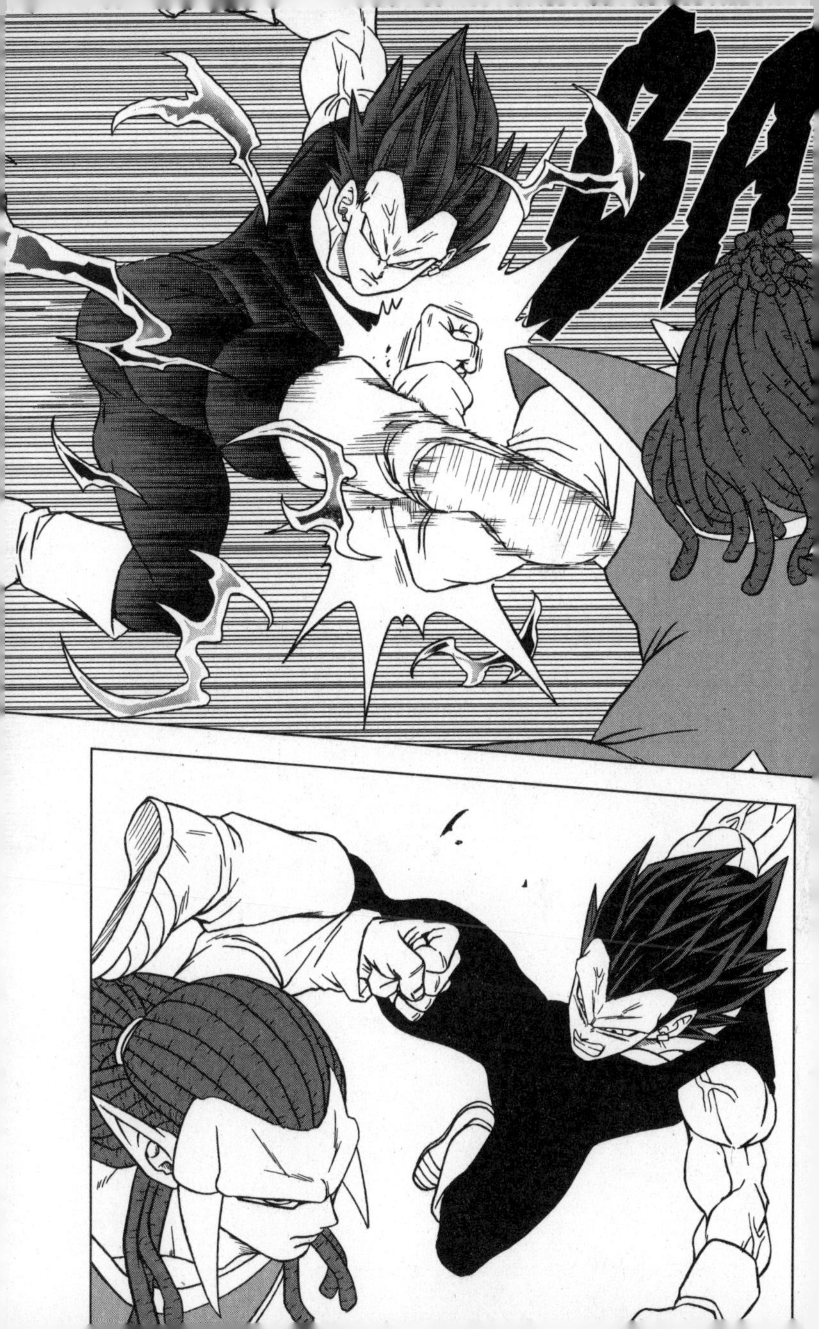

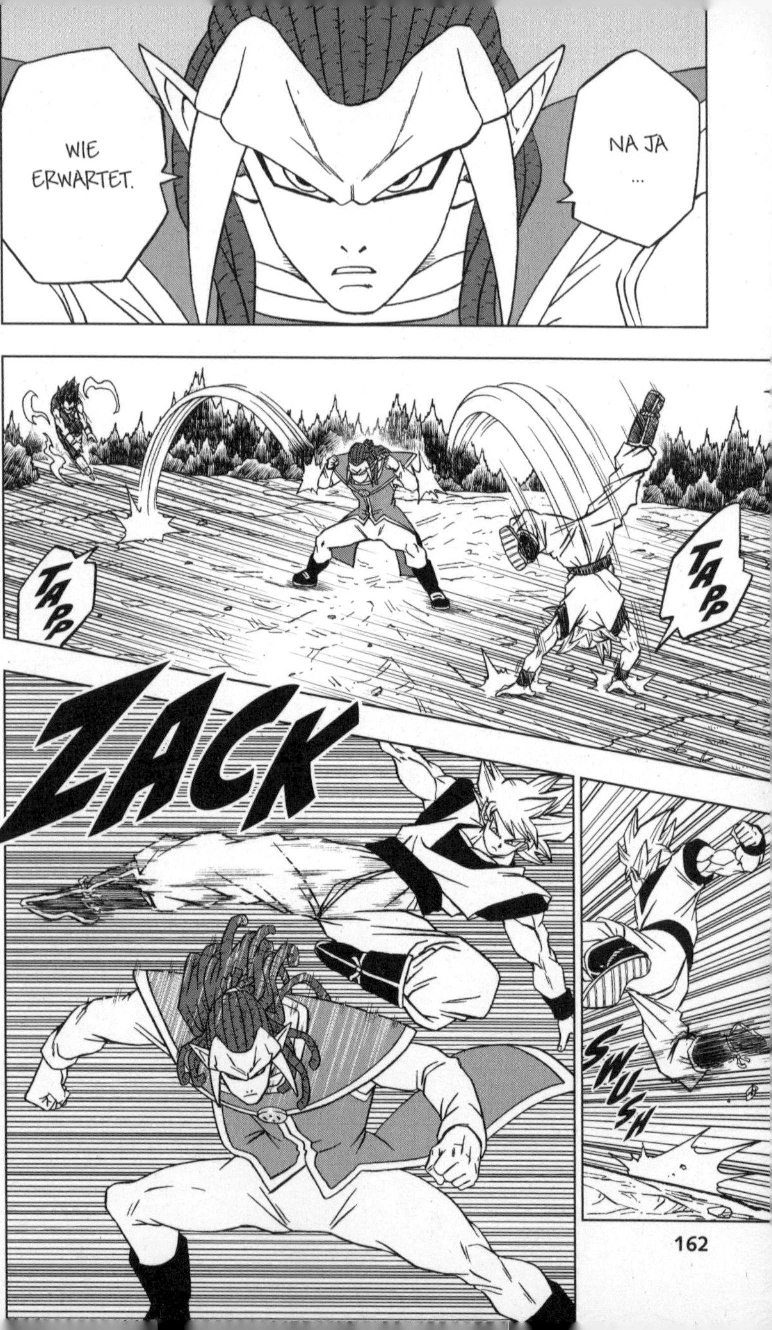
NA JA ...
WIE ERWARTET.
TAPP
TAPP
ZACK
SWUSH

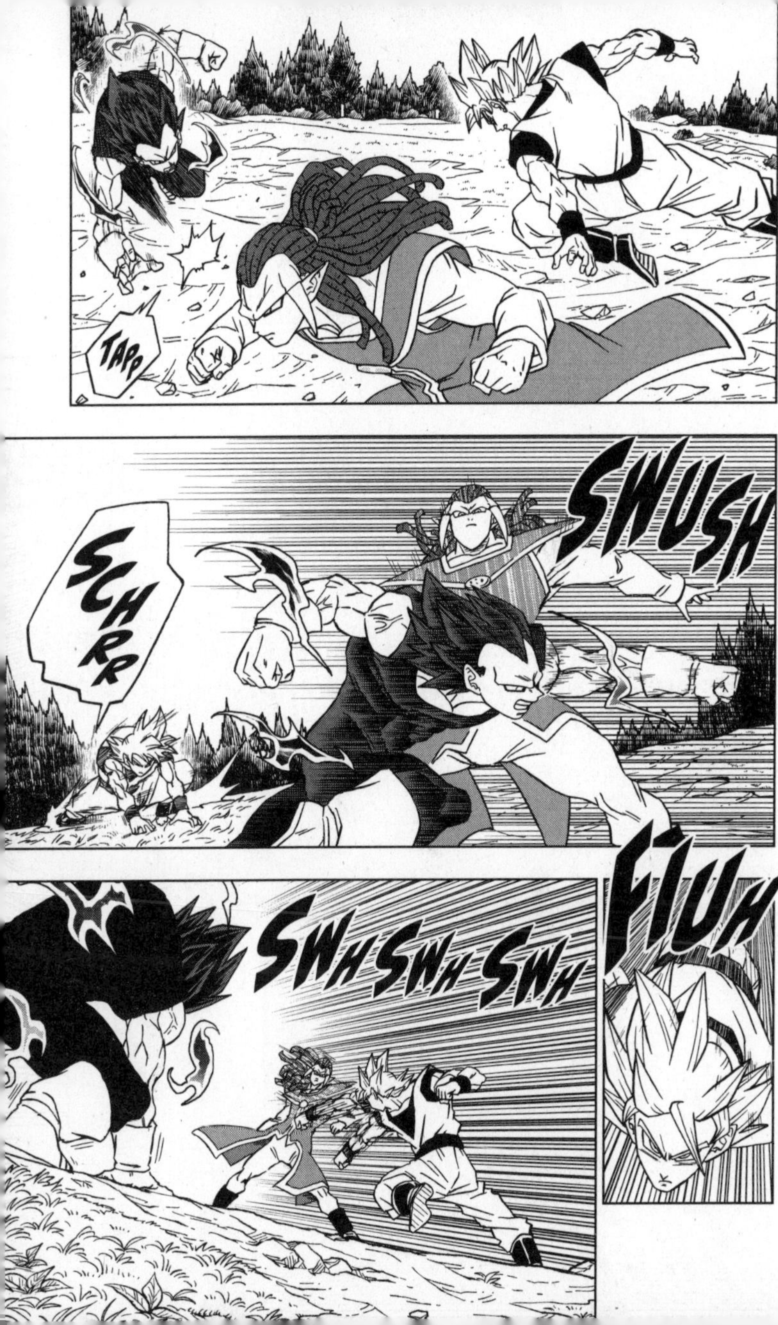

TAPP
SWUSH
SCHRR
FLUH
SWH SWH SWH

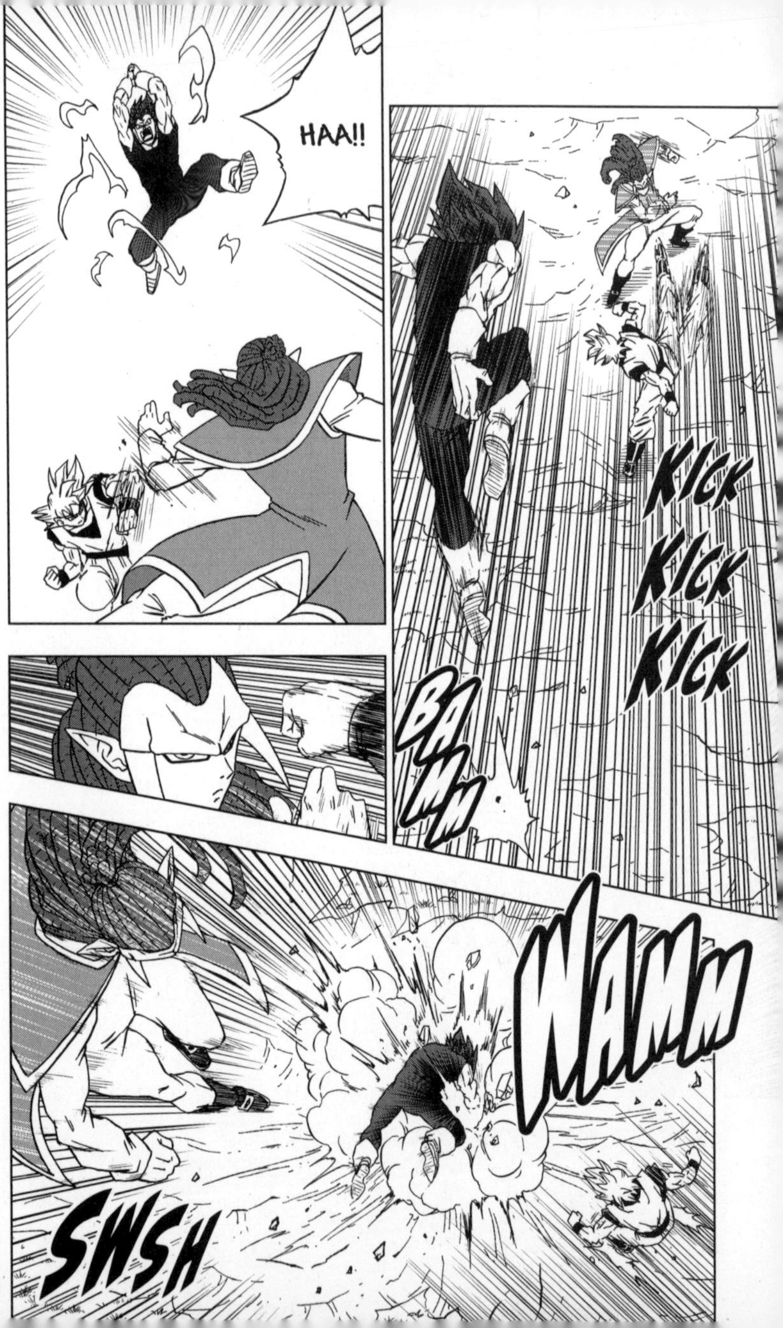

HAA!!
KICK
KICK
KICK
BAMMM
WAMM
SWSH

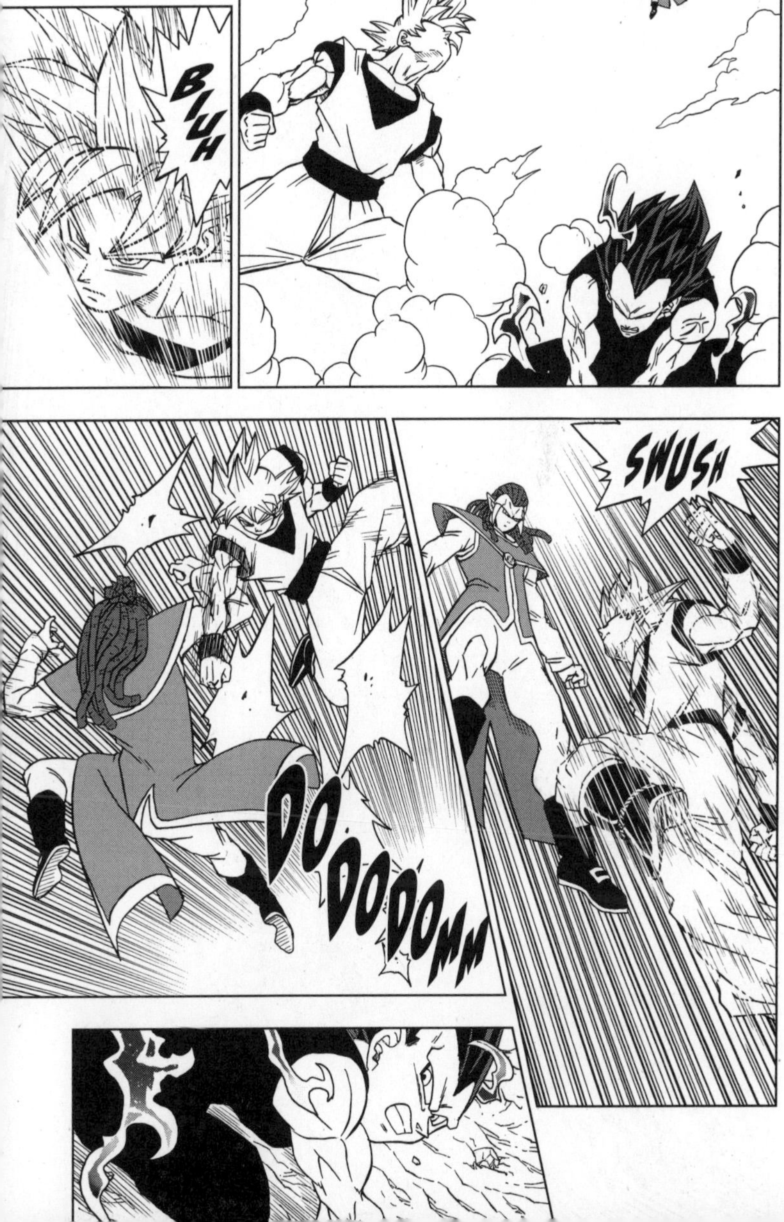
BIUH
SWUSH
DODODOMM

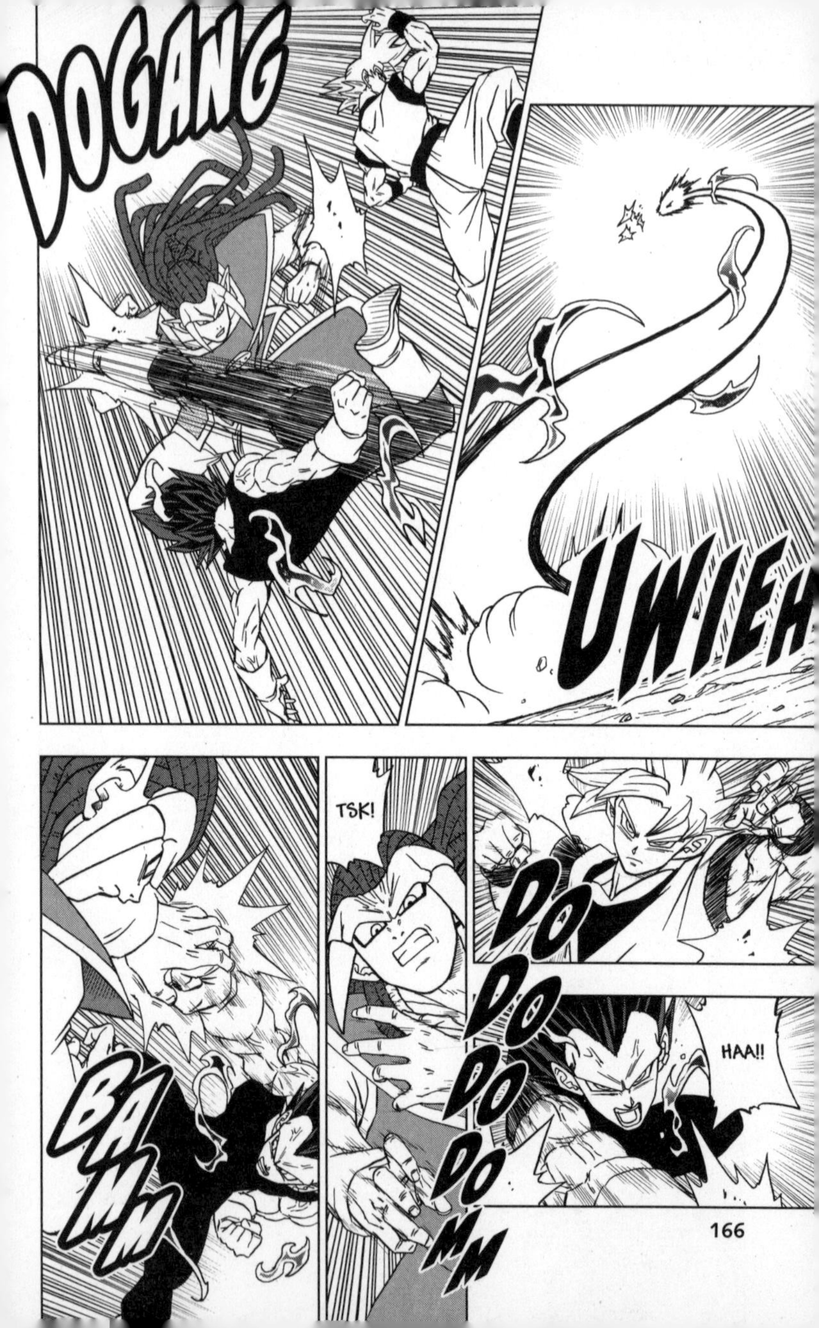

DOGANG
UWIEH
TSK!
DODODODODODOMM
HAA!!
BAMM

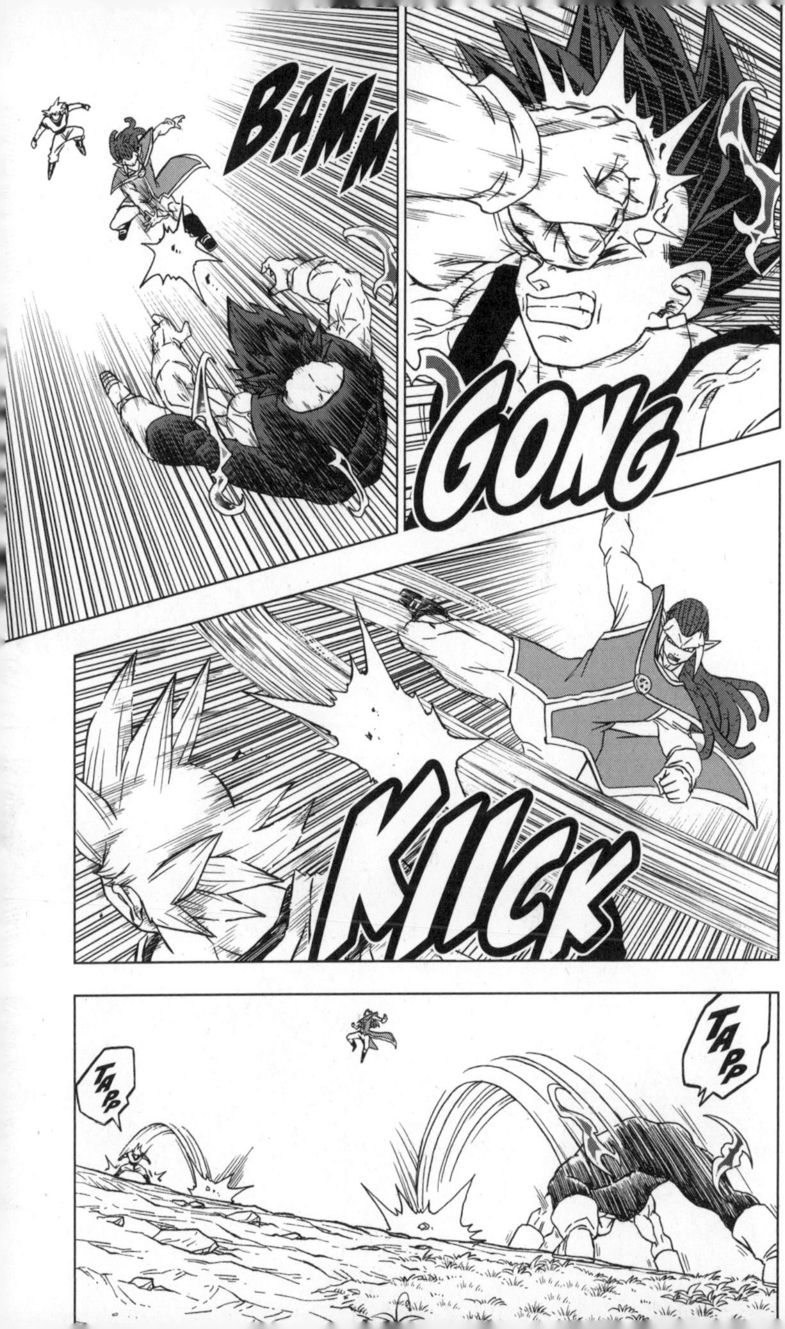
GONG
BAMM
KICK
TAPP
TAPP

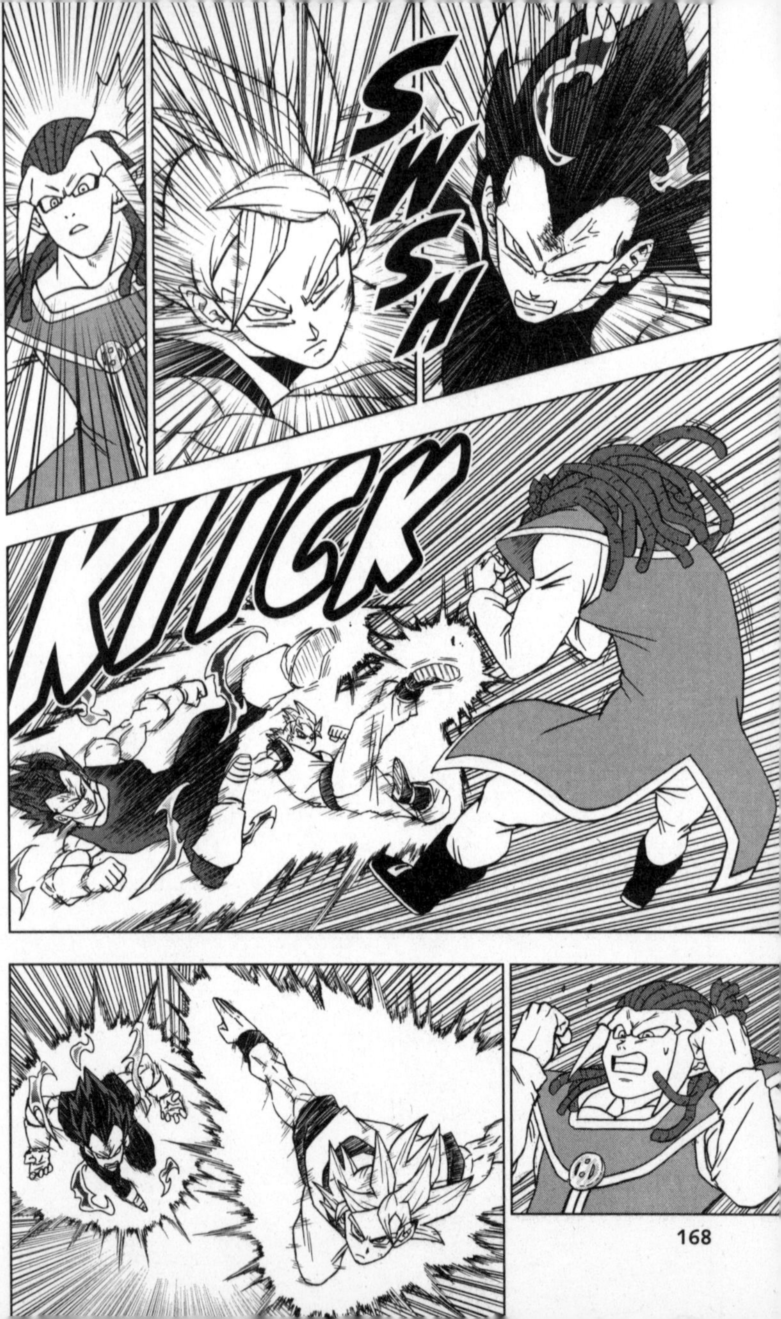
SWSH

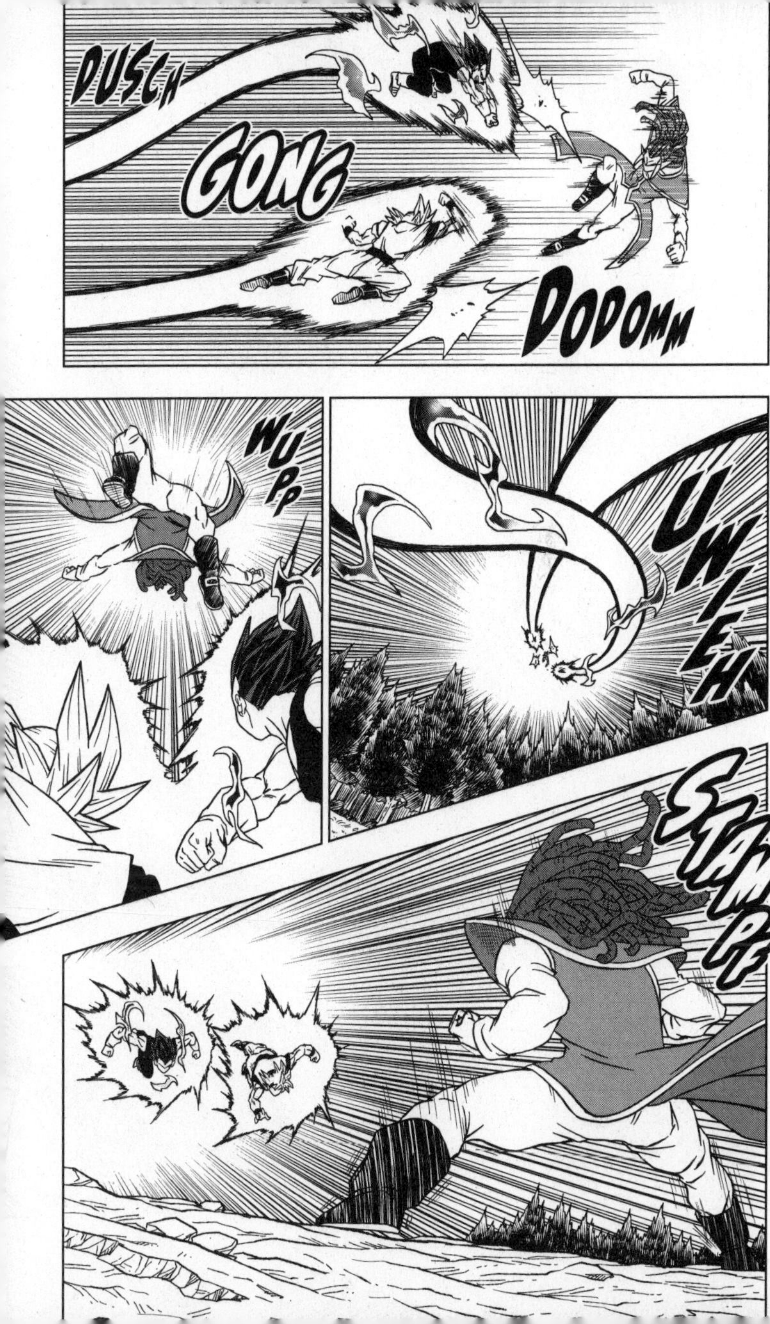
DUSCH
GONG
DODOMM
WUPP
UNIEH
STAMPF

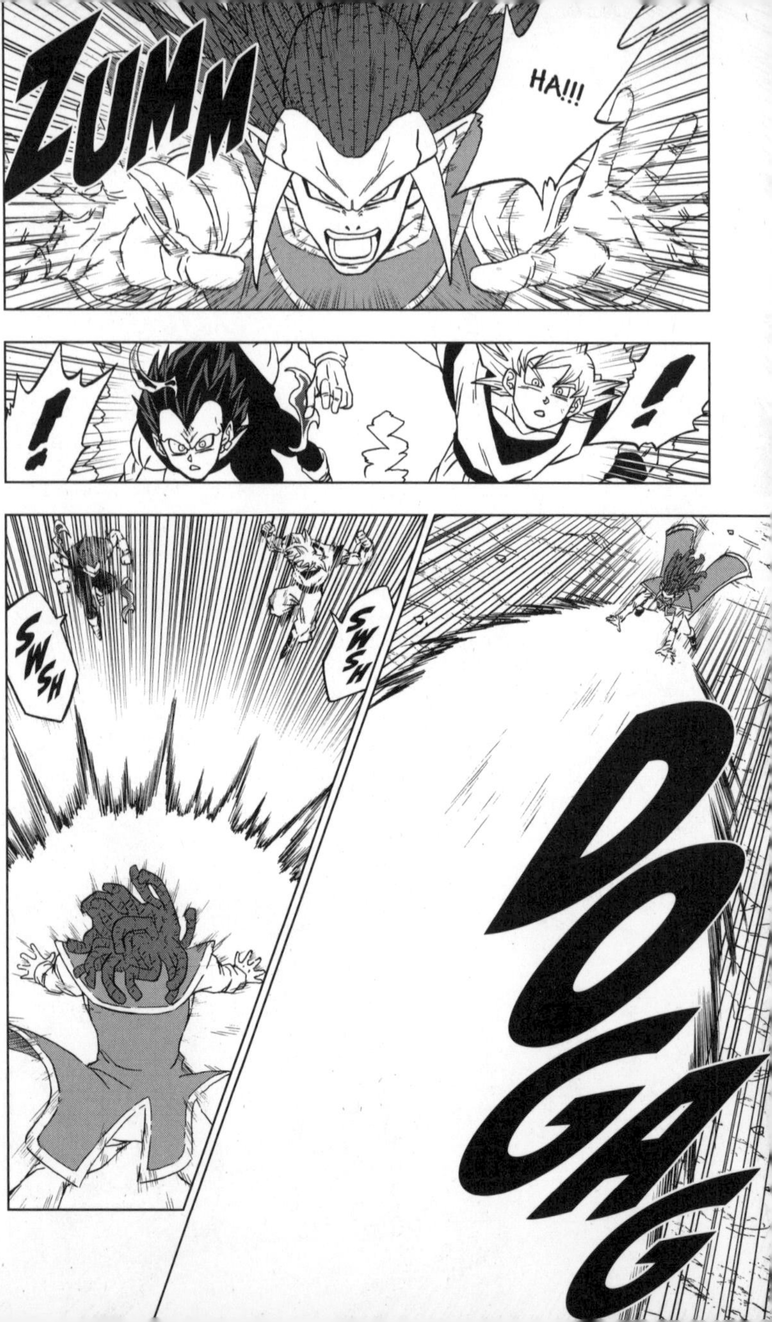
ZUMM
HA!!!
!
!
SWSH
SWSH
DOGAG

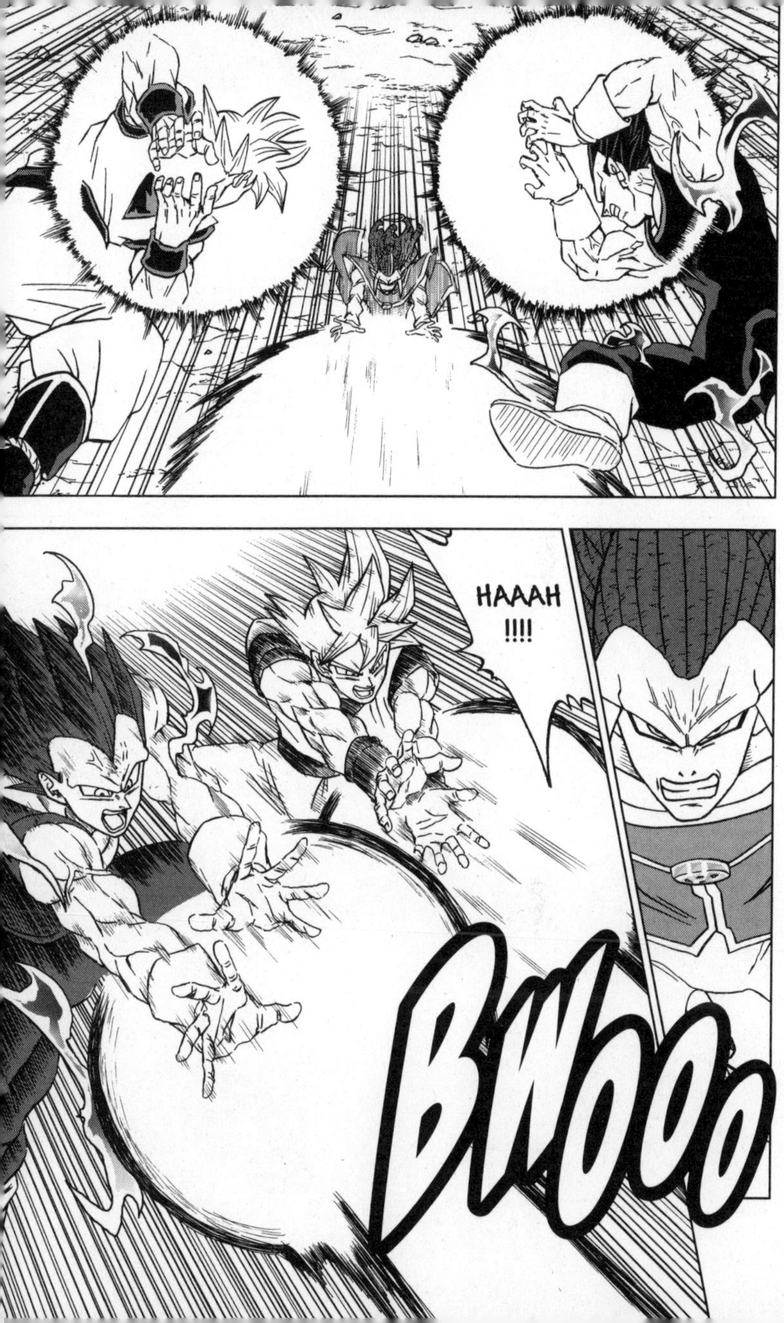
HAAAH
!!!!
BWOOO

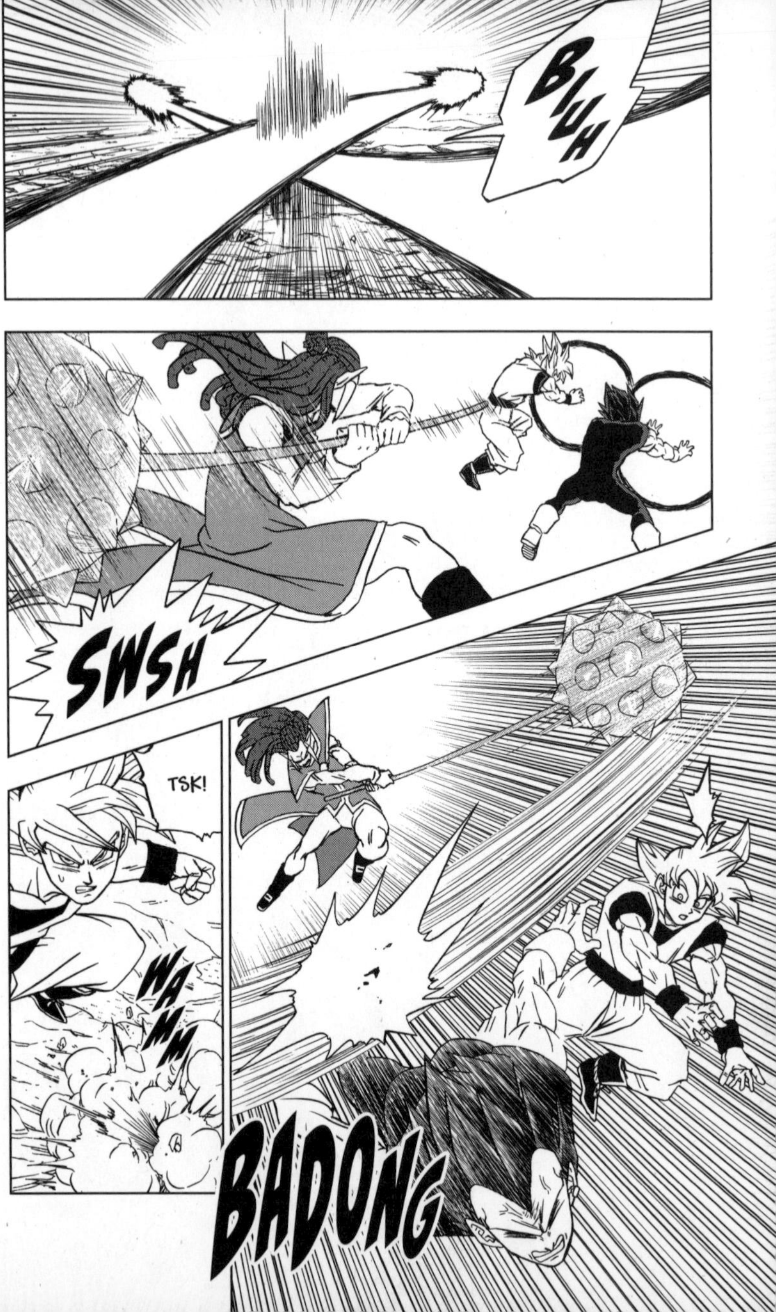

BIUH
SWSH
TSK!
WAMM
BADONG

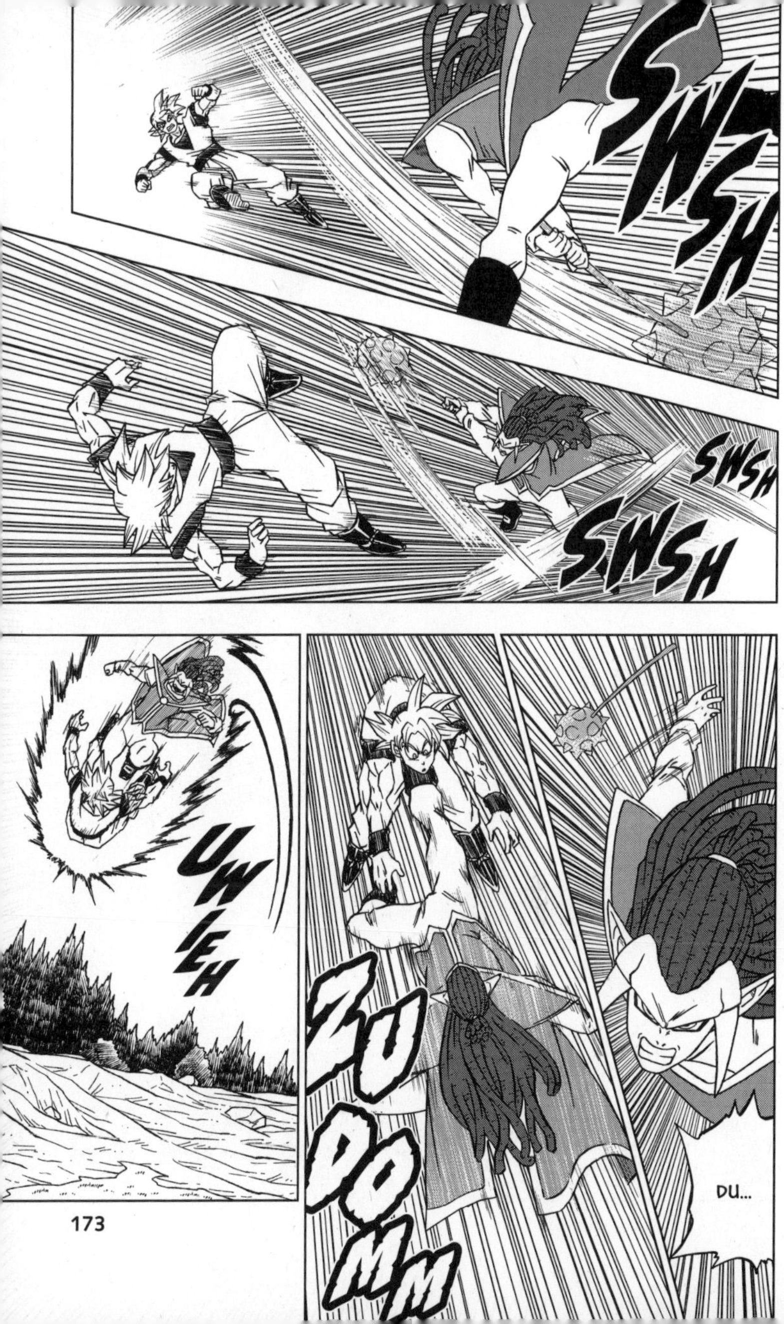
SWSH
SWSH
SWSH
DU...
ZUDOMM
UWIEH

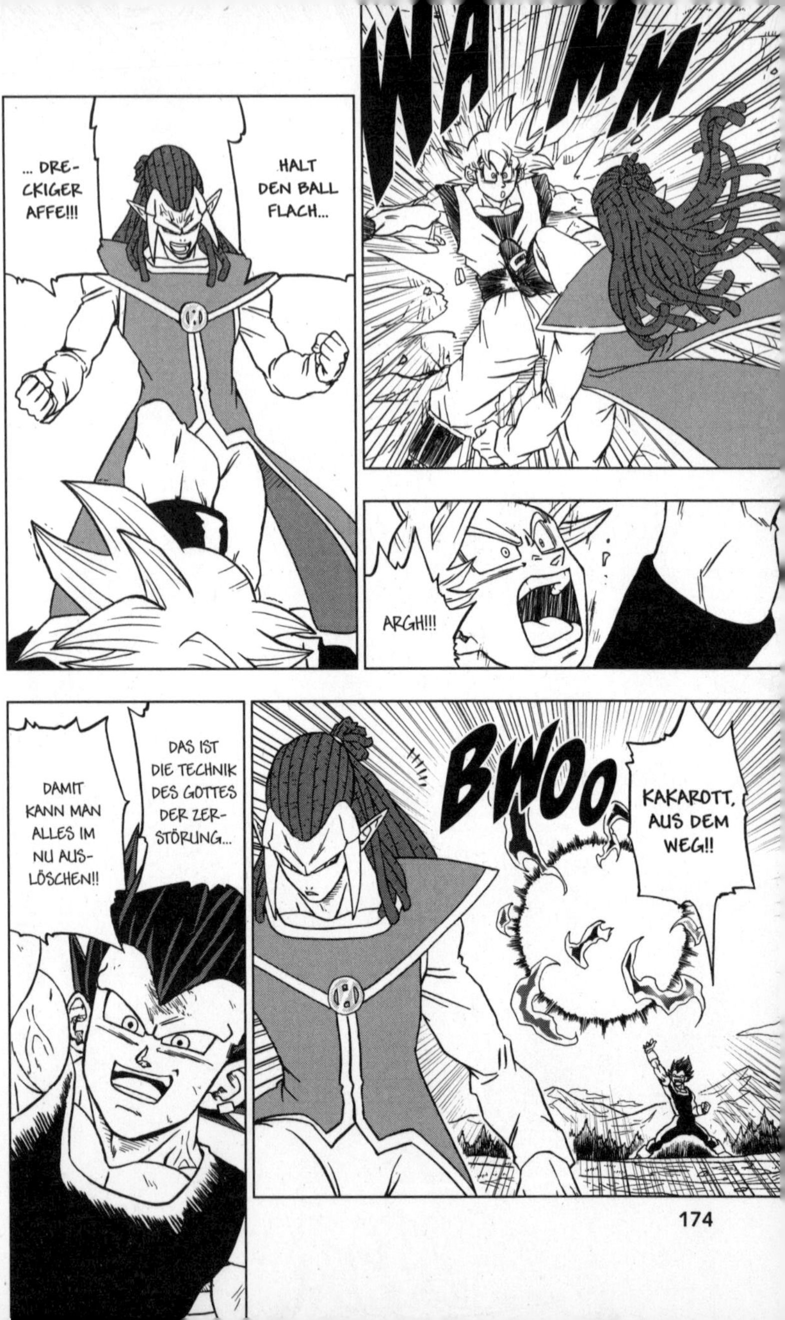
WAMM
ARGH!!!
HALT DEN BALL FLACH…
… DRE-CKIGER AFFE!!!
BWOO
KAKAROTT, AUS DEM WEG!!
DAS IST DIE TECHNIK DES GOTTES DER ZER-STÖRUNG…
DAMIT KANN MAN ALLES IM NU AUS-LÖSCHEN!!

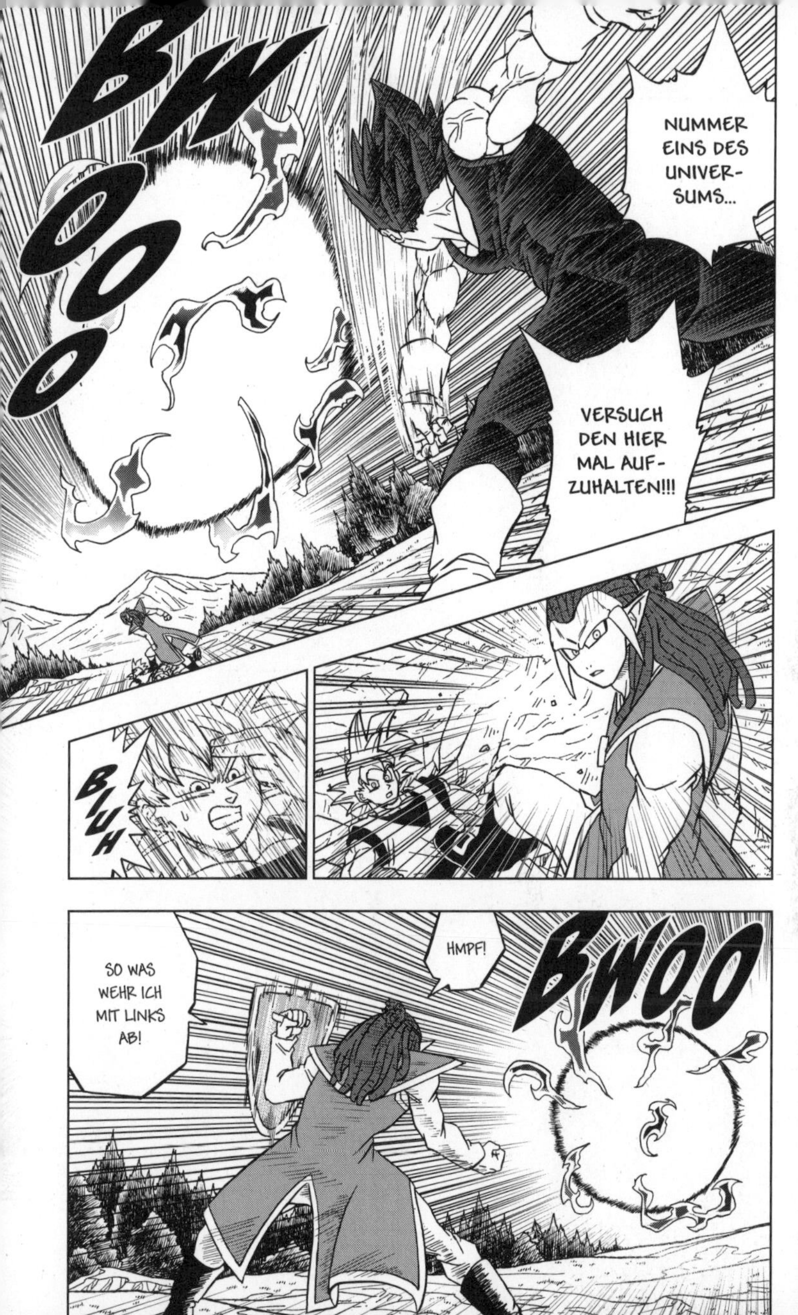
NUMMER EINS DES UNIVER-SUMS...
BWOOOO
VERSUCH DEN HIER MAL AUF-ZUHALTEN!!!
BWUH
BWOO
HMPF!
SO WAS WEHR ICH MIT LINKS AB!

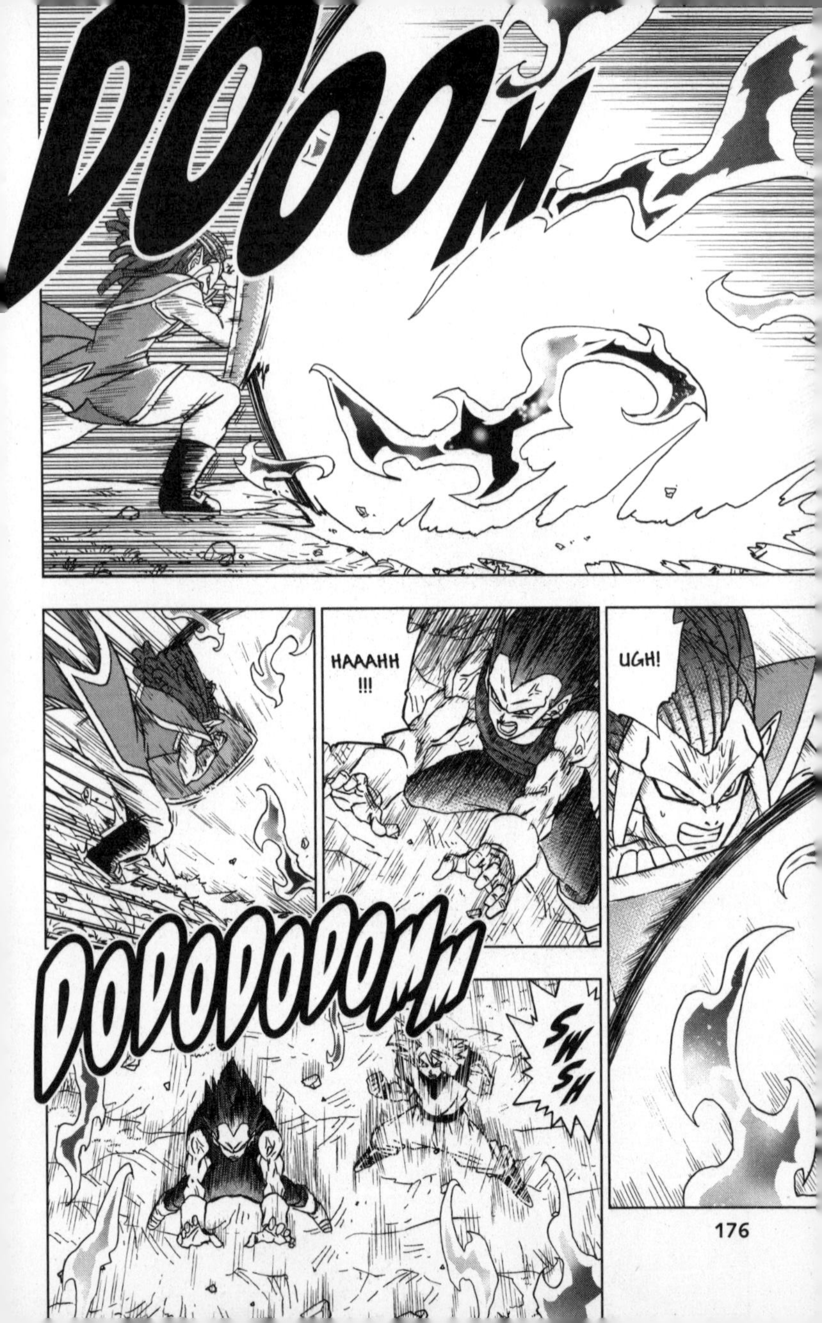
DOOOM
UGH!
HAAAHH !!!
DODODODOM
SWSH

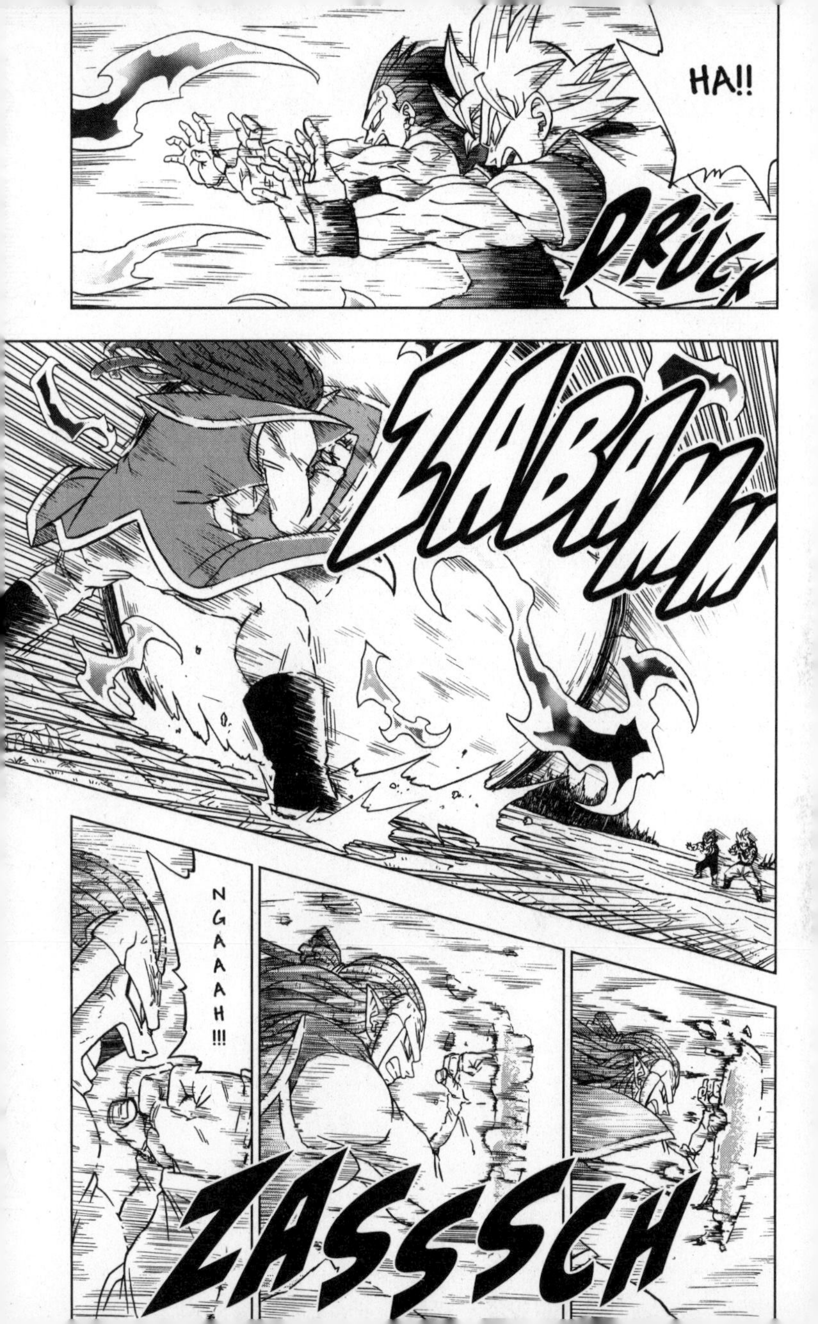
HA!!
DRÜCK
ZABAM
NGAAAH!!!
ZASSSCH

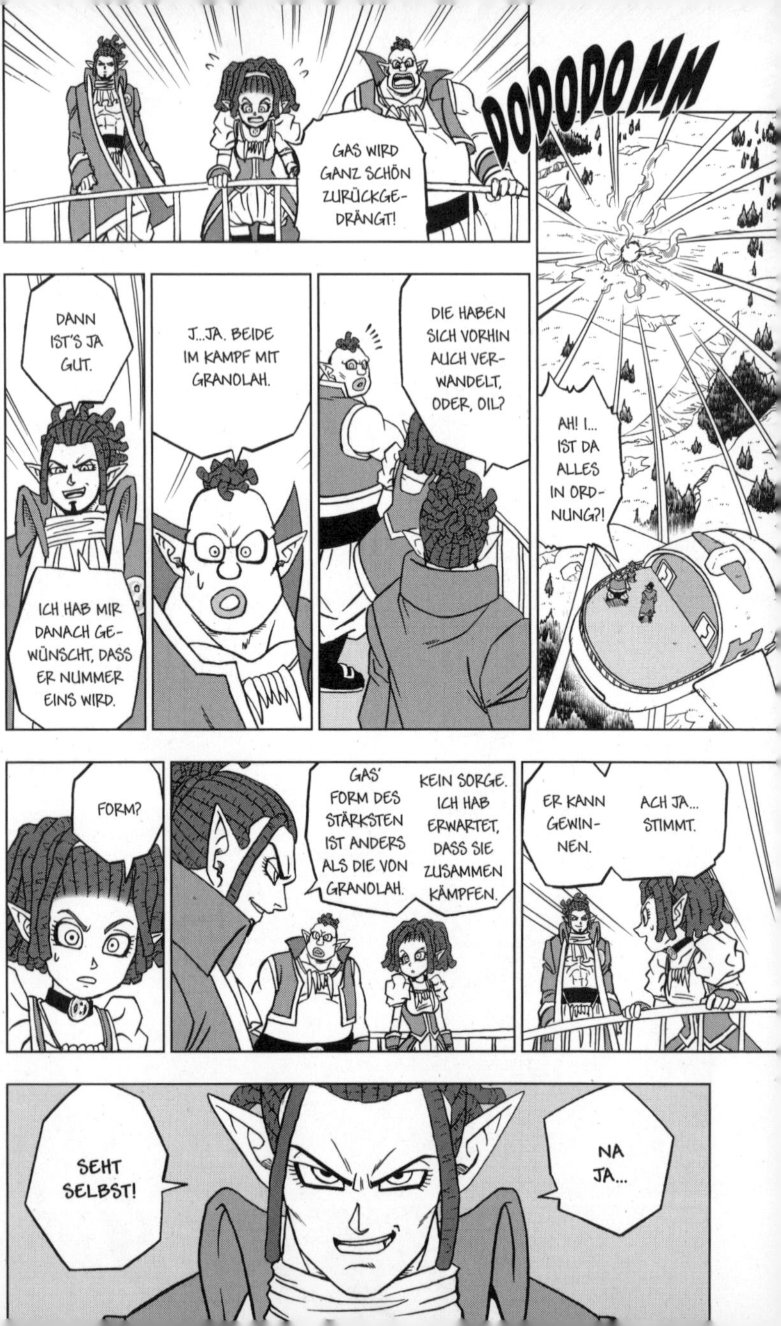
DODODOMM
AH! I... IST DA ALLES IN ORDNUNG?!
GAS WIRD GANZ SCHÖN ZURÜCKGEDRÄNGT!
DIE HABEN SICH VORHIN AUCH VERWANDELT, ODER, OIL?
J...JA. BEIDE IM KAMPF MIT GRANOLAH.
DANN IST'S JA GUT.
ICH HAB MIR DANACH GEWÜNSCHT, DASS ER NUMMER EINS WIRD.
ACH JA... STIMMT.
ER KANN GEWINNEN.
KEIN SORGE. ICH HAB ERWARTET, DASS SIE ZUSAMMEN KÄMPFEN.
GAS' FORM DES STÄRKSTEN IST ANDERS ALS DIE VON GRANOLAH.
FORM?
NA JA...
SEHT SELBST!

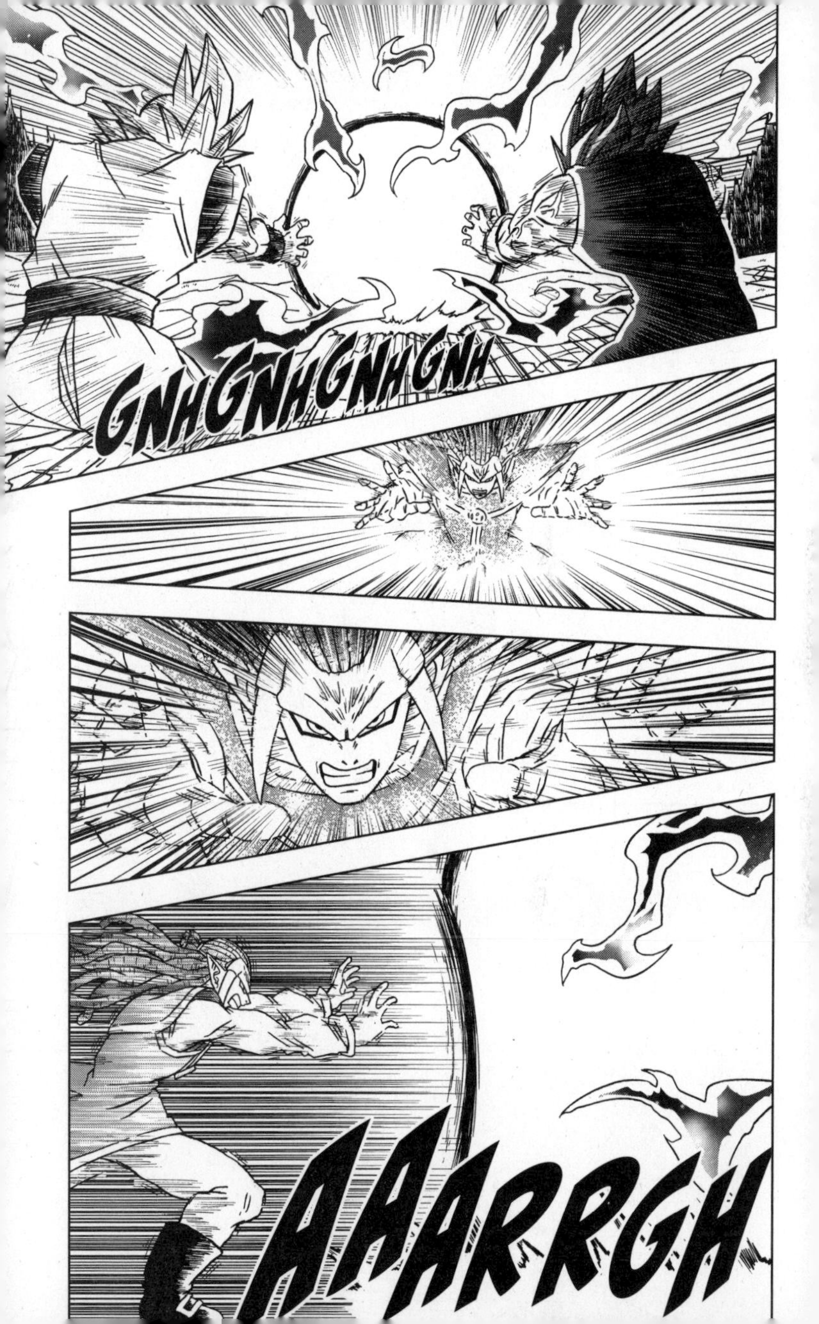
GNHGNHGNHGNH
AAARRGH

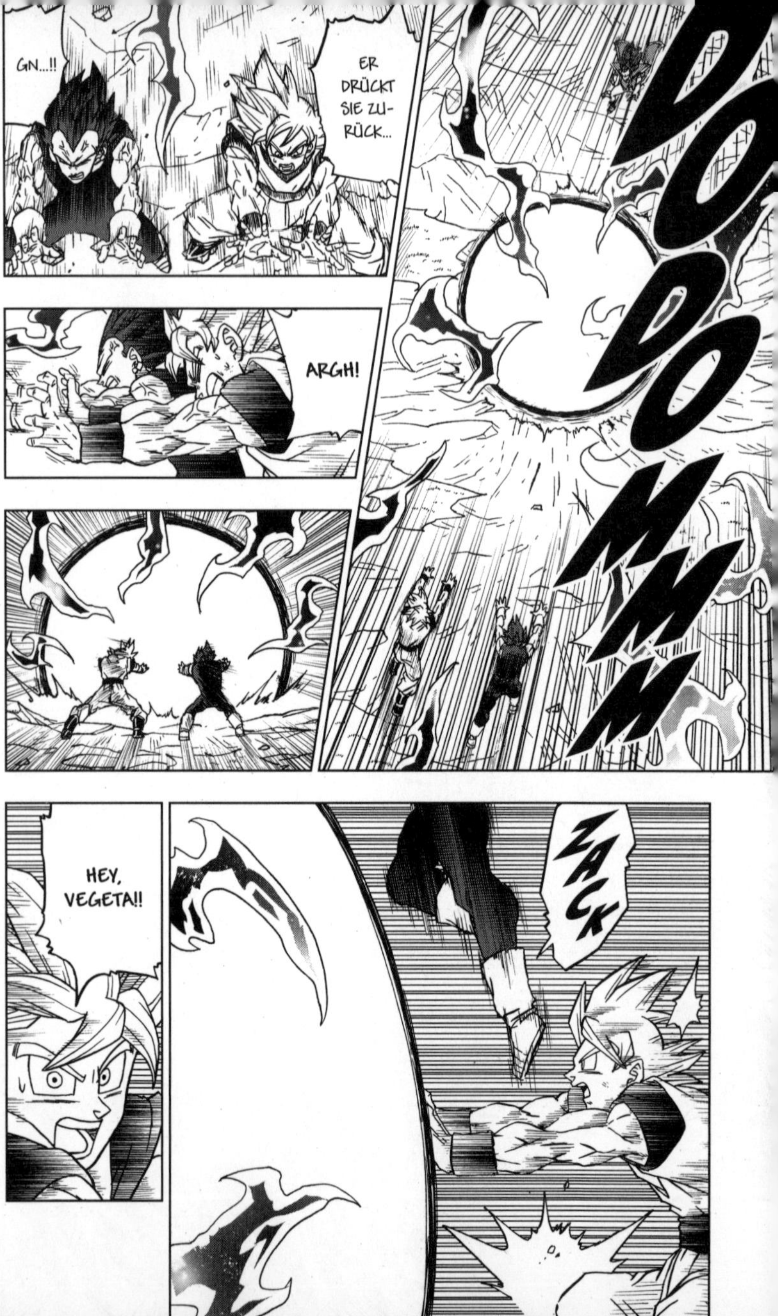
DOOOMMMM
ER DRÜCKT SIE ZURÜCK...
GN...!!
ARGH!
ZACK
HEY, VEGETA!!

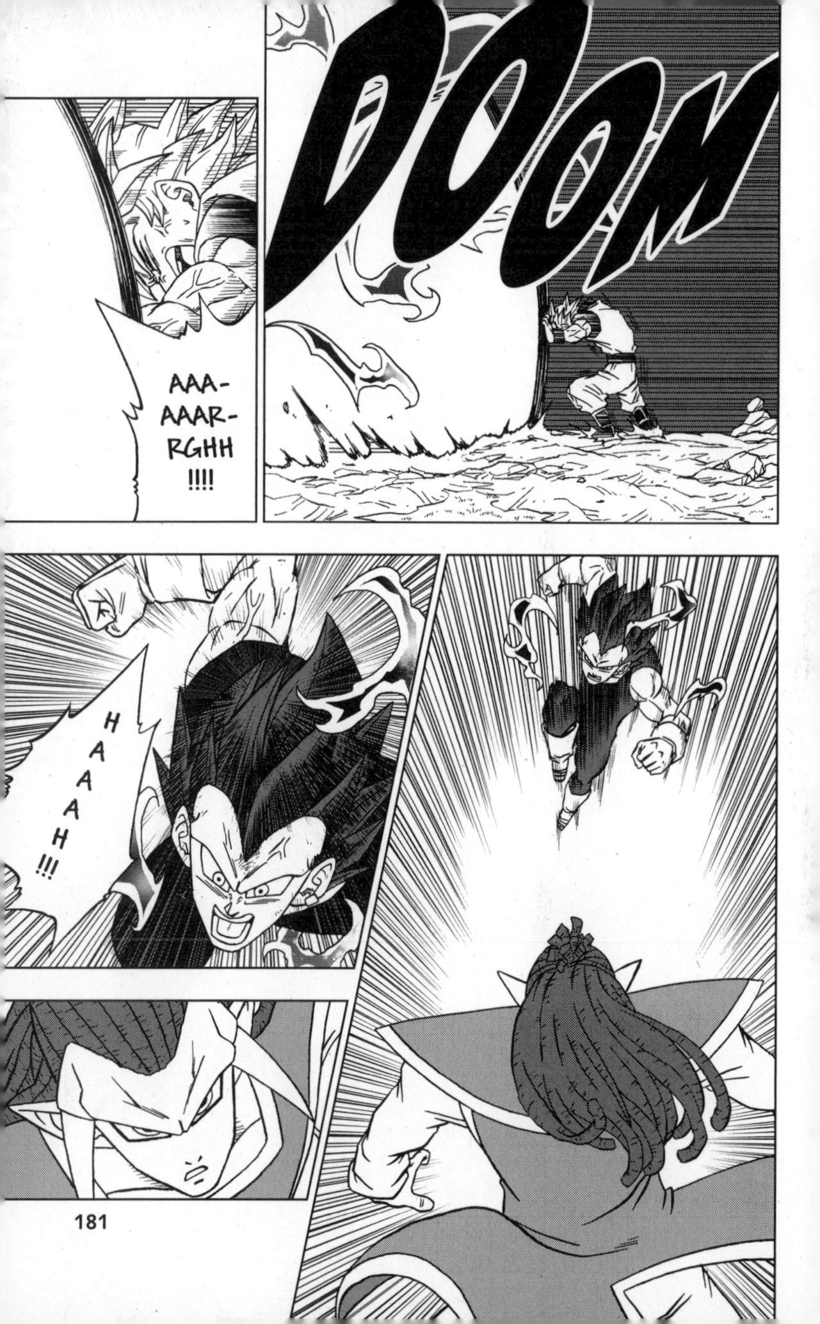
DOOM
AAA-AAAR-RGHH!!!!
HAAAAH!!!

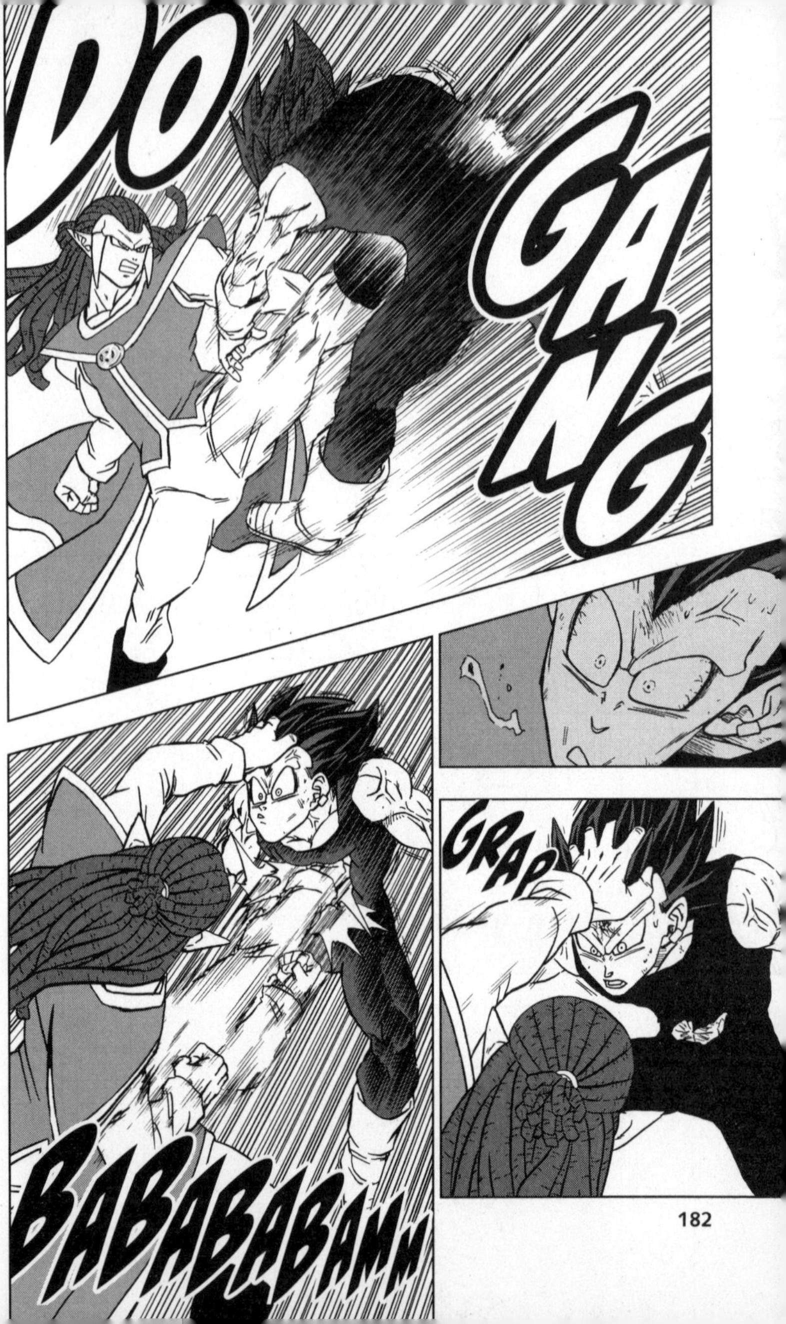
DO
GAAANG
GRAP
BABABABAMM

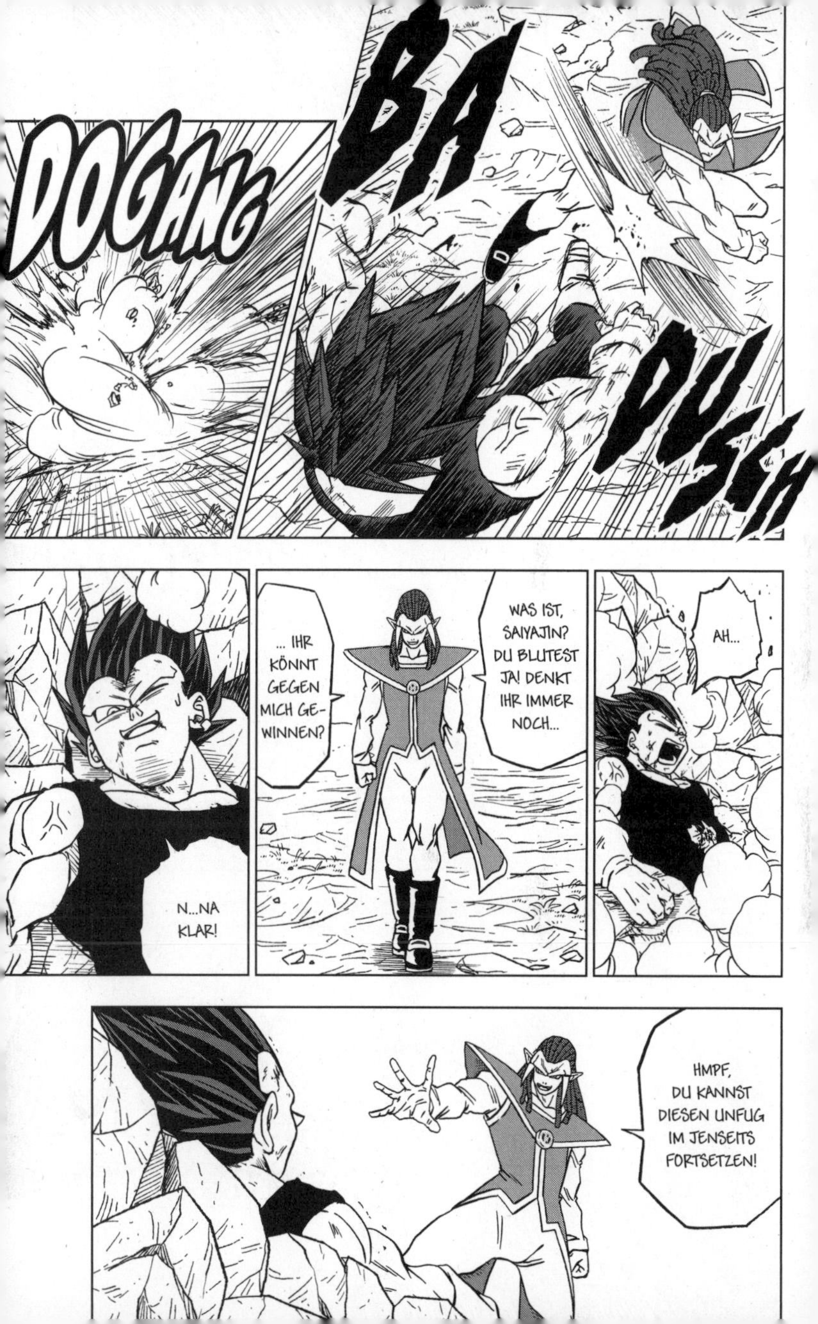
DOGANG
BA
DUSCH
N...NA KLAR!
... IHR KÖNNT GEGEN MICH GE-WINNEN?
WAS IST, SAIYAJIN? DU BLUTEST JA! DENKT IHR IMMER NOCH...
AH...
HMPF, DU KANNST DIESEN UNFUG IM JENSEITS FORTSETZEN!

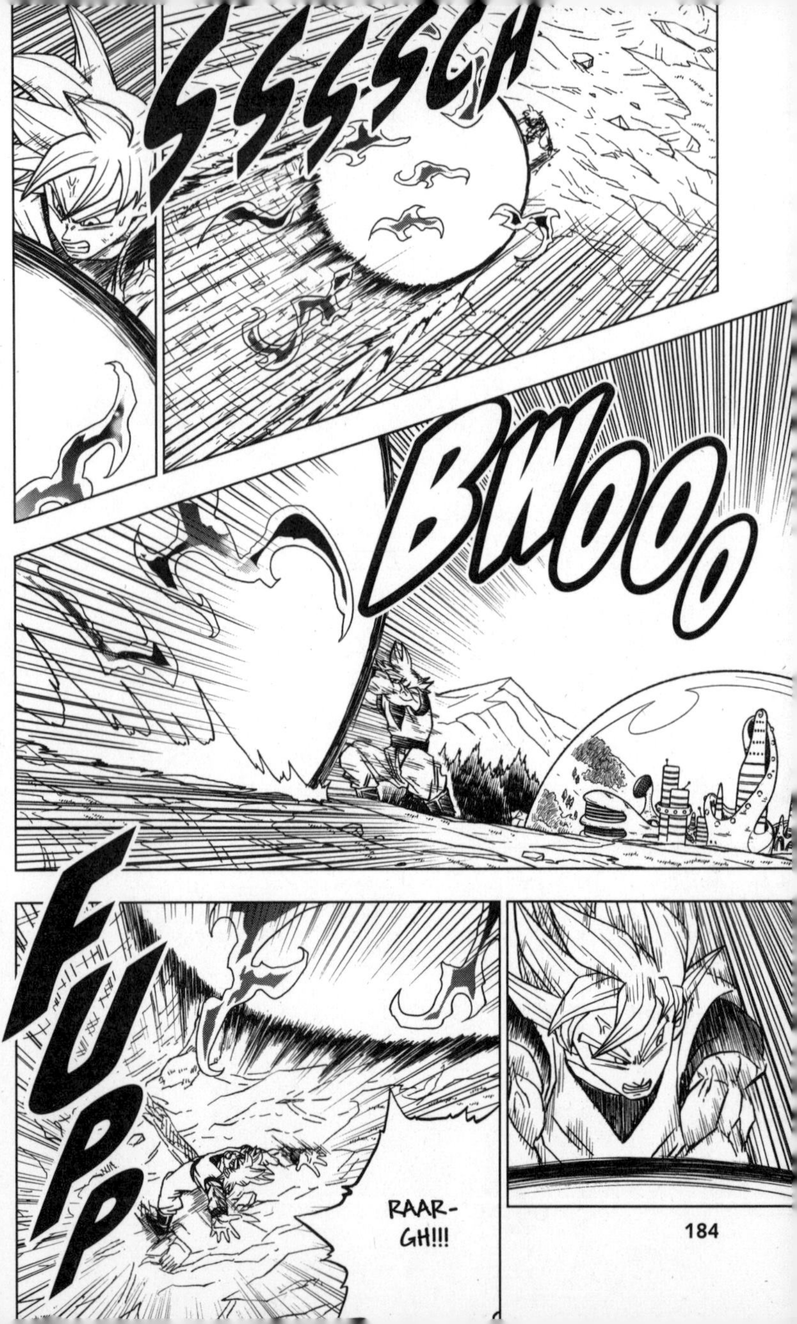
SSSSCH
BWOOO
FUPP
RAAR-
GH!!!

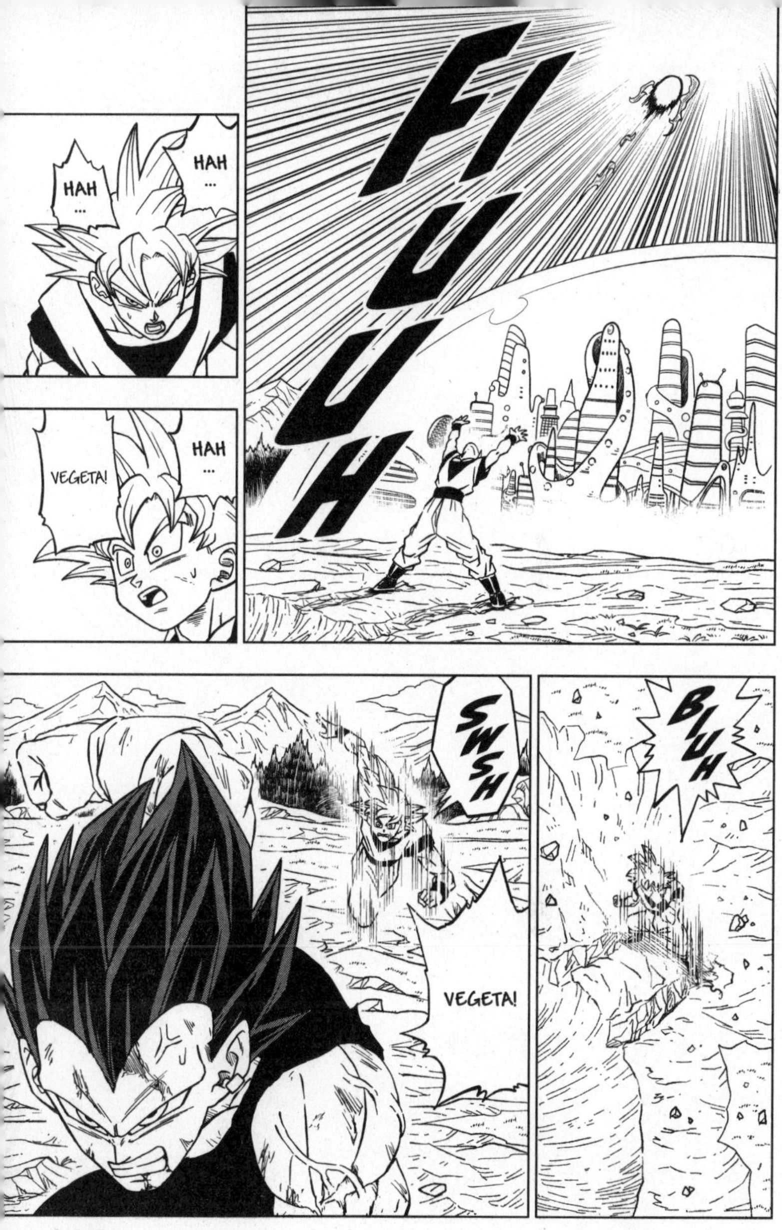
FIUUH
HAH ...
HAH ...
HAH ...
VEGETA!
BIUH
SWSH
VEGETA!

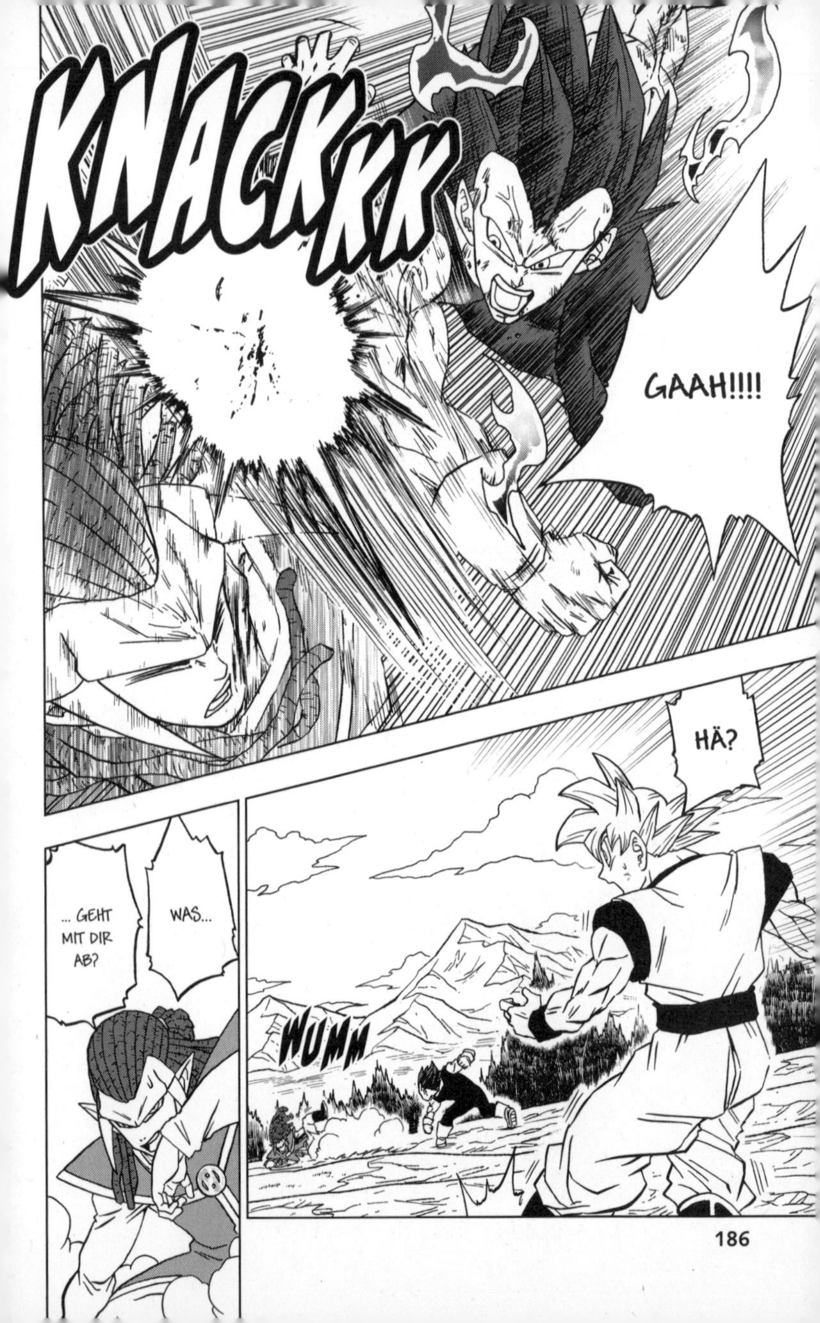
KNACKKK
GAAH!!!!
HÄ?
WUMM
WAS...
... GEHT MIT DIR AB?

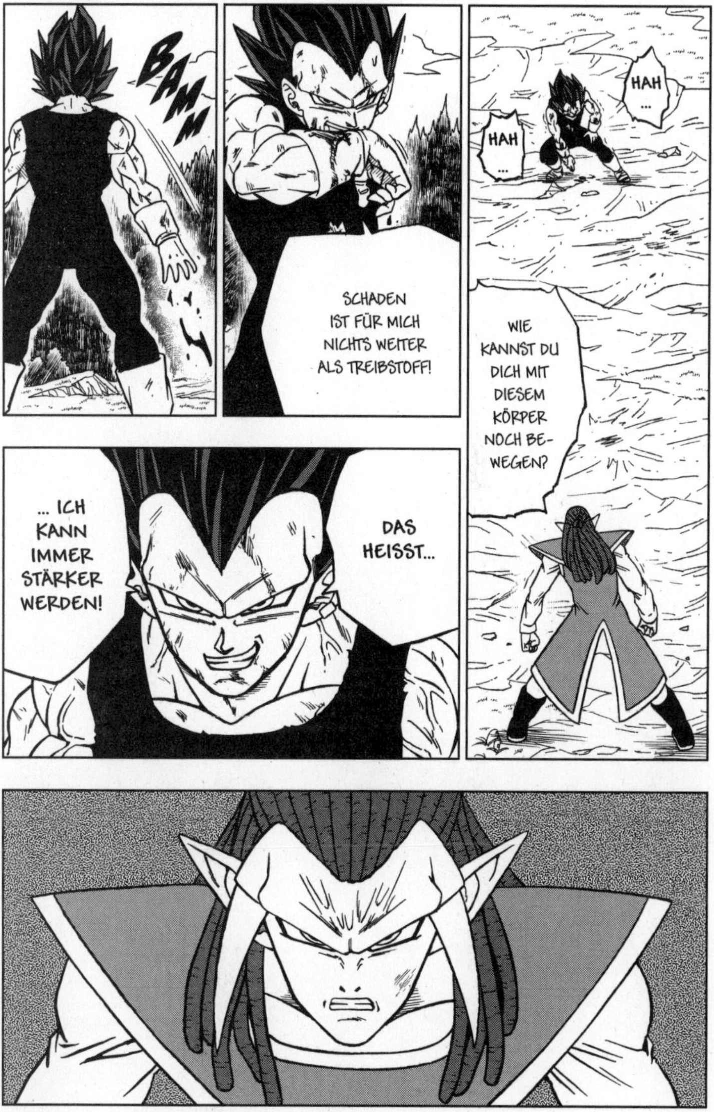

BAND 19 – DER STOLZ DES VOLKES – ENDE

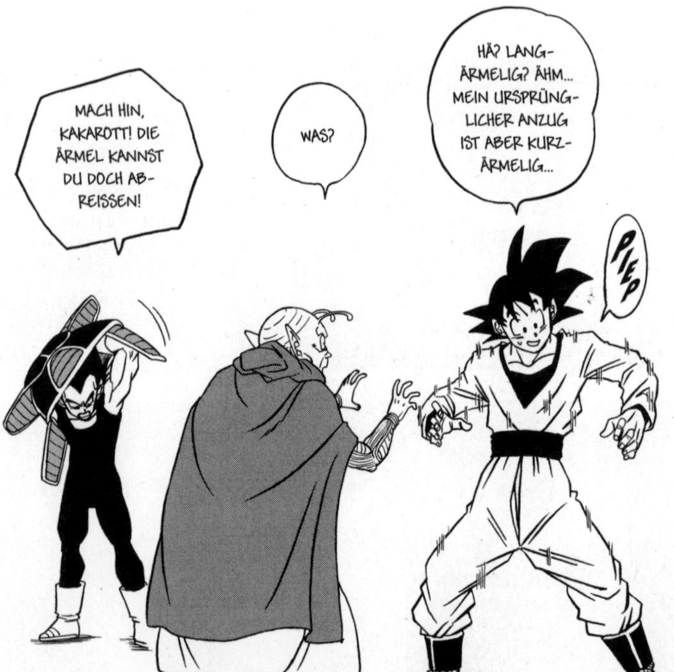
HÄ? LANG-ÄRMELIG? ÄHM... MEIN URSPRÜNG-LICHER ANZUG IST ABER KURZ-ÄRMELIG...
PIEP
WAS?
MACH HIN, KAKAROTT! DIE ÄRMEL KANNST DU DOCH AB-REISSEN!

DIE GANZE WELT VON DRAGON BALL

BEI CARLSEN MANGA!

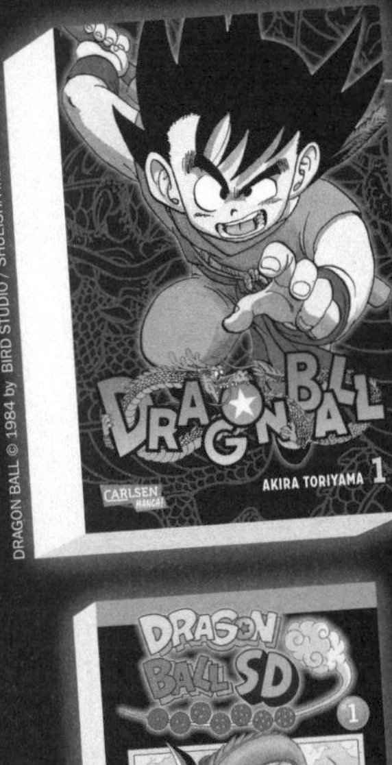

DRAGON BALL MASSIV

je €(D) 10,00

€(A) 10,30

Extrastarke Sammelbände der Originalserie!

BAND 1 FÜR €(D) 5,– €(A) 5,20

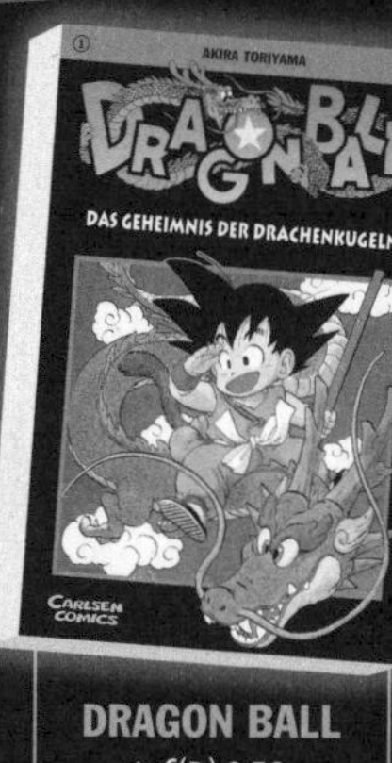

DRAGON BALL

je €(D) 6,50

€(A) 6,70

Die Originalserie von Akira Toriyama!

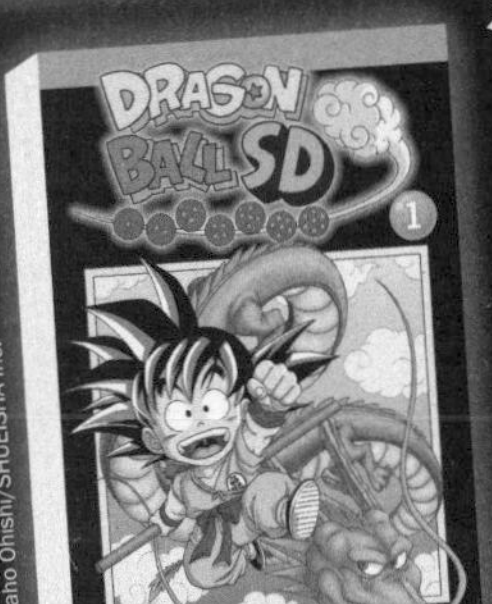

DRAGON BALL SD

je €(D) 7,95

€(A) 8,20

Komplett in Farbe!

DRAGON BALL SUPER

je €(D) 6,50

€(A) 6,70

Brandneue Geschichten aus dem DRAGON BALL-Universum!

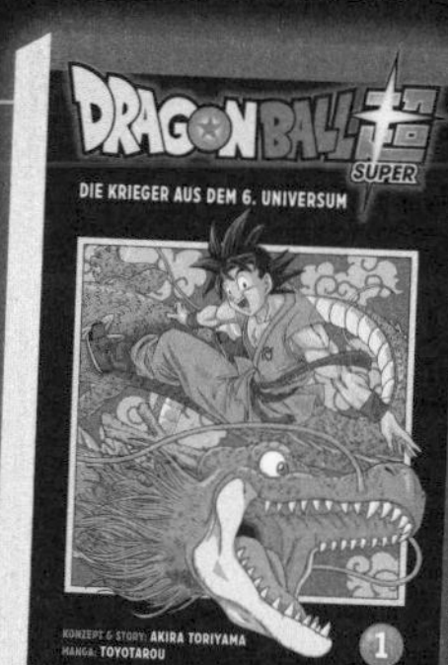

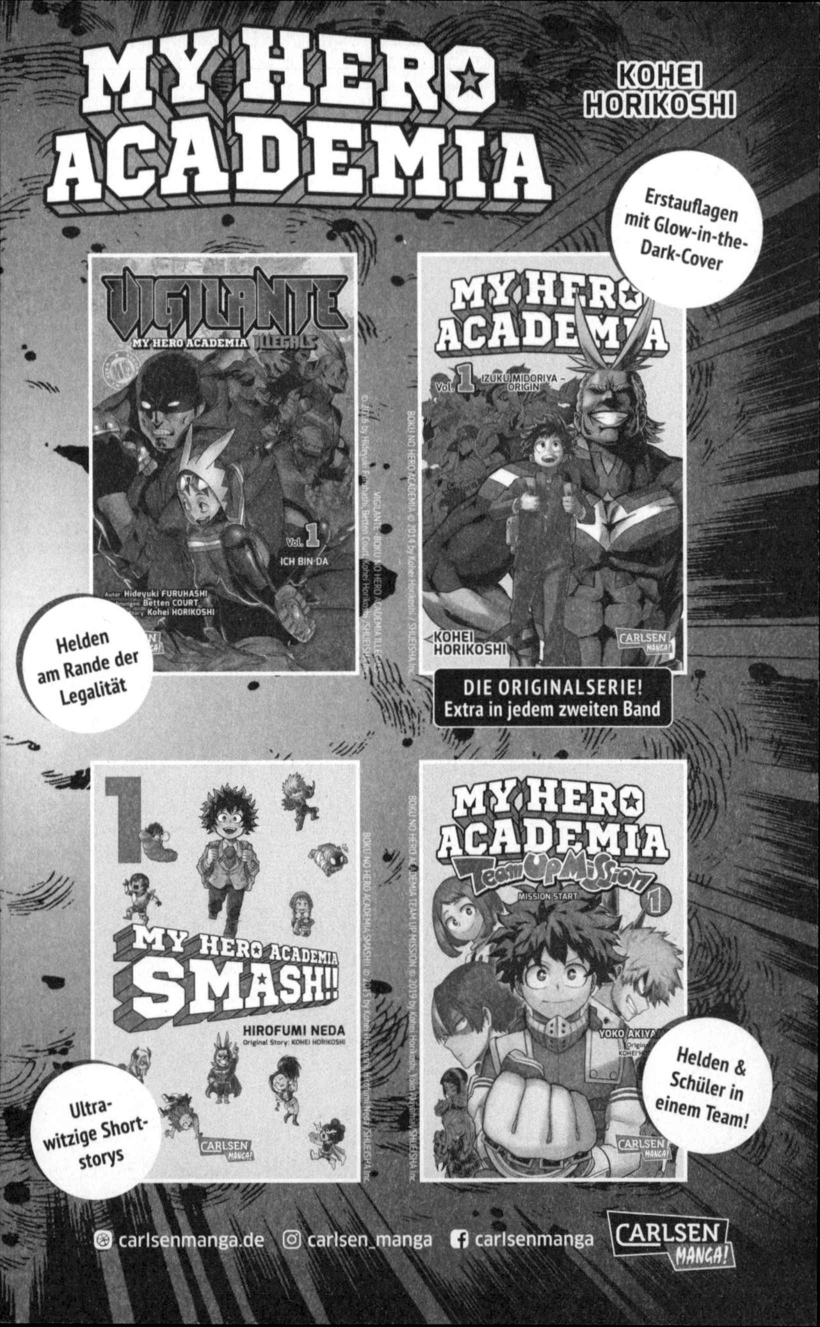
MY HERO ACADEMIA
KOHEI HORIKOSHI
Erstauflagen mit Glow-in-the-Dark-Cover
VIGILANTE
MY HERO ACADEMIA ILLEGALS
Vol. 1
ICH BIN DA
Hideyuki FURUHASHI
Betten COURT
Kohei HORIKOSHI
Helden am Rande der Legalität
MY HERO ACADEMIA
Vol. 1 IZUKU MIDORIYA – ORIGIN
KOHEI HORIKOSHI
CARLSEN MANGA!
DIE ORIGINALSERIE!
Extra in jedem zweiten Band
VIGILANTE -BOKU NO HERO ACADEMIA ILLEGALS- © 2016 by Hideyuki Furuhashi, Betten Court, Kohei Horikoshi / SHUEISHA Inc.
BOKU NO HERO ACADEMIA © 2014 by Kohei Horikoshi / SHUEISHA Inc.
1
MY HERO ACADEMIA SMASH!!
HIROFUMI NEDA
Original Story: KOHEI HORIKOSHI
CARLSEN MANGA!
Ultra-witzige Shortstorys
MY HERO ACADEMIA
Team Up Mission
MISSION START
1
CARLSEN MANGA!
Helden & Schüler in einem Team!
BOKU NO HERO ACADEMIA SMASH!! © 2015 by Kohei Horikoshi, Hirofumi Neda / SHUEISHA Inc.
BOKU NO HERO ACADEMIA TEAM UP MISSION © 2019 by Kohei Horikoshi, Yoko Akiyama / SHUEISHA Inc.
carlsenmanga.de
carlsen_manga
carlsenmanga
CARLSEN MANGA!

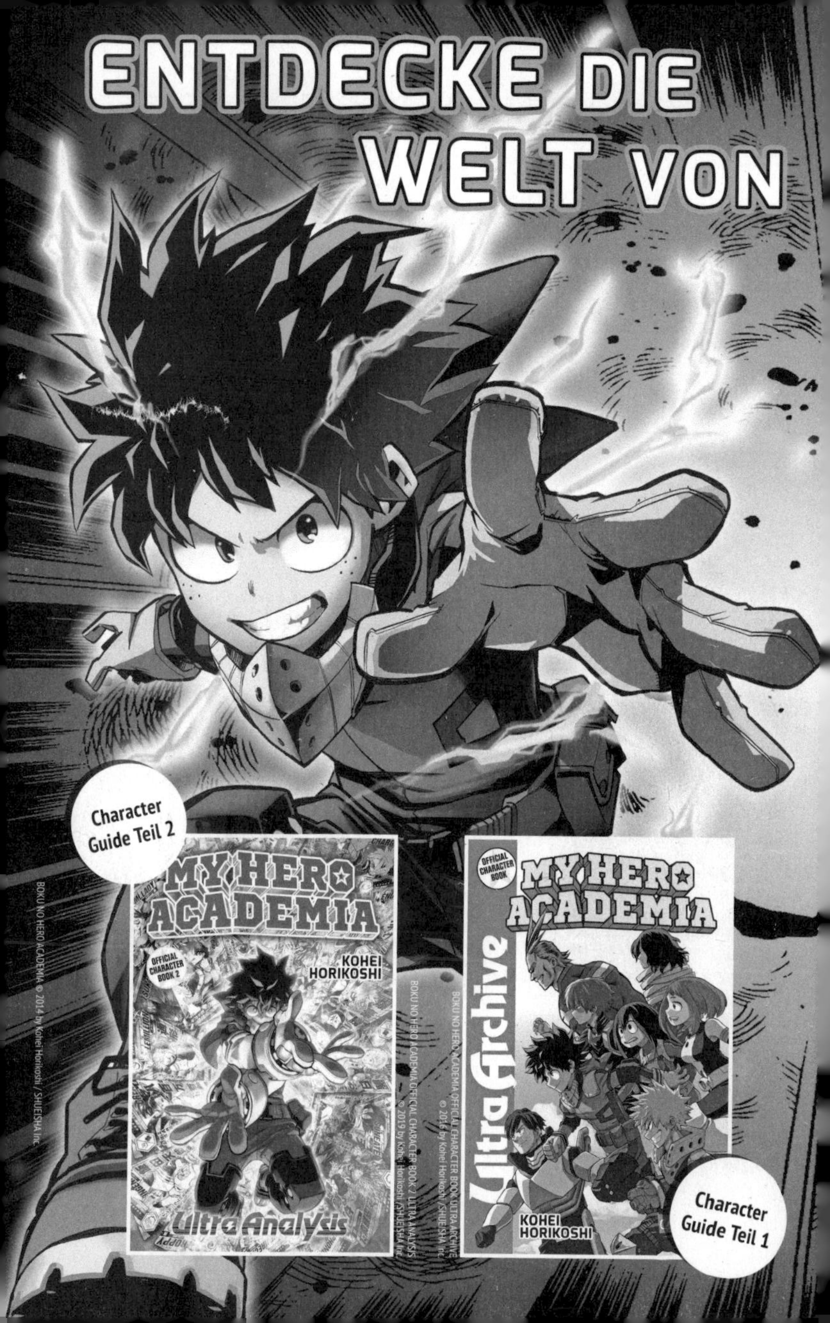
ENTDECKE DIE
WELT VON
Character Guide Teil 2
MY HERO ACADEMIA
OFFICIAL CHARACTER BOOK 2
KOHEI HORIKOSHI
Ultra Analysis
OFFICIAL CHARACTER BOOK
MY HERO ACADEMIA
Ultra Archive
KOHEI HORIKOSHI
Character Guide Teil 1
BOKU NO HERO ACADEMIA © 2014 by Kohei Horikoshi / SHUEISHA Inc.
BOKU NO HERO ACADEMIA OFFICIAL CHARACTER BOOK 2 ULTRA ANALYSIS © 2019 by Kohei Horikoshi / SHUEISHA Inc.
BOKU NO HERO ACADEMIA OFFICIAL CHARACTER BOOK ULTRA ARCHIVE © 2016 by Kohei Horikoshi / SHUEISHA Inc.

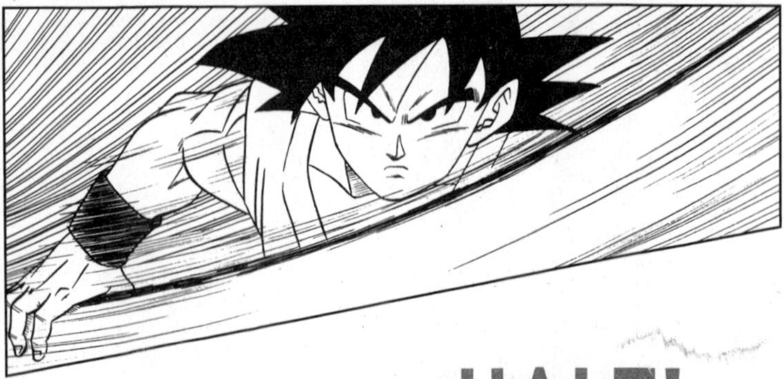

HALT!

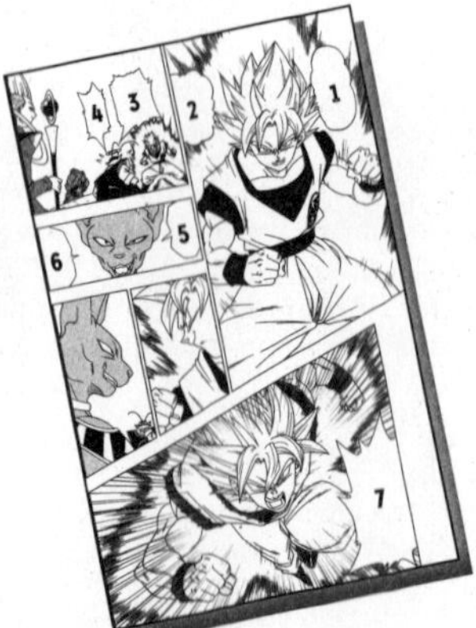

DRAGON BALL SUPER ist eine japanische Serie, und in Japan wird von hinten nach vorn und von rechts nach links gelesen. Man schlägt diesen Manga also hinten auf und blättert ihn nach vorn durch. Auch die Bilderfolgen und der Erzähl- bzw. Lesefluss funktionieren auf den Seiten von rechts oben nach links unten – wie in der kleinen Grafik hier gezeigt.

Habt eine Menge Spaß mit **DRAGON BALL SUPER**!

Wir produzieren nachhaltig

- Klimaneutrales Produkt
- Papiere aus nachhaltigen und kontrollierten Quellen
- Hergestellt in Europa

Aus dem Japanischen von Katrin Stamm

First published in Japan in 2015 by SHUEISHA Inc., Tokyo.
German translation rights in Germany, Austria, Luxembourg and German-speaking Switzerland arranged by SHUEISHA Inc. through VME PLB SAS, France.
Redaktion: Petra Lohmann | Textbearbeitung: Steffen Haubner
Grafik: Sonnenfisch Production – Laura Bartels | Produktionsmanagement: Wiebke Düsedau
 | ISBN: 978-3-551-71638-5